브랜드 애드머레이션

브랜드 애드머레이션

박충환 · 데보라 J. 맥기니스 · 안드레아스 B. 아이신게리히 지음

문직섭 옮김

Brand Admiration

고 객 에 게 사 랑 받 는 비 즈 니 스 를 구 축 하 는 법

시그마북스
Sigma Books

브랜드 애드머레이션

발행일 2017년 11월 15일 초판 1쇄 발행
 2022년 3월 15일 초판 3쇄 발행
지은이 박충환, 데보라 J. 맥기니스, 안드레아스 B. 아이신게리히
옮긴이 문직섭
발행인 강학경
발행처 시그마북스
마케팅 정제용
에디터 최연정, 최윤정
디자인 김문배, 강경희

등록번호 제10-965호
주소 서울특별시 영등포구 양평로 22길 21 선유도코오롱디지털타워 A402호
전자우편 sigmabooks@spress.co.kr
홈페이지 http://www.sigmabooks.co.kr
전화 (02) 2062-5288~9
팩시밀리 (02) 323-4197
ISBN 978-89-8445-922-9(03320)

Brand Admiration: Building A Business People Love
by C. Whan Park, Deborah J. MacInnis, Andreas B. Eisingerich and Allen M. Weiss

* 시그마북스는 (주)시그마프레스의 자매회사로 일반 단행본 전문 출판사입니다.

차례

[1부] 빅 픽처

제1장   왜 브랜드 애드머레이션인가?

제2장   칭송받는 브랜드의 실제 사례

제3장   브랜드 애드머레이션을 뒷받침하는 과학

추천사

현재 시장에 나와 있는 브랜딩에 관한 책은 수백 권에 이른다. 이런 책들은 대부분 브랜드가 어떻게 고객과 더 많은 연관성을 만들어내고, 고객의 신뢰를 얻을 수 있는지에 대해 이야기하고 있다. 하지만 브랜드가 기업과 고객 모두를 위한 가치를 만들어내고, 이를 지속적으로 유지하는 데 사용할 수 있는 매우 중요한 프레임워크가 있다면 어떨까? 박충환 교수와 데보라 J. 맥기니스, 안드레아스 B. 아이신게리히 교수는 최근 자신들의 저서 《브랜드 애드머레이션^{Brand Admiration}: 고객에게 사랑받는 비즈니스를 구축하는 법》에서 그런 프레임워크를 소개했다.

획기적이고, 통합적이며, 실행 가능하고, 연구를 바탕으로 한 이 책에서 저자들은 브랜딩에 관한 참신한 관점을 제시한다. 그 근본적인 핵심은 브랜드 애드머레이션이 모든 브랜드의 궁극적인 목표라는 데 있다.

나이키, 애플, 디즈니, 구글, 세일즈포스처럼 널리 알려진 몇몇 브랜드를 생각해보라. 이들의 공통점은 무엇인가? 그렇다. 이 브랜드들은 훌륭한 제품 또는 서비스로 잘 알려져 있다. 하지만 이 브랜드들이 지속적으로 성공하고 있는 이유는 이들이 칭송받고 있다는 사실에서 찾을 수 있다.

칭송받는 브랜드는 고객이 사랑하고, 신뢰하며, 존중하는 브랜드다. 고객은 이런 감정이 깊어지면서 이들 브랜드와 어떤 개인적 연관성이 있다고 느낀다. 이런 브랜드는 고객이 이 브랜드가 속한 제품 카테고리에서 뭔가 필요할 때 가장 먼저 떠올리게 된다. 고객은 칭송받는 브랜드를 구매할 뿐만 아니라, 약간 더 높은 가격을 지불했더라도 이 브랜드에 대한 칭찬을 아끼지 않으며, 심지어 브랜드가 실수하는 경우에도 기꺼이 용서한다. 따라서 여러분의 브랜드가 신뢰받고, 사랑받으며, 존중받을 수 있게 만드는 일이 무엇보다도 중요하다. 고객이 앞으로 여러분의 브랜드에 얼마나 높은 충성심과 지지도를 갖게 될지에 대해 이런 심리적 상태들이 엄청난 영향을 미치기 때문이다.

고객의 이런 행동은 수익 증대와 직원 유지율 향상, 파트너십 기회 등의 형태로 기업에 막대한 가치를 가져다준다. 저자들의 관점에서 본 브랜드는 단순히 제품이나 서비스를 차별화시키는 이름만은 아니다. 브랜드는 고객과 브랜드를 소유한 기업 모두에 가치를 제공하는 실체다. 그러므로 칭송받는 브랜드를 만들기 위한 노력은 대단히 중요하다.

저자들은 브랜드 애드머레이션이 무엇을 뜻하는지 명확히 밝힐 뿐만 아니라, '조직의 모든 구성원이 이에 집중해야 하는 이유'를 설명한다. 그리고 '기업이 자사의 브랜드가 칭송받고 이를 유지하기 위해 무엇을 해야 할지' 명확히 알려준다. 구체적으로 보면, 가장 칭송받는 브랜드는 인간의 행복에 기초가 되는 혜택을 제공한다. 즉, 고객에게 전문성, 정감성, 공감성 혜택을 제공한다. 이 이론은 정통적인 마케팅 개념뿐만 아니라 인간의 동기부여, 목표, 욕구를 입증한 심리학적 이론에 뿌리를 두고 있다. 경쟁이 점점 심해지는 시장 환경에 비춰볼 때, 기업은 브랜드 애드머레이션을 구축해야 할 뿐만 아니라, 시간의 경과에 따라 잘 유지해야 한다. 적절하고 곧바로 실행할 수 있는 일련의 가치 향상 전략들을 통해 기업은 기존 브랜드를 보다 나은 상태로 만들고, 경쟁자를 앞설 수 있는 높은 통찰력을 얻을 수 있다.

저자들은 또 기업이 '전략적인 제품 및 브랜드의 확장으로 브랜드 애드머레이션을 활용'할 수 있는 방법을 제시한다. 이런 방법으로 칭송받는 브랜드는 더 많은 수익을 올릴 뿐만 아니라 '지속적인 성장에 이르는 길'을 열 수 있다.

자신들이 제시하는 완벽한 프레임워크의 한 부분으로, 저자들은 브랜드 에쿼티를 측정하는 방법도 개발했다. 브랜드 관리자와 마케팅 담당 최고임원CMO은 이 방법을 활용해 브랜드와 브랜드 투자의 가치를 재무 담당 최고임원CFO에게 보여줄 수 있다. 또한 탄광에 데리고 들어간 카나리아의 역할처럼 위험 요소의 존재 여부를 미리 진단하고, 만약 위험 요소가 있다면 무엇을 해야 할지 알려주기 위해 저자들이 개발한 대시보드 측정 기준도 활용할 수 있다.

더 나아가 저자들이 제시하는 프레임워크는 B2B와 B2C에서 기술 제품, 일반 상품, 유명 기업, 기관, 비영리단체 등에 이르는 모든 형태의 비즈니스와 산업에 적용할 수 있으며, 신규 브랜드나 기존 브랜드에 동일하게 적용할 수 있다. 특히 B2B 브랜드는 브랜드 애드머레이션 개념으로 얻을 수 있는 이득이 정말 많다. 그야말로 모든 사람이 이 책을 통해 배울 수 있다.

마케팅프로프스MarketingProfs, LLC는 브랜드 애드머레이션 개념을 기업 교육 프로그램의 중요한 부분으로 포함시킬 만큼 높이 평가했다. 우리가 이 책을 좋아하는 이유는 이 책이 사소한 개념 또는 단순한 이야기에만 바탕을 두고 있지 않다는 점이다. 저자들은 수십 년 동안 브랜딩을 연구해온 세계적 명성을 지닌 학자들이다. 이들은 통합적 프레임워크 구축을 위해 자신들이 직접 실행한 연구와 마케팅 분야의 선구적 이론가들이 수행한 연구 결과를 함께 활용한다. 이렇게 많은 아이디어와 이처럼 고무적이고 행동 지향적인 프레임워크를 우리는 어느 책에서도 아직까지 본 적이 없다.

알렌 와이스^{Allen Weiss}
마케팅프로프스 창업자 겸 CEO

머리말: 이 책은 무엇이 다른가?

비즈니스 분야에서 브랜딩에 관한 책이 부족한 건 아니다. 하지만《브랜드 애드머레이션》은 몇몇 획기적인 측면에서 다른 책들과 다르다.

첫째, 우리는 브랜드를 관리해야 하는 근본적인 목적과 브랜드를 관리하는 방법에 관한 새롭고 통합적이며 가장 중요한 관점을 개발해 제시하고, 이를 브랜드 애드머레이션 관리 시스템으로 부른다. 이 시스템(그림 0.1 참조)은 고객과 기업 모두에 가치를 창출하는 방식으로 시간의 경과에 따라 브랜드 애드머레이션을 구축하고 강화하며 활용하는 '로드맵'을 제공한다. 우리는 브랜드 애드머레이션을 브랜드가 도달할 수 있는 가장 바람직한 상태로 여긴다. 주로 해야 할 일들을 제시하는 다른 책들과 달리, 우리는 구성 요소가 서로 연결되고 통합될 수 있는 전체를 아우르는 시스템을 제시하고 있다. 이런 방식으로 우리는 이 책에서 제시하는 '해야 할 일'의 조합을 매우 설득력 있게 이론적 일관성을 갖고 제공하고 있다.

둘째, 우리는 브랜드 애드머레이션을 기업에 대한 브랜드의 가치 창출에 직접 연결시키고 있으며, 또한 브랜드 애드머레이션의 구축, 강화, 활용이 브랜딩의 가장 중요하고 근본적인 목적이라고 주장한다. 수십 년간에

고객에 대한 가치: 3도와 이들의 기하급수적 상승효과(1~3장)

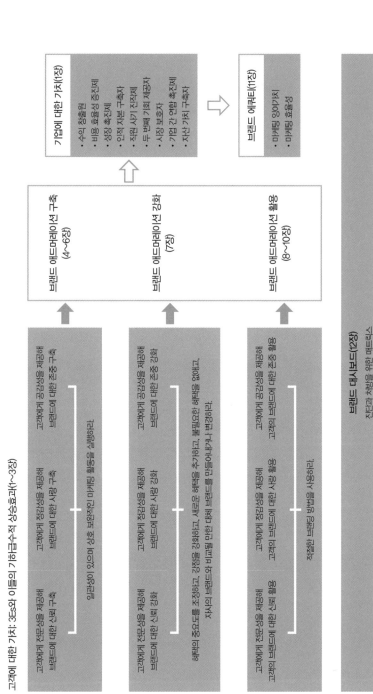

고객에게 전문성을 제공해 / 고객에게 정감성을 제공해 / 고객에게 공감성을 제공해
브랜드에 대한 신뢰 구축 / 브랜드에 대한 사랑 구축 / 브랜드에 대한 존중 구축

일관성이 있으며 상호 보완적인 마케팅 활동을 실행하라.

고객에게 전문성을 제공해 / 고객에게 정감성을 제공해 / 고객에게 공감성을 제공해
브랜드에 대한 신뢰 강화 / 브랜드에 대한 사랑 강화 / 브랜드에 대한 존중 강화

해택의 중요도를 조정하고, 강점을 강화하며, 불필요한 해택을 없애고, 새로운 해택을 추가하고,
자사의 브랜드와 비교될 만한 대체 브랜드를 만들어내거나 변경하라.

고객에게 전문성을 제공해 / 고객에게 정감성을 제공해 / 고객에게 공감성을 제공해
고객의 브랜드에 대한 신뢰 활용 / 고객의 브랜드에 대한 사랑 활용 / 고객의 브랜드에 대한 존중 활용

적절한 브랜딩 방법을 사용하라.

브랜드 애드머레이션 구축 (4~6장)
브랜드 애드머레이션 강화 (7장)
브랜드 애드머레이션 활용 (8~10장)

기업에 대한 가치(11장)
• 수익 창출원
• 비용 효율성 증진제
• 성장 촉진제
• 인적 자본 구축자
• 직원 시기 진작자
• 두 번째 기회 제공자
• 사랑 보호자
• 기업 간 연합 촉진제
• 자산 가치 구축자

브랜드 에쿼티(11장)
• 마케팅 잉여가치
• 마케팅 효율성

브랜드 대시보드(12장)
진단과 처방을 위한 매트릭스

그림 0.1 브랜드 애드머레이션 관리 시스템

걸친 마케팅과 심리학 연구를 바탕으로 우리는 칭송받는 브랜드를 특징짓는 세 가지 형태의 중요한 혜택을 강조한다. 이런 브랜드들은 고객에게 '전문성enablement, 정감성enticement, 공감성enrichment'을 제공한다. 약자로 3Es라고 부르는 이 세 가지 혜택은 고객과 브랜드의 관계에 '기하급수적인 상승효과'를 불러일으키며, 브랜드에 대한 고객의 신뢰와 사랑, 존중을 강화함으로써 브랜드 애드머레이션을 구축한다. 이렇게 구축된 브랜드 애드머레이션은 또 기업에 가치를 제공한다. 우리는 3Es가 고객에 대한 가치를 만들어내고, 이로써 기업에도 가치를 제공할 수 있는 이유를 밝히는 중요한 심리적 과정 일부를 3장에서 설명한다.

셋째, 우리는 이 책에서 기업이 이런 가치를 구축하고 강화하며 활용할 수 있는 방안을 설명한다. 임시방편적인 조치와 4분기의 수익만 강화하는 수단에 집중하는 대신, 단기적 경쟁 우위뿐만 아니라 장기간에 걸쳐 브랜드 애드머레이션을 '구축(4~6장)'하고, '강화(7장)'하며, '활용(8~10장)'하는 데 영향을 미치는 주요 요소들을 검토한다. 단기적 초점과 장기적 목표가 일치하면 브랜드는 단기적, 장기적 성공을 모두 누릴 수 있다. 역사적으로 보더라도 수십 년 동안, 몇 세대에 걸쳐, 심지어 1세기가 넘는 기간 동안 시장의 선두 자리를 지켜온 브랜드들의 사례는 넘쳐난다(2장).

넷째, 우리는 이 책에서 브랜드 구성 디자인(10장)을 고려하는 혁신적인 방식을 제안한다. 기업의 포트폴리오에 있는 다양한 비즈니스와 제품이 기업에 최상의 재무, 자산 구축, 조직상의 혜택을 전달하려면 어떻게 브랜드 구성을 디자인해야 하는지 살펴본다. 또한 브랜드 에쿼티 측정을 위한 참신하고 실행 가능한 방법(11장)과 브랜드의 성공적인 성과를 이루어내는(또는 이루어내지 못하는) 요소들을 브랜드 관리자들이 진단하고 확인하는 데 도움을 주는 대시보드 측정 기준(12장)들을 제시한다.

다섯째, 우리가 제시하는 프레임워크는 단순한 주장에 바탕을 둔 것이 아니며, 특정 브랜드 사례만으로 탄생한 것도 아니다. 수십 년간에 걸친 우리의 연구와 마케팅, 심리학 분야의 여러 학자가 실행한 '이론적, 경험적 연구'에 바탕을 두고 있다. 특히, 우리의 프레임워크는 인간의 근본적인 욕구와 목표, 감성, 동기에 관한 연구뿐만 아니라, 이런 욕구와 목표, 감성, 동기가 브랜드 애드머레이션의 동력임을 입증하는 경험적 연구에서 나온 것이다.

마지막으로, 이 책에서 제시하는 프레임워크는 '일반화'할 수 있다. 즉, 신규 브랜드 도입과 기존 브랜드 관리에 '동일하게 적용'할 수 있다. 서로 다른 산업에 속해 있는 브랜드들과 B2B, B2C 브랜드에도 모두 적합하다. 제품 브랜드, 서비스 브랜드, 유명인 브랜드, 국가 브랜드, 기관 브랜드, NGO 브랜드 등에 종사하는 브랜드 관리자, CMO, CEO, 직원들 누구라도 이 프레임워크를 활용할 수 있다.

이 책에 담긴 아이디어가 독자들에게 참신하고, 즉시 실행 가능하며, 강력하고, 실제로 고객과 기업에 대한 브랜드 가치를 추구하는 획기적인 방식으로 받아들여지기를 바란다.

Brand
Admiration

고 객 에 게 사 랑 받 는 비 즈 니 스 를 구 축 하 는 법

1부
빅 픽처

제1장

왜
브랜드 애드머레이션인가?

:
:

칭송받는 브랜드는 기업과 고객에게 모두 엄청난 가치를 가져다준다.

서론

그렇다. 우리가 직접 귀로 듣고 눈으로 본 사실이만, 21세기에 들어서며 지난 16년 동안 애플이 이루어낸 기적적인 회생을 완전히 이해하기는 여전히 어렵다. 1999년 마이크로소프트의 주가는 사상 최고가를 기록했고 시가총액은 6,200억 달러에 육박했다. 반면 애플은 파산 직전의 위기에 몰려 휘청거리고 있었다. 애플이 마이크로소프트의 막강한 재무 능력을 넘어서는 것은 고사하고 그에 근접하는 것조차 상상할 수 없었다. 1998년 《베니티 페어Vanity Fair》와 한 인터뷰에서 빌 게이츠는 "애플이 마이크로소프트보다 더 커지고 더 많은 수익을 올리는 상황은 상상할 수 없다"고 말했다. 이로부터 17년 뒤, 애플의 시가총액은 6,830억 달러에 이르렀으며, 마이크로소프트의 시가총액보다 두 배 이상 많다. 아이폰 6s는 경이적인 판매 기록을 세웠으며, 2015년 4분기에만 4,800만 대의 아이폰 6와 6s가 판매됐다.[1] 실제로 2015년 7월, 마이크로소프트 CEO 사티아 나델리아^{Satya Nadelia}는 마이크로소프트가 애플이나 구글 같은 기업들과 경쟁하려면, 윈도우즈 운영 체제가 고객들이 '간절히 바라는' 대상이 돼야 한다고 주장했다. 마이크로소프트의 윈도우즈 운영 체제는 반드시 갖춰야 할 업무 도구로 오랫동안 인식돼왔지만, 고객들이 윈도우즈를 '사랑'해서 그랬던 건아니었다. 나델리아의 관점에서 볼 때, 고객이 윈도우즈를 사랑하게 만드는 것이 매우 중요한 목표였다.[2]

앞으로 5년 혹은 20년 뒤 애플에 어떤 일이 일어날지 알 수는 없다. 하지만 두 가지 질문에 대한 답으로 애플은 지금의 성공을 오랫동안 더욱 확고히 할 수 있다. 첫째는 애플이 어떻게 회생했는지 물어보는 질문이다. 둘째는 지속적 성장과 번영을 위해 애플이 앞으로 무엇을 해야 할지 물어보는 것이다. 첫째 질문에 관해 우리는 애플이 아이맥, 아이팟, 아이폰을 출시하며 했던 적절한 행동들에 관한 이야기를 들었다. 하지만 이런 행동들을 포함한 여러 요인이 어떻게 강력한 애플 브랜드를 만들어냈는지는 정확히 이해하지 못하고 있다. 애플의 성공을 이끌어낸 일련의 요인들을 확인하는 것도 중요하지만, 이 요인들이 어떻게 함께 작용해 고객에게 강력한 영향력을 발휘하는지 이해하는 것 또한 중요하다. 첫 번째 질문에 답할 수 없으면, 두 번째 질문에도 답하기 어렵다.

마이크로소프트는 사람들이 반드시 구매해야 하는 윈도우즈의 유용성에도 불구하고, 윈도우즈가 사람들의 사랑을 얻지 못한 이유를 질문해야 한다. 또한 브랜드에 대한 사랑을 만들어내는 일이 과연 마이크로소프트가 추구해야 할 궁극적이고 진정한 목표인지 물어야 한다. 우리는 그 질문에 대한 답이 '아니요'라고 생각한다. 성공적인 고객 관계를 구축하는 데는 도움이 되겠지만, 사랑의 힘만으로 오랫동안 고객 관계를 유지하는 데는 한계가 있다. 성공적이고 지속 가능한 고객 관계를 형성하려면, 윈도우즈는 브랜드에 대한 사랑 이상의 관계에 올라서야 한다. 즉, 세계에서 가장 성공한 브랜드들처럼 칭송받는 브랜드가 돼야 한다. 이 책의 핵심 목표는 칭송받는 브랜드는 무엇인지, 이를 개발하고 강화하려면 어떻게 해야 하는지, 시간의 경과에 따라 이를 어떻게 활용해야 고객과 기업이 모두 최대한의 혜택을 얻을 수 있는지 논의하는 데 있다. 이 목표가 중요한 이유는 무엇일까? 먼저 기업과 고객에게 브랜드가 어떤 가치를 부여하는지 살펴보면 쉽게 이해할 수 있다.

브랜드의 가치

미국마케팅협회The American Marketing Association는 브랜드를 판매자나 판매자 그룹의 제품과 서비스를 식별하고 이들을 다른 경쟁자의 제품과 서비스와 차별화할 목적으로 만들어진 이름, 용어, 심벌, 디자인 또는 이들의 조합으로 정의한다.[3] 하지만 우리는 브랜드가 이런 식별과 차별화에 도움을 주는 단순한 이름 이상의 역할을 한다고 생각한다. 브랜드를 식별하고 이를 경쟁 브랜드와 차별화하는 것은 브랜드가 '가치'를 제공할 때만 의미가 있다. 그래서 우리는 브랜드를 '고객과 브랜드 소유주(기업)에 모두 가치를 창출하는 실체(이름)'로 정의한다. 그런데 브랜드가 고객과 기업에 가치를 제공한다는 말은 무슨 뜻일까? 먼저 '브랜드가 기업에 제공하는 가치'가 무엇인지 살펴보자.

기업에 제공하는 가치

놀랍게도 우리는 브랜드의 식별성과 시장에서 차별화시키는 역할에 지나치게 주목한 나머지, 브랜드가 기업에 제공할 수 있는 상당하고 실질적인 전략적 혜택에 크게 주목하지 않았다. 하지만 이런 혜택은 표 1.1과 이 장의 후반부에 나오는 그림 1.1에 대한 설명처럼 많으며, 중요한 의미를 지니고 있다.

표 1.1 칭송받는 브랜드가 기업에 제공하는 가치

가치의 형태	칭송받는 브랜드의 역할
수익 창출원	칭송받는 브랜드는 고객의 충성도를 높이고 새로운 고객을 불러 모은다.
비용 효율성 증진제	칭송받는 브랜드에는 늘 수요가 따르며, 이 덕분에 기업은 규모의 경제를 활용하고 적은 비용으로 고객의 브랜드 충성도와 브랜드 지지 행동을 이끌어낼 수 있다.
성장 촉진제	칭송받는 브랜드는 기업이 브랜드 확장을 통해 다른 시장이나 제품으로 쉽게 진출하고 성공할 수 있게 한다.
인적 자본 구축자	칭송받는 브랜드는 시장에서 기업의 성공 여부를 궁극적으로 결정지을 인재를 불러오고 유지하는 데 도움을 준다.
직원 사기 진작제	칭송받는 브랜드는 직원들에게 브랜드 이미지를 보호하고 강화할 동기를 부여한다.
두 번째 기회 제공자	칭송받는 브랜드는 고객이 기업의 실수를 자발적으로 용서할 확률을 높여준다.
시장 보호자	칭송받는 브랜드는 잠재적 경쟁자의 시장 진입을 막는 장벽 역할을 한다.
기업 간 연합 촉진제	칭송받는 브랜드는 기업이 원하는 강력한 외부 파트너들과 쉽게 연합할 수 있게 한다.
자산 가치 구축자	칭송받는 브랜드는 기업의 시장 가치를 향상시키며, 이 덕분에 기업은 브랜드를 매각할 때 더 높은 가격을 요구할 수 있다.

고객에 대한 가치: 3C와 이들의 기하급수적 상승효과(1~3장)

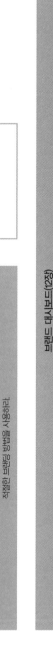

기업에 대한 가치(1장)
- 수익 창출원
- 비용 효율성 증진제
- 성장 촉진제
- 인적 자본 구축자
- 직원 사기 진작자
- 두 번째 기회 제공자
- 시장 보호자
- 기업 간 연합 촉진제
- 자산 가치 구축자

브랜드 에쿼티(11장)
- 마케팅 잉여가치
- 마케팅 효율성

브랜드 애드머레이션 구축
(4~6장)

브랜드 애드머레이션 강화
(7장)

브랜드 애드머레이션 활용
(8~10장)

고객에게 전문성을 제공해 브랜드에 대한 신뢰 구축 / 고객에게 정감성을 제공해 브랜드에 대한 사랑 구축 / 고객에게 공감성을 제공해 브랜드에 대한 존중 구축
일관성이 있으며 상호 보완적인 마케팅 활동을 실행하라.

고객에게 전문성을 제공해 브랜드에 대한 신뢰 강화 / 고객에게 정감성을 제공해 브랜드에 대한 사랑 강화 / 고객에게 공감성을 제공해 브랜드에 대한 존중 강화
해택의 중요도를 조정하고, 강점을 강화하고, 새로운 해택을 추가하고, 불필요한 해택을 없애고, 자사의 브랜드를 비교될 만한 대체 브랜드를 만들어나가거나 변경하라.

고객에게 전문성을 제공해 고객의 브랜드에 대한 신뢰 활용 / 고객에게 정감성을 제공해 고객의 브랜드에 대한 사랑 활용 / 고객에게 공감성을 제공해 고객의 브랜드에 대한 존중 활용
적절한 브랜드링 방법을 사용하라.

브랜드 대시보드(12장)
진단과 처방을 위한 매트릭스

그림 1.1 브랜드 애드머레이션 관리 시스템

수익 창출원

칭송받는 브랜드는 고객의 충성도를 높이고 새로운 고객을 불러 모은다. 이는 브랜드의 수익성을 더욱 강화하는 결과로 이어진다. 청량음료 생산이 고도의 기술을 요구하는 일이 아닌데도 신규 시장 진입자들은 이 시장에서 경쟁하기가 엄청나게 어려운데, 이는 고객들이 대부분 특정 청량음료 브랜드를 오랫동안 강력히 선호해왔기 때문이다. 이런 현상은 세계 어디서나 마찬가지다. 강력한 브랜드는 고객을 가격에 덜 민감하게 만들어 기업이 더 높은 가격을 매길 수 있게 하며, 이에 따라 수익성이 향상한다. 맥킨지와 골드만삭스 같은 프리미엄 브랜드들이 시장에서 부과할 수 있는 가격을 생각해보면 알 수 있다.

비용 효율성 증진제

칭송받는 브랜드에는 늘 수요가 따르며, 이 덕분에 기업은 규모의 경제를 활용할 수 있다. 강력한 브랜드는 또 우호적인 구전 효과$^{WOM, word of mouth}$와 고객 전도자를 만들어내고, 이들을 통해 마케팅 비용을 절감하며, 마케팅 효율성을 높일 수 있다. 실제로 트레이더 조스$^{Trader Joe's}$처럼, WOM만으로 시장에서 성공한 브랜드들도 있다. 트레이더 조스에서만 구할 수 있는 독특한 제품을 놓고 고객들이 나누는 이야기를 생각해보면 쉽게 이해할 수 있다. 중국의 거대 기술 기업 샤오미는 광고와 브랜드 홍보 활동을 샤오미 팬들로 구성된 브랜드 커뮤니티와 WOM에 전적으로 의지한다. 또는 오래도록 입을 수 있는 파타고니아^{Patagonia} 재킷에 대한 고객들의 자부심과 이들이 공유하는 이야기를 생각해보라. 광고와 홍보 비용은 일반적으로 기업 예산의 상당 부분을 차지하므로, 기업은 자사의 팬들을 중심으로 한

WOM으로 엄청난 비용 효율성을 실현할 수 있다.

성장 촉진제

칭송받는 브랜드의 사용 영역을 확대해 새로운 제품 카테고리나 시장에 활용하면 보다 쉽게 성장하고 수익을 창출할 수 있다. 칭송받는 브랜드는 동일한 브랜드를 사용하는 제품 개발과 브랜드 확장을 통해 기업이 손쉽고 효과적으로 성장할 수 있게 한다. 이런 브랜드 확장 전략은 기업 전체의 성장에 도움을 준다. 오라클Oracle은 자사의 브랜드를 클라우드와 모바일 솔루션 포트폴리오에도 사용함으로써 성장을 이루었다. 애플은 브랜드 확장 전략으로 매출을 2006년 193억 달러에서 2015년 12월 2,340억 달러로 끌어올렸다.[4]

인적 자본 구축자

칭송받는 브랜드는 시장에서 기업의 성공 여부를 궁극적으로 결정지을 인재를 불러오고 유지하는 데 도움을 준다. 인재는 경쟁자들이 복제하기 가장 어려운 핵심 역량이다. 최고 인재들의 마음을 사로잡을 수 있는 구글과 테슬라의 능력을 생각해보라. 칭송받는 브랜드는 조직의 각 수준에 적합한 최고 인재들을 불러 모을 수 있다.

직원 사기 진작제

칭송받는 브랜드는 또한 직원들에게 브랜드 이미지를 보호하고 강화할 동기를 부여한다. 칭송받는 브랜드를 보유한 기업의 직원들은 뚜렷한 가치를 지니지 못한 브랜드의 직원들보다 더 세심하게 고객들을 대한다. 왜 그럴까? 자신들의 브랜드를 신뢰하고 그 브랜드의 발전에 자신이 도움을 주고 있다는 사실에 자부심을 느끼기 때문이다.[5] 칭송받는 브랜드라 할 수 있는 코스트코 직원들의 사기는 동일 산업에 속하는 어떤 경쟁 기업의 직원들의 사기보다 높다. 산업 내에서 가장 칭송받는 기업의 직원들은 기업의 성공을 자랑스럽게 여기며 기업의 명성을 보호하고 강화하려고 더욱 열심히 노력한다. 칭송받는 브랜드를 관리하는 임원들은 심지어 그 브랜드를 위해 일할 수 있는 기회를 잡은 대가로 더 낮은 연봉을 기꺼이 받아들이기도 한다.[6]

두 번째 기회 제공자

칭송받는 브랜드는 고객이 기업의 예기치 못한 실수를 자발적으로 용서할 확률을 높여주며, 기업 스스로 실수를 만회할 수 있는 또 한 번의 기회를 제공한다.[7] 마사 스튜어트Martha Stewart, 폴라 딘Paula Deen, 토요타, 나이키, 할리 데이비슨Harley Davidson 등은 브랜드와 관련한 실수와 실패로 큰 타격을 입었었다. 하지만 이 브랜드들의 고객들은 이들이 저지른 실수를 어쩌다 생긴 일로 인식하며 이 기업들이 회복하는 데 도움을 줬다.

시장 보호자

칭송받는 브랜드는 경쟁 브랜드의 시장 진입을 막는 장벽 역할을 하며, 기업을 보호한다. 고객들은 새로운 브랜드로 옮겨갈 만한 충분한 혜택이 있지 않는 한, 칭송받는 브랜드에서 새로운 브랜드로 옮기려 하지 않는다. 고객이 알고 있고 경험한 데서 느끼는 칭송받는 브랜드의 친숙함은 고객에게 편안함을 제공한다. 자신이 잘 알고 칭송하는 브랜드를 향한 고객들의 애정이 낯선 신규 브랜드에 투자하기를 꺼리게 만든다. 역사적으로 보더라도 운동복이나 장난감, 데이터베이스를 만들 수 있는 기업들은 많지만, 그들이 나이키나 레고, IBM 같은 기업들과 쉽게 경쟁할 수는 없다.

기업 간 연합 촉진제

칭송받는 브랜드는 기업이 원하는 강력한 외부 파트너들과 쉽게 연합할 수 있게 한다. 이런 연합을 통해 기업은 칭송받는 브랜드를 활용하고 더욱 강화시킬 수 있으며, 전문성이 부족한 분야에 막대한 투자를 하지 않고도 새로운 시장을 개척할 수 있어 보다 많은 수익을 올릴 수 있다. 협력 업체들을 불러 모으는 애플과 삼성의 능력을 보면 다른 기업들이 이 브랜드들을 얼마나 칭송하는지 알 수 있다. 최근 BMW와 루이뷔통의 협업, 애플 페이와 마스터카드의 협력, 스포티파이Spotify와 우버 사이의 연합도 이런 혜택을 위해 이루어졌다.[8]

자산 가치 구축자

마지막으로 투자자들은 투자 결정을 내릴 때 칭송받는 브랜드에 먼저 주목하므로, 이런 브랜드들은 주주들에게 더 큰 수익을 돌려줄 수 있다.[9] 이는 기업의 시장 가치를 장부 가치보다 훨씬 더 높이는 결과로 이어진다. 수영 3.8킬로미터, 사이클 180킬로미터, 마라톤 풀코스 42.195킬로미터로 구성된 대표적 이벤트인 아이언맨 대회를 포함해 전 세계에서 철인 3종 경기를 조직하고 주최하며 라이선스를 부여하는 아이언맨 브랜드를 중국의 완다 그룹Wanda Group이 6억 5,000만 달러를 지불하고 인수한 이유도 바로 여기에 있다. 이 대회의 참가자들 중 일부는 지옥을 본 듯한 힘든 경기를 마친 뒤 '완주의 증표'로 아이언맨 로고를 문신으로 새기기도 한다.

여기서 매우 중요한 질문을 생각해보자. 칭송받는 브랜드가 그렇게 많은 측면에서 기업에 가치를 제공한다면, 기업은 어떻게 해야 칭송받는 브랜드를 개발할 수 있을까? 이 질문에 대한 답은 간단할 수도, 믿기 어려울만큼 복잡할 수도 있다. 간단한 답은 기업도 고객에게 가치를 제공해야만이렇게 많은 가치에서 비롯된 혜택을 얻을 수 있다는 사실을 기억하는 것이다. 반면, 믿기 어려울 만큼 답이 복잡해지는 이유는 마케팅 분야가 아직까지 고객이 실제로 어떤 부분에 가치를 두는지 충분히 설명할 수 있는관점을 개발하지 못했기 때문이다. 우리가 이 책에서 제시하는 브랜드 애드머레이션 프레임워크는 이런 관점을 제공하는 데 목적을 두고 있다.

고객에게 제공하는 가치

브랜드가 기업에 가치를 제공하려면 먼저 고객에게 가치를 제공해야 한다.그런데 기업이 자사의 브랜드로 고객에게 가치를 제공하려면 어떻게 해야할까?

제품 혁신을 통한 가치 제공?

일부 학자들은 브랜드의 성공이 경쟁 상대가 없는 시장 공간을 확보하는데 달려 있다고 주장한다. 또는 최초로 시장에 나와 새로운 카테고리를 형성할 정도로 혁신적인 상품이나 발명품, 즉 '킬러 애플리케이션killer application'을 만들어내는 데 브랜드의 성공이 달려 있다고 말하는 사람들도 있다. 하지만 무엇이 킬러 애플리케이션이 될 수 있을까? 그들의 주장에 따르면,오늘날처럼 정보가 넘쳐나는 환경에서는 고객들이 제품에 관한 모든 정보에 접근할 수 있으므로 브랜드가 제품의 품질과 가격만으로 경쟁할 수밖에 없다고 한다. 따라서 브랜드와 고객의 관계는 브랜드에서 얻는 가치가 고객이 지불한 가격에 상응하느냐라는 경제적 계산에 따라 형성된다는 것이다. 이처럼 제품의 품질과 가격을 놓고 과도하게 비교하는 트렌드 때문에 기업은 산업의 경계를 재편성하고 새로운 경쟁 기회를 만들어낼 수 있을 만큼 혁신적인 제품 개발에 집중해야 한다고 말한다.[10] 이는 의미 있는 주장이다. 오늘날의 시장에서 제품 혁신은 분명히 브랜드의 성공에 결정적 역할을 한다.

행복감을 주는 혜택에서 얻는 가치(3Es)

하지만 혁신적인 제품 개발은 경쟁에서 성공할 수 있는 일부 방안에 불과하다. 고객 행동에 관한 수십 년간의 연구 결과를 보면, 구매 결정이 순전히 경제적 계산에만 바탕을 두고 이루어지는 것은 아니다. 브랜드 선택은 주로 브랜드가 '고객에게 제공하는 것'에 대한 관점에 의해 결정된다. 다르게 표현하면, 브랜드는 단순히 경제적 조건뿐만 아니라 고객을 행복하게 만드는 혜택의 크기를 두고 경쟁을 펼치는 것이다. 분명한 사실은 고객이 가격에 걸맞은 가치가 없는 브랜드에는 돈을 쓰지 않는다는 것이다. 하지만 실제로 고객이 적절한 가격과 좋은 품질의 제품 이상으로 바라는 것은 '자신의 욕구를 충족시켜주는' 혜택을 경험상으로 만족스럽게 느끼고 또한 인간적 행복감을 느낄 수 있게 해주는 브랜드다. 개인적이든 직업적인 맥락이든, 이런 혜택을 제공하는 브랜드는 고객을 행복하게 만든다.

브랜드의 혜택은 제품이 지닌 '특성'이 아니라 고객이 브랜드를 구입하고 사용함으로써 자신의 '욕구, 목표'를 충족할 수 있는 결과를 의미한다.

표 1.2 칭송받는 브랜드가 고객에게 제공하는 가치

브랜드의 혜택(3Es)	고객에 미치는 정서적, 동기부여 효과
전문성 혜택	칭송받는 브랜드는 크고 작은 문제점과 도전 과제에 대한 해결 방안을 제공하고 고객의 제한된 자원(시간, 금전, 심리적 수용력, 신체적 수용력)을 절약하게 함으로써 고객에게 원만한 행동을 할 수 있는 능력을 부여한다. 고객은 이런 전문성을 부여받을 때, 힘이 생겼다고 생각하고 확실함, 안전함, 안도감, 자신감을 느낀다.
정감성 혜택	칭송받는 브랜드는 고객의 감각(촉각, 시각, 청각, 후각, 미각)과 생각, 마음을 사로잡는 매력을 제공함으로써 고객을 매료시킨다. 고객은 이런 매력을 통해 정감성을 느낄 때, 만족하고 자극을 받으며 참여하고 싶고 마음이 따뜻해지는 느낌을 받는다.
공감성 혜택	칭송받는 브랜드는 고객의 자아에 대한 신념과 의식(현재와 과거의 자아 그리고 앞으로 희망하는 자아)에 반응함으로써 고객의 공감을 불러일으킨다. 고객은 이런 공감성으로 영감을 얻고 자부심을 가지며 사람들과 연결되고 인정받는다고 느낀다.

이는 B2B나 B2C 고객, 스포츠 또는 유명인의 팬, 혹은 비영리단체의 마케팅 대상 등 모든 사람에게 해당하는 진리다.[11] 고객 가치를 바라보는 우리의 관점은 참신하면서 간결하다. 구체적으로 설명하면, 우리는 넓은 의미에서 인간의 행복을 뒷받침하는 세 가지 혜택을 확인했다. 즉, 고객에게 전문성enablement, 정감성enticement, 공감성enrichment을 제공하는 혜택들이다(표 1.2 참조).

고객에게 전문성을 제공하는 혜택

고객은 자신에게 전문성을 제공하는 브랜드에서 가치를 발견한다. 이런 브랜드는 고객의 기능적인 문제를 해결해준다. 즉, 걸림돌을 제거하고 불만을 해소하며, 염려를 누그러뜨리고 불안감을 완화해주며, 마음의 평화를 가져다준다. 고객에게 전문성을 제공하는 혜택은 '위산 역류 증세를 어떻게 피할 수 있을까? 도둑의 침입을 어떻게 막을까? 서로 소통할 수 있는

IT 시스템을 어떻게 구축할까?' 등과 같이 끊임없이 생겨나는 크고 작은 문제를 처리할 수 있는 해결책을 제공한다. 해결책을 제시하는 브랜드에서 고객들은 자신의 개인적, 직업적 삶에서 마주치는 도전에 맞설 힘을 얻는다. 문제 해결을 위해 의지하고 신뢰할 수 있는 브랜드를 발견한 고객은 염려를 없애고 삶의 다른 부분에 집중할 수 있다. 두려움과 염려가 능력, 자신감, 확신으로 바뀌는 것이다.

때로는 문제와 해결책이 모두 돈과 시간, 심리적·육체적 에너지와 같은 자원에 관련될 수 있다. 고객이 자신에게 부족한 자원을 절약하거나 자신이 원하는 자원을 구하는 데 브랜드가 도움을 줄 때, 브랜드는 또 고객에게 전문성을 제공할 수 있다. 미국의 유명 투자자문회사 찰스 슈왑Charles Schwab은 고객이 확실한 은퇴 계획을 세우는 데 도움을 준다. 사람들은 예상치 못한 삶의 변화로부터 자신을 보호해줄 안전망을 갖추고 미래를 대비할 때 더욱 자신감을 느낀다. 비즈니스 솔루션 제공 기업 SAP는 조직이 과정을 간소화하고, 낭비를 줄이고, 보다 나은 민첩성과 성장력을 위해 단순하게 운영될 수 있도록 도움을 준다. 오픈 소스 내비게이션 서비스를 제공하는 웨이즈Waze는 현재 위치에서 목적지에 이르는 가장 효율적인 길을 안내해준다.

문제를 해결하고 자원을 절약해주는 브랜드는 고객에게 힘과 확신, 자신감, 안도감, 안전함을 느끼게 해주며 마음의 평화를 가져다준다. 간단히 말해서, 고객은 자신에게 전문성 혜택을 제공해줄 수 있는 제품과 서비스를 간절히 원한다. 보다 나은 안전함과 효율성을 갖추고 덜 복잡하고 스트레스도 적은 환경에서 살 수 있기를 바라기 때문이다.

고객에게 정감성을 제공하는 혜택

고객은 또 자신에게 정감성을 제공하는 혜택을 찾는다.[12] 정감성 혜택은 고객에게 감성적인 즐거움을 제공한다. 고객의 생각과 감각, 마음을 자극하여 즐거움을 제공하며, 업무를 놀이로, 우울함을 희열로, 지루함을 열광으로, 슬픔을 온정과 웃음으로 바꾼다. B2B나 B2C 어느 환경에 있든 고객은 만족하고, 참여하고, 열광하고, 재미있고, 감사하며 따뜻한 온기를 느낄 수 있기를 바란다. 이를테면, 흥미롭고 시각적으로 즐거운 웹사이트나 감성을 자극하는 광고를 좋아한다. 브랜드와 브랜드에 속한 직원들에게서 자신을 대접하고 배려한다는 느낌을 받고 싶어 한다. 고객은 기업의 사무실과 소매 매장이 따뜻하고 안락하며 방문할 마음이 생길 만큼 매력적이기를 바라며, 친절하고 기꺼이 도움을 주는 직원들과 거래하기를 원한다.

이런 감각적이고 온정적인 혜택을 제공하는 완벽한 본보기가 디즈니랜드다. 디즈니랜드는 매일 수백만 명의 어린이(그리고 어른들)에게 마법을 선사한다. 디즈니 방문객들은 매직 킹덤의 아름다움과 놀이기구의 짜릿함, 미키와 플루토를 만나는 즐거움, 불꽃놀이와 퍼레이드의 화려함에서 이런 혜택을 경험한다. 헬로 키티 브랜드의 성공도 정감성 혜택으로 설명할 수 있다. 기형적으로 보이고 입도 없는 고양이 캐릭터가 다 큰 어른들은 말할 것도 없고 어린이들에게서 그렇게 강한 충성심을 불러온 경위를 정감성의 혜택 말고 어떤 다른 이유로 설명할 수 있을까? 헬로 키티의 열성적 팬들은 이 브랜드에서 벗어날 수가 없다. 시장에 처음 소개된 이후 40년 동안 5만 개 이상의 다양한 제품이 헬로 키티 브랜드로 출시됐다. 이 브랜드를 향한 관심과 애착은 지금도 대단하다.

고객에게 공감성을 제공하는 혜택

마지막으로 고객은 인간으로서 자신에게 정신적인 자부심을 고취시키는 의미의 공감성을 제공하는 혜택을 찾는다. 자신이 이 세상에서 좋은 일을 하는 착한 사람이라고 느끼기를 원한다. 자신의 신념, 희망과 일치하는 방식으로 행동하기를 원한다. 다른 사람들이 인정하고 존중하는 그룹에 자신이 소속돼 있기를 바란다. 현재와 미래에 자신이 꿈꾸는 최고의 사람이 될 수 있는 영감을 받고 싶어 한다. 자신의 정체성과 출신을 자랑스럽게 여길 수 있기를 바란다. 이런 공감성 혜택은 사람들의 삶에 의미를 제공한다. 삶의 의미를 느끼지 못하는 사람들은 상실감에 빠지고 삶이 무의미하다고 여긴다.[13] 공감성 혜택을 통해 고객은 영감을 받고 자부심을 가지며 사람들과 연결되고 인정받는다고 느낄 수 있다. 이 혜택은 사람들이 선한 의도로 행동하고, 긍지를 느끼며, 용기를 내고, 진정한 자아를 찾도록 동기를 부여한다.

세일즈포스닷컴Salesforce.com은 모든 기업에 쉽고 시각적으로 보기 좋은 방식으로 기술을 제공하는 단순한 클라우드 컴퓨팅 기업에 머무르지 않는다. 세계를 보다 나은 곳으로 만들 목적으로 탄생한 기업으로서 비영리단체와 고등교육기관을 지원하며, 지금까지 5,300만 달러 이상을 기부했다. 세일즈포스의 직원들은 100만 시간 이상을 재능 기부 형태로 자선단체에 기부했다.[14] 고객들은 세일즈포스의 제품을 이용함으로써 자신들도 세상을 더 나은 곳으로 만드는 일에 동참한다는 사실을 알고 있다.

세 가지 브랜드 혜택(3Es)의 기하급수적 상승효과

우리는 고객에게 전문성, 정감성, 공감성을 제공하는 혜택을 줄여서 3Es로

부른다. 이 세 가지 혜택이 결합하면 고객의 행복감을 강화하는 기하급수적 상승효과가 나타난다. 우리는 이 세 가지 혜택을 모두 제공하며 고객의 행복감을 향상시키는 브랜드를 가장 칭송받는 브랜드라고 주장한다. 이런 브랜드는 다른 브랜드들보다 고객을 더욱 행복하게 만든다. 이런 세 가지 혜택은 인간 동기human motivation 이론과 긍정적 정서positive emotions에 관한 대부분의 연구와 직접적인 관련이 있다. 우리는 연구에서 하나의 E, 즉 최상의 성과를 발휘하는 한 가지 혜택이 나머지 두 혜택에서 부족한 부분을 충분히 상쇄할 수 없다는 중요한 사실을 발견했다. 결국, 3Es는 함께 높은 수준으로 존재할 때 브랜드 애드머레이션에 기하급수적 상승효과(곱셈 대비 덧셈)를 발휘하는 것이다. 그러므로 칭송받는 브랜드가 되려면 3Es를 모두 고객에게 제공해야 한다(표 1.3 참조).

3Es의 강력한 영향력을 자세히 살펴보자. 할리 데이비슨의 고객들은 이 브랜드가 훌륭한 품질의 제품을 적절한 가격에 공급한다는 사실을 믿고 있다. 하지만 이런 논리만으로는 이 브랜드가 어떻게 고객들에게 큰 반향을 불러일으켰는지 설명하기 어렵다. 할리 데이비슨 구매자는 시간과 돈, 자신의 명성까지 이 브랜드에 쏟아붓는다. 이 브랜드를 통해 여러 측면에서 행복감을 느낄 수 있기 때문이다. 할리 데이비슨 모터사이클 자체로는 '신나고 짜릿한' 주행을 즐길 수 있다(정감성 혜택). 모터사이클을 타는 동

표 1.3   3Es의 기하급수적 상승효과

덧셈과 곱셈 등식의 엄청난 차이	
덧셈 등식	$8+8+8=24$
곱셈 등식	$8 \times 8 \times 8 = 512$

안 고객들은 '안전하고 제어할 수 있다는' 느낌을 받는다(전문성 혜택). 할리 데이비슨 재킷처럼 제품과 관련된 옷이나 장비들은 할리 공동체에 소속된 구성원이라는 사실을 상징적으로 나타내며, 고객들이 서로를 형제나 자매처럼 여기는 '멤버십에 대한 자긍심'을 느낄 수 있게 해준다. 고객들은 또한 할리 오너스 그룹^{Harley Owners Group}에 참여해 다른 사람들과 '연결돼 있다는' 느낌을 받고, 초보자에서 전문가 수준에 올라서면서 다른 구성원들에게서 점점 더 '존중받는' 기회를 잡을 수도 있다. 이 브랜드가 상징하는 자립, 자율, 자유는 고객들에게 영감을 주며, 마치 '자신들의 진정한 자아와 인간으로서의 정체성을 접하는' 것 같은 느낌을 전달한다(공감성 혜택). 할리 데이비슨처럼 전문성, 정감성, 공감성 혜택을 모두 제공하며 오랫동안 고객에게 가치를 제공한 다른 브랜드들의 사례는 2장에서 설명하겠다.

브랜드 애드머레이션 관리 시스템

칭송받는 브랜드가 기업과 고객에게 제공하는 가치에 대한 관점은 그림 1.1에 있는 브랜드 애드머레이션 관리 시스템의 기반이 된다.

3Es와 브랜드 애드머레이션

기업은 자사의 브랜드가 '고객에게 가치를 제공'할 때, 즉 전문성, 정감성, 공감성 혜택을 제공할 때만 그림 1.1의 오른쪽에 표시된 결과를 누릴 수 있다. 브랜드가 이 세 가지 혜택을 제공하며 고객에게 능력을 부여하고 만족감과 영감을 주면, 고객은 이 브랜드와 장기적인 관계를 구축하기를 '원한다.' 브랜드가 이 세 가지 혜택을 제공할 때, 고객은 그 브랜드를 신뢰하고 사랑하고 존중한다. 쉽게 말해 '칭송한다'는 뜻이다. 3장에서 3Es와 브랜드 애드머레이션에 관해 보다 자세히 논의하며 이 개념에 대한 공식적인 정의를 내릴 것이다. 3장에서 설명하겠지만, 칭송받는 브랜드를 만들어내는 일이 브랜드에 대한 사랑만 만들어내는 것은 아니다. 브랜드에 대한 신뢰와 사랑, 존중을 만들어내야 한다. 이 세 가지 요소는 3Es에서 비롯되며, 상호 작용을 통해 브랜드 애드머레이션에 영향을 미친다. 이들이 바로 장기적 브랜드 관계를 추구하는 데 필요한 열쇠다.

브랜드 애드머레이션 구축

신규 브랜드는 브랜드 애드머레이션을 구축해서, 즉 '고객에게 전문성, 정감성, 공감성 혜택을 제공하면서' 스스로 존재감을 형성해야 한다. 칭송받는 브랜드의 특징인 브랜드에 대한 신뢰, 사랑, 존중은 앞서 말한 세 가지 혜택을 제공함으로써 조성해나갈 수 있다. 4장에서는 고객에 대한 브랜드 애드머레이션 구축이 직원들 사이에서 브랜드 애드머레이션을 구축하는 일에서 시작한다는 점을 설명한다. 기업과 시장 사이의 중요한 중개자인 직원들(내부 고객)이 브랜드가 추구하는 사명과 3Es를 구현하고 자신들도 전문성과 정감성, 공감성을 느낄 수 있게 해야 한다. 5장에서는 외부 고객들을 대상으로 한 브랜드 애드머레이션 구축 과정, 특히 타깃 고객들에게 브랜드 아이덴티티^{brand identity}를 전달하고 실행하는 일에 관한 포지셔닝 선언문^{positioning statement}을 작성할 때 필요한 전략적 결정을 살펴본다. 6장에서는 고객들이 어떻게 브랜드의 순수상기^{top-of-mind brand recall}를 특정 마케팅 결정들을 통하여 촉진시키는가를 다룬다.

브랜드 애드머레이션 강화

고객에게 칭송받는 브랜드를 구축한다는 것은 기업의 입장에서 큰 성과를 이룬 셈이다. 하지만 시장은 끊임없이 진화하고 있다. 칭송받는 브랜드를 구축하는 데 투입한 기업의 자원은 브랜드 애드머레이션의 효력이 약해지면 회수하기 어렵다. 기업과 고객을 위해 장기적 가치를 창출하려면, 브랜드는 브랜드 애드머레이션을 구축해야 할 뿐만 아니라 시간이 지나면서 이를 '강화해야' 한다. 시장에서 펼쳐지는 경쟁 상황에 따라 브랜드 관리자는 항상 자사의 브랜드에 가장 적합한 기회를 확인해야 하며, 고객에게 전문성, 정감성, 공감성을 제공하는 방법을 끊임없이 개선해야 한다. 그렇게 함으로써 고객들은 자신을 행복하게 만들려는 브랜드의 끊임없는 노력을 인식하고 그 가치를 인정한다. 7장에서는 기업이 브랜드 애드머레이션 강화에 활용할 수 있는 다양한 전략을 설명한다. 기업들은 (1)기존 혜택의 강점을 강화하고, (2)새로운 혜택을 추가하며, (3)불필요한 혜택을 없애고, (4)기존 혜택의 중요도를 조정하고, (5)자사의 브랜드와 비교될 만한 준거 브랜드를 만들어내거나 변경할 수 있다.

브랜드 애드머레이션 활용

브랜드 애드머레이션을 활용한다는 말은 제품과 브랜드의 확장으로 브랜드의 효율적 성장을 추구한다는 뜻이다. 신규 제품에 기존 브랜드를 사용하여(즉, 확장 기법을 활용하여) 효율적 성장을 꾀할 수 있다. 고객들은 칭송받는 브랜드를 부착한 신규 제품을 보다 쉽게 받아들이기 때문이다. 고객들은 또 이 브랜드가 자신의 개인적, 직업적 삶에 관련된 다른 여러 제품에 연결돼 있다는 사실도 인식한다. 브랜드 관련성을 이처럼 확장하면 브랜드 애드머레이션을 더욱 강화할 수 있다. 8장과 9장에서는 기업들이 칭송받는 브랜드를 활용할 수 있는 방안과, 제품과 브랜드를 확장할 때 고려해야 할 사항에 관한 혁신적 아이디어를 제시한다.

브랜드 구성 디자인

브랜드 애드머레이션에 관한 또 다른 쟁점은 브랜드 구성 디자인[Brand Architecture Design]이며, 이는 한 기업의 다양한 제품과 비즈니스가 시장에서 일관된 이미지를 나타낼 수 있게 만드는 과정을 뜻한다. 10장에서는 브랜드 구성을 디자인하기 위한 이론적 구조를 제시한다. 이 구조를 통해 다섯 단계로 구분된 브랜드의 수직적 계층[brand hierarchy]을 확인하고 여덟 가지 브랜딩[branding] 옵션을 살펴볼 수 있다. 이 구조와 세 가지 주요 평가 기준을 바탕으로 기업은 최상의 브랜드 구성 디자인을 평가하고 선택할 수 있다.

브랜드 에쿼티

기업에 대한 브랜드 가치는 브랜드 에쿼티[Brand Equity]를 통해 드러난다. 브랜드 에쿼티는 브랜드 소유주(기업)에 대한 브랜드의 경제적 가치를 반영한 재무적 측정치이며, 이는 고객을 향한 브랜드 애드머레이션을 구축하고 강화하며 활용하려는 브랜드 소유주의 노력을 바탕으로 한다. 11장에서는 독창적이고 쉽게 사용할 수 있으며 유용한 정보를 제공하는 브랜드 에쿼티 측정 방법을 제시한다. 이 방법은 고객의 브랜드 애드머레이션에 대한 강도와 브랜드 구축(강화 또는 활용)을 향한 기업의 노력을 반영하는 세 가지 주요 변수, 즉 (1)브랜드의 단가, (2)브랜드의 판매량, (3)전체 수익을 창출하는 데 투입된 마케팅 비용에 바탕을 둔다. 이 측정 방법은 이론적 근거를 갖추고 있고 신뢰할 수 있으며 쉽게 실행할 수 있다. 이 방법을 통해 경쟁 관계에 있거나 직접적으로 경쟁하지 않는 다른 브랜드들의 브랜드 에 쿼티와 비교할 수 있으며, 기업이 보유한 브랜드 에쿼티가 시간이 지나면서 어떻게 달라지는지 분석할 수 있다.

브랜드 애드머레이션 대시보드 측정 기준

마지막으로 우리가 제시하는 브랜드 애드머레이션 관리 시스템은 기업이 브랜드 애드머레이션의 구축, 강화, 활용 단계별로 브랜드의 성공을 평가할 수 있는 측정 기준을 명시하고 있다. 효과적인 측정 기준이 없으면, 하나의 브랜드가 전체적으로 그리고 경쟁자와 비교해 얼마나 잘 하고 있는지 평가하기 어렵고, 현재의 브랜드 에쿼티에 무엇이 영향을 미치는지 이해하기도 쉽지 않다. 측정 기준을 마련하면, 기업들은 중대한 문제가 어디서 발생하고 어떻게 해야 바로 잡을 수 있는지 진단할 수 있다. 이에 따라 통찰에 중점을 둔 '브랜드 애드머레이션 대시보드Brand Admiration Dashboard'를 활용하는 것은 브랜드 애드머레이션 관리 시스템에서 중요한 부분이다. 12장에서 자세히 논의할 대시보드는 브랜드 애드머레이션 시스템의 모든 구성요소에 연계돼 있다. 브랜드 애드머레이션 대시보드에 필요한 데이터는 쉽게 수집할 수 있다. 게다가 대시보드에서 추출한 데이터를 활용하면, 현재 브랜드가 어떤 성과를 내고 있는지, 훌륭한 성과나 그렇지 못한 성과를 내는 이유가 무엇인지, 앞으로 해야 할 일은 무엇인지 분명히 통찰할 수 있다. 이런 이유로 우리는 브랜드가 고객과 기업에 가치를 제공하거나 하지 못하는 원인을 브랜드 관리자가 이해하는 데 이 대시보드가 매우 유용하게 쓰일 것이라고 확신한다. 결론적으로 브랜드 애드머레이션의 구축과 강화, 활용이 바로 우리가 독자들에게 권하는 여정이다.

이제 이 여정을 시작해보자.

제2장
칭송받는 브랜드의
실제 사례

∶

브랜드를 만들어내는 일은 언뜻 상식적인 것처럼 보이지만,
실제로는 믿기 어려울 만큼 비직관적이다.

서론

코카콜라가 생수와 경쟁하는 것처럼, 스포츠 의류 및 용품 브랜드인 나이키는 일반 의류 제품들과 경쟁하고 있다. 하지만 나이키는 1964년 창업 이래 세계에서 가장 칭송받고 높은 가치를 지닌 브랜드 중 하나가 됐다. 고객의 신뢰와 사랑, 존중을 받는 나이키는 고객이 스포츠 활동뿐만 아니라 일상에서도 나이키를 기꺼이 애용하게 만든다. 나이키의 이런 노력들은 의심의 여지없이 엄청난 브랜드 에쿼티를 구축했다. 실제로 나이키는 브랜드 애드머레이션 관리 시스템(그림 2.1 참조)에 나와 있는 기업에 대한 브랜드 가치의 모든 요소를 실현했다. 나이키의 전 세계 매출은 약 300억 달러가 넘을 것으로 예상되며, 시가총액은 1,000억 달러를 훌쩍 넘어선다.[1] 나이키는 최고 인재들에게 인기 있는 직장이며, 브랜드에 대한 이들의 헌신은 제

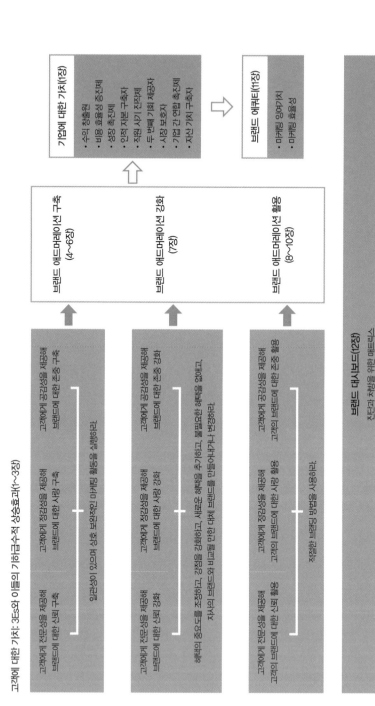

그림 2.1 브랜드 애드머레이션 관리 시스템

품 혁신과 온오프라인 매장에서 고객을 지원하는 열정으로 고스란히 나타난다. 나이키가 강조하는 기업 사명 선언문은 "이 세상의 모든 스포츠맨에게 영감과 혁신을 불러일으킨다"이다.[2] 비록 노동 착취에 의존한다는 비난을 포함한 여러 차례 브랜드 위기를 겪었지만, 나이키는 이런 기업 범죄 행위로 인한 곤경에서 신속히 회복할 수 있었다.

나이키의 성장은 핵심 제품(기능성 운동화)에 대한 브랜드 애드머레이션을 구축하고 강화할 수 있는 능력뿐만 아니라, 다른 제품을 나이키 브랜드로 출시하며 브랜드 애드머레이션을 활용하는 능력으로 설명할 수 있다. 나이키의 공동창업자인 빌 바우어만Bill Bowerman은 운동선수를 "신체를 가진 모든 사람"으로 정의하기도 했다. 타깃 시장에 대한 이런 광범위한 관점 덕분에 나이키는 육상, 테니스, 골프, 크리켓 등 모든 스포츠 종목과 의류, 가방, 안경, 디지털 기기 등 모든 형태의 스포츠 장비와 깊은 연관성을 지니게 된다. 실제로 나이키는 "신체를 가진 모든 사람"의 삶에 깊이 파고들어 있기 때문에 이 브랜드의 관련성은 스포츠 분야를 넘어 일상생활(평상복, 액세서리 등)과 심지어 직장 생활까지 확장되었다. 강력한 브랜드 에쿼티를 갖춘 칭송받는 브랜드로서 나이키는 마이클 조던, 애플, 일본 패션 브랜드 사카이Sacai와 같은 다른 강력한 브랜드와 연합하는 전략으로 성장하기도 했다.

하지만 나이키의 재무적 가치는 근본적으로 이 브랜드가 고객에게 제공하는 혜택에서 비롯됐다. 고객이 나이키를 칭송하는 이유는 이 브랜드가 전문성, 정감성, 공감성 혜택을 제공하여, 나이키에 대한 고객의 신뢰와 사랑, 존중을 이끌어내기 때문이다. 브랜드가 제공하는 이런 혜택들과 그 혜택들이 이끌어내는 감성들이 브랜드 애드머레이션 관리 시스템의 핵심 요소들이다.

전문성 혜택의 관점에서 볼 때, 나이키는 기능적 혜택을 추구하는 고객에게 도움을 주고, 운동 성과를 향상시키는 혁신적 제품을 만들기 위해 끊임없이 노력한다. 전문 선수와 취미로 운동을 하는 사람들은 항상 나이키 제품을 통해 자신들의 운동 능력을 최대한 발휘할 수 있다고 확신한다. 종목별로 최적화된 나이키 운동화와 운동복은 어떤 종목이든 상관없이 최고의 성과를 보장하는 이 브랜드의 다양성을 분명히 보여준다. 많은 연구를 거쳐 탄생한 나이키 제품은 고객들에게 확신을 심어준다. 고객들은 나이키 제품이 부상을 방지하고 불편함을 줄이는 기능성을 갖추고 있다고 믿는다. 나이키 제품은 육체적 에너지의 손실을 최소화하고 고객들이 운동 기량을 최대한으로 발휘할 수 있게 도와준다. 고객들은 언제나, 어느 상황에서나 나이키 브랜드에 대한 믿음이 있기 때문에 나이키 제품을 사용할 때마다 힘이 샘솟는 느낌을 받는다.

정감성 혜택의 관점에서 볼 때, 고객들이 나이키 제품을 사랑하는 이유는 멋진 디자인과 편안함 때문이다. 나이키 제품에 적용한 밝고 경쾌한 색상과 편안함은 수많은 스포츠 활동을 즐겁고 활기찬 경험으로 만들어준다. 나이키는 모든 스포츠 경기와 일반 운동에서 즐거움과 신체적 편안함, 진정한 사랑을 구현한다.[3] 제품에 사용하는 직물은 신체에 부드럽고 시원한 느낌을 줄 수 있는 디자인으로 제작된다. 나이키의 독특한 로고는 사람들의 눈길을 사로잡고 기분을 좋게 한다. 나이키가 제공하는 정감성 혜택은 제품에만 머무르지 않는다. 나이키 매장은 그 자체만으로도 좋은 경험을 선사한다. 나이키 매장의 유선형 공간에서 매장 방문자들은 춤추거나 뛰노는 동안, 벽면에 걸린 격자 형태의 스크린에서 자신의 모습을 볼 수 있다. 나이키는 또 위대한 선수가 자신의 최고 정점에 이를 수 있게 도움을 준 지지자들과 멘토들을 찬양하는 감동적인 광고(예를 들면, RE2PECT 광고)로도 유명하다.

공감성 혜택의 관점에서 볼 때, 고객들이 나이키를 존중하는 부분적인 이유는 나이키가 매우 고무적이기 때문이다. 나이키 광고의 핵심을 표현하는 태그라인과 로고는 '그냥 시도하라Just Do It'고 운동선수들을 격려하며, 머뭇거리거나 복잡하게 생각하지 말고 '곧바로 시도하라'고 말한다. 나이키는 마이클 조던, 세리나 윌리엄스, 로리 맥길로이 등 세계 최고의 운동선수들을 광고에 등장시키며, 고객들이 존중하고 닮고자 하는 선수의 운동화를 실제로 신어보고 싶다는 마음이 생기게 한다. 마지막으로 나이키는 사람들이 스포츠 경기와 운동, 건강을 가치 있게 여기는 큰 공동체에 소속돼 있다는 느낌이 들게 만들어 사람들을 서로 연결시키는 중요한 역할을 했다. 나이키 브랜드 사용자들은 자신의 운동 성과를 기록하여 공동체의 다른 구성원들과 비교하고, 자신이 얼마나 잘했는지 자부심을 느끼게 해주는 애플리케이션을 통해 공동체를 중심으로 한 멤버십 활동을 활발히 하고 있다.

스티브 잡스가 나이키를 "모든 사례 중 최고이며, 우주를 통틀어 가장 위대한 마케팅 업적 중 하나"로 여기는 것도 놀랄 일은 아니다.

개요

1장에서 우리는 브랜드가 고객에게 강력한 가치를 제공할 때, 기업에 대한 브랜드 가치가 극대화된다는 논리를 제안하는 브랜드 애드머레이션 관리 시스템을 소개했다. 기업들은 브랜드 애드머레이션을 구축하고, 강화하며, 활용함으로써 이런 가치를 실현할 수 있다. 브랜드 애드머레이션은 고객들의 브랜드에 대한 신뢰, 사랑, 존중을 구축하고, 고객들에게 전문성, 정감성, 공감성을 제공하려는 지속적인 노력을 통해 실현된다. 2장은 여러 면에서 이런 아이디어들에 바탕을 두고 있다. 첫째, 그림 2.1의 프레임워크가 특정 브랜드에만 적용되는 것이 아니라 일반화할 수 있다는 사실을 보여준다. B2C(나이키)와 B2B(캐터필러), 비영리(미국 해병대), 국제(한국 풀무원) 시장에 속한 모든 브랜드에 동일하게 적용할 수 있다. 물론 이 책에서 수많은 사례를 제시하겠지만, 2장에서 우리는 브랜드 애드머레이션 관리 시스템을 모든 브랜드에 적용할 수 있다는 사실을 명확히 설명하기 위해 이런 사례들을 논의한다. 100년 가까이 또는 그 이상 된 장수 브랜드들을 중심으로 살펴본다. 이는 사람들의 기억에서 사라지는 브랜드와 달리, 특정 브랜드가 오랜 세월이 흘러도 변함없이 건재한 이유를 브랜드 애드머레이션 관리 시스템으로 설명할 수 있다는 점을 증명하기 위해서다. 이 장에서 논의하는 각 브랜드는 오랫동안 성공을 누려왔으며, 이 브랜드를 소유한 기업에 엄청난 가치를 선사했다. 우리는 이런 브랜드들이 어떻게 세 가지 혜택, 즉 3Es로 고객들에게 보다 향상된 가치를 제공했는지, 또 기업들은 어떻게 오랫동안 브랜드 애드머레이션을 구축하고, 강화하며, 활용했는지 자세히 설명한다.

B2B 시장에서 칭송받는 브랜드

고객에게 전문성, 정감성, 공감성의 혜택을 제공하는 일에 집중함으로써 브랜드에 대한 신뢰, 사랑, 존중을 만들어내는 브랜드 애드머레이션 관리 시스템은 B2C 시장에서 적절한 도구임이 틀림없다. 하지만 B2B 시장에서도 그럴까? 일부 브랜드 전문가들은 고객의 수, 구매 결정 과정, 제품에 대한 고객의 지식 수준 등 여러 가지 측면에서 B2B 시장이 B2C 시장과 같지 않으므로 다른 브랜드 전략이 필요하다고 주장한다. 하지만 우리의 의견은 다르다. 물론 두 시장에는 서로 다른 많은 방법이 필요하겠지만, 각 시장의 전략을 이끄는 기본 원칙은 다르지 않기 때문이다. 모든 시장의 고객은 결국 인간이다. 힘을 얻고 만족감을 느끼며, 영감을 받을 수 있는 제품과 서비스를 구매하고 싶은 일반 소비자 시장의 고객과 비즈니스 시장의 고객은 전혀 다를 바 없다. 기업이 보유한 고객의 수가 많든 적든 상관없이, 각 고객은 행복해지기를 원한다. 자신들의 삶에 전문성, 정감성, 공감성을 제공해줄 수 있는 혜택을 원한다. 자신들이 신뢰하고, 사랑하며, 존중하는 기업의 단골 고객으로 남고 싶어 한다. 소비자 시장과 크게 관련이 없고 주로 B2B 시장에서 경쟁하는 브랜드, 캐터필러Caterpillar에 관해 이야기해보자.

캐터필러는 전 세계 건설과 광업 장비, 산업용 가스 터빈, 디젤 및 전기 기관차 분야의 선두 주자로, 90년의 역사를 가지고 있으며 180개국 이상에서 제품을 판매하고 있다. 캐터필러의 성공은 전 세계적으로 치열한 가격 경쟁을 감안했을 때 더욱 놀라운 일이다. 하지만 캐터필러가 다른 기업과 차별화하기 위해 실행한 일이 몇 가지 더 있다.

첫째, 캐터필러는 동종 산업에서 내구성과 기능성이 가장 뛰어난 제품을 판매한다. 이런 전문성 혜택을 갖춘 제품은 신뢰하고 의지할 수 있는 장비가 필요한 최종 소비자(예를 들면, 건설 기업)들에게 매우 중요하다. 또한 매우 효율적인 애프터서비스를 지원하여 고장으로 인한 소비자의 피해를 최소화한다. 가장 중요한 점은 캐터필러는 딜러를 거치지 않고 최종 소비자에게 제품을 직접 판매하지 않는다는 것이다. 이런 의미에서 볼 때, 캐터필러는 최종 소비자와 딜러에게 모두 투명하고 신뢰할 수 있는 판매 과정을 통하여 고품질의 제품을 공급했다.

캐터필러는 또한 독립 딜러들이 자체 비즈니스로 수익을 올릴 수 있게 했다. 캐터필러의 딜러 자문 그룹은 보다 나은 비즈니스 운영 방식을 제안하고 조언하며 딜러와 본사 사이의 상호 소통을 활성화시킨다. 이는 딜러들에게 자율권을 부여받는다는 느낌을 준다. 캐터필러는 딜러들과의 신뢰 관계를 명백히 보여주기 위해 계약 만료 날짜가 없고 3쪽에 불과한 간단한 계약서를 작성했다. 이는 길고 이해하기 힘든 법률용어로 작성된 전형적인 딜러 계약서와는 다른 형태였다. 캐터필러의 딜러 계약서는 딜러가 90일 전에만 의사 표시를 하면, 아무런 이유 없이도 계약을 파기할 수 있도록 했다. 딜러들이 이런 계약 조건을 통해 얼마나 많은 자율성을 얻고 안전감을 느꼈을지 상상해보라!

캐터필러는 또한 딜러가 크게 만족할 만한 정감성 혜택도 제공한다. 독립 딜러들을 압박하는 문제는 이들의 비즈니스가 가족 경영 체제라는 점이다. 그래서 딜러들은 가족, 특히 자녀가 미래에도 자신의 비즈니스를 계속 이어갈지 염려하고 있다. 캐터필러는 딜러들의 자녀에게 회사를 소개하는 컨퍼런스와 네트워킹 행사를 조직해 딜러들의 염려에 정면으로 대응한다. 이런 행사들은 딜러들의 자녀가 언젠가는 이 비즈니스를 맡아서 할 수도 있다는 딜러들의 희망을 담아, 이들이 딜러 비즈니스에 흥미를 느끼게 할 목적으로 마련됐다. 이런 행사들은 자신의 비즈니스가 다음 세대에서도 이어지기를 바라는 캐터필러 딜러들에게 마음이 따뜻해지는 엄청난 정 감성 혜택을 제공한다. 딜러들은 자신이 원하는 시간에 언제라도 캐터필러 의 CEO와 면담할 수 있으며, 이는 실제 보스가 누구인지를 나타내는 강 력한 상징이다.

마지막으로, 캐터필러는 전 세계 딜러들 사이에 강력한 유대감을 조성 하며 공감성 혜택을 제공한다. 딜러들은 자신이 세계를 위해 훌륭한 일을 하고 있고, 유대 관계가 긴밀한 공동체에 소속돼 있다고 느낀다. 캐터필러 와 딜러들은 말 그대로 세계를 제대로 돌아가게 만드는 훌륭한 기계를 만 들어 판매하고 있다. 그러므로 딜러의 정체성은 부분적으로 캐터필러와 맺은 관계를 중심으로 구축된다. 캐터필러는 딜러들을 고무시키는 유대감 과 소속감을 조성한다. 딜러들은 자신들에게 잘하려고 노력하고, 세계를 보다 나은 곳으로 만들기 위해 노력하는 브랜드를 당연히 존중할 수밖에 없다.

지난 90년 동안 캐터필러는 칭송받는 브랜드를 만들어내고 강화해왔 다. 하지만 여기서 그치지 않고 그동안 축적한 브랜드 명성을 활용하여 더 많은 분야로 확장해왔다. 오늘날 캐터필러 브랜드는 제품의 구매, 관리, 재 판매 단계에서 필요한 금융 서비스를 제공하는 캣 파이낸셜^{Cat Financial}과 딜 러와 최종 소비자에게 다양한 수리 옵션을 제공하고 친환경적인 부품 복 구 서비스를 제공하는 캣 리맨^{Cat Reman}(여기서 Reman은 재생산, 재조립을 뜻하는 remanufactured의 줄임말이다.-옮긴이)을 포함한 여러 분야로 확장해 있다. 브랜 드 애드머레이션 관리 시스템에 나와 있는 세 가지 핵심 혜택은 캐터필러 이외의 다른 B2B 브랜드들에도 적용된다.

버스와 트럭 생산 분야의 선두 주자인 나비스타^{Navistar}를 생각해보자. 이 대형 트레일러는 트럭일 뿐만 아니라 기사가 먹고, 자고, 옷을 갈아입고, 업무를 보고, 휴식을 취할 수 있는 거실과 같은 캐빈을 운전석 위에 갖춘 작은 집이다. 다른 트럭들에 있는 캐빈은 거의 뼈대만 갖춘 탐탁치 못한 공간에 불과하며, 이는 트럭 기사의 이직률을 높이는 원인이 되기도 한다. 하지만 나비스타는 다른 방식으로 접근했다. 트레일러의 캐빈을 트럭 기사들이 아주 만족할 만한 공간으로 만드는 것이다. 크롬(트럭 기사들이 좋아하는 재질)을 캐빈 내부 곳곳에 가능한 한 많이 사용하고 바닥에는 원목 마루를 깔았다. 캐빈은 또 7개의 스피커가 달린 몬순Monsoon 사운드 시스템과 TV까지 갖추고 있다. 이런 정감성 혜택들에 덧붙여 나비스타의 캐빈은 전문성 혜택도 제공한다. 이 캐빈은 머피 침대와 음식을 보관할 수 있는 작은 주방, 전자레인지, 냉장고, 수납 선반 등으로 편리하고 효율적으로 구성되어 있는 것이 특징이다. 나비스타의 캐빈은 공감성 혜택도 제공한다. 나비스타 트럭을 운전하는 기사들은 이처럼 특별한 트럭을 운전하는 기사들로 구성된 동업자 조직 또는 커뮤니티에 소속돼 있다고 느낀다. 이런 커뮤니티에 대한 소속감을 통해 트럭 기사들은 트럭 운행 전문가로서 자신의 정체성을 자랑스럽게 여긴다.

비영리 시장에서 칭송받는 브랜드

지금까지 우리는 영리를 목적으로 하는 브랜드들을 살펴봤다. 이들과 성격이 다른 비영리 브랜드로는 국가에 봉사하는 미국 해병대USMC, United States Marine Corps가 있다. 지금까지 논의한 브랜드들처럼 USMC도 전문성, 정감성, 공감성 혜택을 제공한다는 점에서 칭송받는 브랜드다.

1775년 창설 이후, USMC의 사명은 늘 한결같았다. 즉, 국가에 봉사하고, 국가의 독립성을 위해 싸우며, 국가를 위험으로부터 보호하고 자유를 지키는 것이었다. 미국 해병대는 입대를 고려하는 사람들에게 강력한 전문성 혜택을 제시한다. 신병들은 해병대 장병이 되려면 참혹한 전쟁과 이후의 사회적 격변에 대비하고 자신을 보호하기 위해 가장 엄격하고 혹독한 훈련을 통과해야 한다는 것을 알고 있다. 하지만 USMC가 세계에서 가장 정밀한 최첨단 장비를 사용하고 있다는 사실이 신병들의 염려를 완화해주고, USMC가 신병들을 실질적으로 지원하고 있다는 확신을 심어준다. USMC는 복무 기간 이후에도 적용되는 의료, 주거, 교육 관련 혜택을 포함한 다른 전문성 혜택들도 제공한다. 이런 방식으로 USMC는 일반 미국인들이 가장 많이 지출하는 부문(의료, 주거, 교육)을 중심으로 장병들에게 자금을 지원한다. 이런 혜택들을 통해 신병들은 자신이 해야 할 일을 실제로 할 수 있는 힘을 얻는다.

정감성 혜택의 관점에서 볼 때, 검독수리와 지구 모양, 닻으로 구성된 USMC의 엠블럼은 시각적으로 큰 만족감을 제공한다. 미 해병대 군복은 그 어떤 군복보다도 역사가 깊다. 드레스 블루스(또는 단순히 블루스)는 매우 세련된 디자인의 USMC 정복으로, 민간인들의 검정 나비넥타이 정장에 해당한다. 미 해병대 장병들은 매년 30일의 유급휴가를 받을 수 있다. 이 외에도 세계 곳곳의 주둔지를 여행하고, 전 세계 미국 대사관과 영사관에서 근무할 수 있는 흥미로운 기회와 이를 통해 전 세계의 문화를 체험할 수 있는 기회 등 다양한 정감성 혜택을 받는다. 미 해병대의 정감성 혜택은 신병들이 USMC 브랜드를 더욱 사랑하게 만든다.

하나의 엘리트 그룹으로서 USMC는 상당한 공감성 혜택을 받을 수 있는 기회를 제공한다. USMC 대원이 될 수 있는 자격은 고통스러운 훈련을 기꺼이 견딜 수 있으며, 목숨을 걸고 국가에 봉사하는 일을 자랑스럽게 여기는 사람들에게만 주어진다. USMC의 좌우명인 '자랑스러운 소수 정예 해병대The Few. The Proud. The Marines.'는 해병대의 일원이라는 소속감에서 비롯된 강인한 자부심을 잘 나타낸다. 이런 주제를 담은 표어는 미국 젊은이들의 마음속 깊이 자리 잡으며 이들을 크게 고무시킨다. 해병대 대원들이 받는 혹독한 훈련은 신병들을 탈바꿈시키는 효과를 발휘한다. 훈련을 받고 나면 신병들은 '해냈다'는 느낌을 받는다. 또한 자신들의 두려움과 약점을 극복하고 지속적으로 전투를 수행할 수 있을 만큼 특별하고 강인하며 용감해졌다고 느끼게 된다. 훈련을 마치고 나면 신병들은 처음 입대할 때와 완전히 다른 사람으로 변해 있다. 유능하고 용감하고 강인하며 늘 충성을 다하는(라틴어로 Semper Fidelis) 엘리트가 된 것이다. 이런 자질들이 미 해병대를 다른 군 조직과 차별화한다. 미 해병대 군복은 미국 국기의 세 가지 색을 포함하는 유일한 군복이다. 이는 자부심과 애국심, 능력을 상징적으로 나타낸다. 미 해병대에 소속된 미국의 젊은 남녀들은 진정한 영감과 자부심을 느낀다.

국제 시장에서 칭송받는 브랜드

브랜드 애드머레이션 관리 시스템은 국제 시장의 브랜드에도 똑같이 적용할 수 있다. 예를 들면, 한국인은 특별한 식품 기업인 풀무원을 사랑하고, 신뢰하며, 존중한다. 풀무원은 '유기농'이라는 말이 한국인(그리고 미국인)에게 생소하던 시기에 유기농 식품을 출시했다. 유기농 제품에 꾸준히 집중한 덕분에 풀무원은 한국의 모든 식품 기업(이들 중에는 막강한 영향력을 지닌 세계적 식품 기업들도 있다) 중에서 가장 많은 신뢰와 사랑, 존중을 받는 기업으로 성장할 수 있었다. 1984년 창업한 이래 풀무원은 줄곧 유기농과 자연 식품을 출시하며 자연과 조화를 이루는 삶에 집중해왔다. 풀무원의 기업 사명은 고객들이 바른 먹거리를 선택한 것을 자랑스러워하도록 만드는 데 목표를 두고 있다. 남승우 회장의 진두지휘 아래 이효율 사장이 경영을 맡은 풀무원은 한국 소비자들에게 전문성, 정감성, 공감성을 제공하는 혁신적인 혜택으로 소비자들 사이에서 브랜드에 대한 신뢰와 사랑, 존중을 구축했다.

풀무원은 화학조미료나 방부제, 인공 색소와 같은 인공적 또는 화학적 성분을 전혀 사용하지 않는다. 그 대신 7대 '바른 먹거리 원칙'을 고수하고 냉장 유통 시스템을 도입해서 모든 제품을 소비자의 구매 시점까지 신선한 상태로 유지한다. 2007년 풀무원은 자사 제품에 GMO 방식으로 생산된 재료를 사용하지 않는다는 새로운 정책을 채택했다. 달걀은 동물 복지 인증을 받은 농장에서만 구입한다. 최근 풀무원은 소비자가 주요 식품 재료의 원산지를 파악할 수 있도록 공급망 추적 시스템을 도입했다. 이런 전문성 혜택으로 소비자는 자신이 먹는 식품이 보다 더 안전하다는 확신을 얻을 수 있으며, 이는 브랜드에 대한 신뢰로 이어진다. 풀무원의 제품과 포장 디자인, 로고는 독특한 형태로 소비자에게 매력을 발산하는 한편, 기업 광고와 홍보 자료들은 흠잡을 데 없이 완벽하며, 이 브랜드의 깨끗하고 신선하며 자연 친화적인 정체성을 분명히 전달한다. 풀무원의 김현중 상무는 최근 풀무원의 '바른 먹거리' 슬로건에 어울리는 동요와 율동을 개발했다. 이 동요와 율동은 큰 인기를 끌며 한국 소비자들을 매료하고 있다.

기업의 이미지 제고를 위해 만들어진 노래가 어린이들에게서 이렇게 많은 관심을 불러일으킨 적은 드물다. 이런 정감성 혜택들은 소비자에게 정서적 만족감을 선사하며 브랜드에 대한 사랑을 구축한다. 마지막으로 '가족의 건강과 행복을 위한 바른 먹거리'라는 풀무원의 슬로건은 직원들의 철학으로 자리 잡았고, 한 가족의 건강을 지키는 일의 가치, 즉 한국인들이 중요시하는 가치를 반영한다. 이런 공감성 혜택들은 부모들을 고무시켜 자신의 가족을 위해 가장 좋은 일을 하게 만들고, 이 브랜드의 가치가 소비자의 가치와 동일하다는 의식을 강력히 심어주며 브랜드에 대한 존중을 구축한다.

브랜드 유형

브랜드 애드머레이션은 아주 강력하거나 아니면 전혀 없는 그런 개념은 아니다. 다양한 수준의 브랜드 애드머레이션이 존재한다. 기업의 궁극적인 목표는 자사의 브랜드를 가능한 한 높이 칭송받는 브랜드로 만드는 데 있지만, 최소한 지금보다는 더 많이 칭송받을 수 있어야 하며, 경쟁 기업의 브랜드보다 더 높이 칭송받을 수 있어야 한다. 브랜드가 전문성, 정감성, 공감성 혜택을 더 많이 제공할수록, 고객들은 그 브랜드를 보다 더 신뢰하고, 사랑하며, 존중한다는 것을 우리는 그림 2.2를 통해 강조하고 있다. 세 가지 형태의 혜택들은 함께 브랜드 애드머레이션에 기하급수적 상승효과를 발휘한다는 사실을 기억하라.

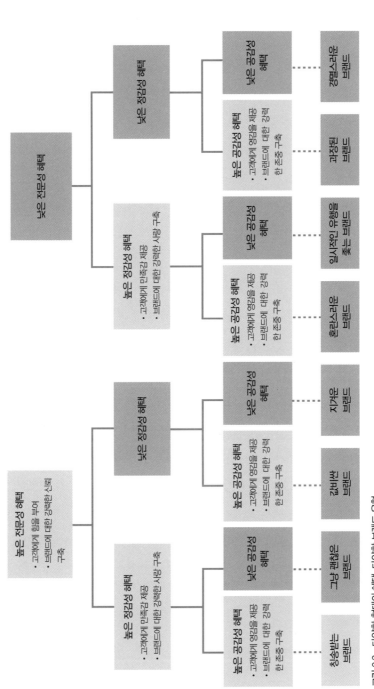

그림 2.2 다양한 형태의 혜택, 다양한 브랜드 유형

칭송받는 브랜드

브랜드가 고객에게 전문성, 정감성, 공감성을 선사하며 고객의 긍정적 감정을 이끌어내고, 그들의 신뢰와 사랑, 존중을 구축할수록 브랜드는 더 많이 칭송받는다. 칭송받는 브랜드는 지속적으로 수익을 올리며 성장할 수 있는 가장 큰 기회를 제공한다. 한 브랜드가 브랜드 애드머레이션의 세 가지 구성 요소 중 단 한 가지만 부족하더라도 크게 칭송받는 브랜드가 될 수 없다. 1장에서 논의했듯이, 근래에 가장 성공한 브랜드 중 하나인 애플이 그렇게 칭송받는 브랜드가 될 수 있었던 이유는 바로 전문성, 정감성, 공감성 혜택을 고객들에게 제공했기 때문이다.

첫째, 애플은 전문성 혜택을 제공하는 부분에서 명백한 선두 주자다. 애플의 기술은 단순하지 않지만 고객이 애플 제품을 쉽게 배우고 활용할 수 있게 해준다. 애플의 유명한 원터치 솔루션과 직관적 인터페이스 기술은 이런 기술이 없었다면 위협적일 뻔했던 제품군을 사용자 친화적으로 바꿔놓았다. 애플 제품은 애플의 공통 운영 시스템을 통해 제품들 간에 서로 '소통'할 수 있으므로, 고객이 맥에서 아이폰 등 다른 애플 제품으로 아무 문제없이 옮겨갈 수 있다.

둘째, 애플 제품은 정감성 혜택에서 다른 기술 제품들과 다르며, 특히 제품 디자인 측면에서 더욱 그렇다. 실제로 스티브 잡스에게 시각적 디자인 요소는 제품 개발을 위한 기술적 발전만큼이나 중요한 토대였다. 버튼과 스크린, 심지어 한 입 베어 먹은 사과 모양의 애플 로고 디자인은 그 자체로서 고객들을 애플 제품에 끌리게 만든다. 애플 매장의 시각적 간결함과 깔끔한 라인은 편안하고 방문하고 싶은 환경을 조성해 고객이 시장에 출시된 모든 애플 제품을 직접 사용해볼 수 있게 한다.

마지막으로, 애플은 강력한 공감성 혜택을 제공한다. 고객의 자아의식을 움직이며 남들과 '다르게 생각하라'고 요구한다. PC가 아니라 맥 사용자로 자신을 정의하는 사람들과 함께 애플 제품은 한때 개인의 신분을 과시하는 상징으로 사용되기도 했다. 애플 제품 사용자들은 자신을 쿨한 성격의 멋진 사람으로 여겼으며, 애플의 팬이라는 사실을 자랑스러워했다. 맥 사용자들은 자신이 보다 개방적이고 젊으며 유행을 앞서간다고 생각했다. '다르게 생각하라'는 애플 광고는 마하트마 간디, 알버트 아인슈타인, 무하마드 알리, 존 레논 등 기존 관습에 맞선 사상가들을 등장시키며, 고객이 자신도 언젠가는 세상을 바꿀 수 있다는 생각을 품도록 했다. 애플 제품만큼 사람들의 모든 일상생활에서 깊이 관련되고 존중받는 제품은 없다.

칭송받지 못하는 브랜드

칭송받지 못하는 브랜드를 바라보는 고객의 시각은 다르다. 그림 2.2에 나타나 있는 것처럼, 고객은 이런 브랜드를 '그냥 괜찮거나, 값비싸거나, 지겹거나, 혼란스럽거나, 일시적인 유행을 좇거나, 과장되거나, 심지어 경멸스럽다'고 생각한다. 이런 브랜드는 전문성, 정감성, 공감성 혜택 중 최소한 한 가지 이상을 제공하지 못하고 있다. 칭송받는 브랜드와 달리 고객의 신뢰와 사랑, 존중을 얻을 수 없다. 경멸스러운 브랜드는 칭송받는 브랜드와 정반대다. 고객은 이런 브랜드에 그저 무관심하지만은 않다. 이들을 적극적으로 회피하며 혹평한다. 그렇다고 해서 칭송받지 못하는 브랜드가 수익을 올릴 수 없다는 뜻은 아니다. 경멸스러운 브랜드라도 생산 및 다른 운영상의 높은 효율성을 바탕으로 단기적으로는 수익을 올릴 수 있다. 특히 고객이 그 브랜드를 살 수밖에 없는 상황에서는 더욱 그렇다. 하지만 고객들에게 중요한 혜택을 전달하고 행복감을 느끼게 하지 않는 한, 오랜 세월의 시련을 견뎌 내고, 새로운 시장을 개척하며, 강력한 브랜드 에쿼티를 구축할 가능성은 낮다.[4]

❶ 다양한 산업에서 칭송받는 브랜드들은 고객의 긍정적 감정을 이끌어내고 브랜드에 대한 신뢰와 사랑, 존중을 구축하는 전문성, 정감성, 공감성 혜택을 제공할 수 있는 능력 면에서 유사하다.

❷ 이런 브랜드를 소유한 기업은 고객에게 제공하는 혜택들을 향상시키고 경쟁 기업을 앞서기 위한 끊임없는 노력으로 칭송받는 브랜드를 장기간에 걸쳐 구축하고 강화하며 활용해왔다.

❸ 고객의 문제를 해결하고 부족한 자원을 보존할 수 있게 해주는 전문성 혜택은 고객에게 힘과 통제할 수 있는 능력을 부여하고 안전함, 자신감, 안도감을 선사한다. 고객은 자신의 문제를 해결하고 자원을 절약하기 위해 항상 의존할 수 있는 브랜드를 신뢰한다.

❹ 고객에게 정감성을 제공하는 혜택은 고객의 감각과 생각, 마음을 자극한다. 이런 혜택은 고객에게 만족하고, 즐겁고, 낙관적이고 따뜻한 느낌을 제공한다. 브랜드가 이런 혜택을 더 많이 제공할수록, 이 브랜드를 사랑하는 고객은 더 많아진다.

❺ 고객에게 공감성을 제공하는 혜택은 보다 나은 미래를 추구하는 고객의 신념과 희망을 반영한다. 이 혜택은 또 고객의 신분이나 다른 사람들에게서 받는 존경심, 자신이 속한 특정 그룹을 상징할 수 있다. 고객은 이런 혜택들로 영감을 얻고, 자부심을 가지며, 다른 사람들로부터 인정받고, 영향력을 발휘한다고 느낀다. 자신의 믿음과 희망을 반영하는 브랜드를 고객은 존중하기 마련이다. 또한 자신에게 도움을 주는 사람들 또는 그룹과 연결시켜줄 수 있는 브랜드도 존중한다.

❻ 이런 혜택들을 오랜 시간에 걸쳐 끊임없이 강조한 브랜드들은 여러 세대에 걸쳐 수십 년 동안, 더 나아가 100년 이상 번창해왔다.

여러분의 브랜드는 어떤가?

❶ 여러분의 브랜드는 한 가지 혜택에 집중하고 있는가? 아니면 전문성, 정감성, 공감성 혜택에 모두 집중하고 있는가? 각각의 혜택을 얼마나 많이 제공하고 있는가? 자신의 브랜드를 다른 브랜드와 차별화하기 어렵다면, 나이키와 캐터필러 같은 브랜드들로부터 얻는 교훈을 주의 깊게 살펴봐라.

❷ 여러분의 브랜드가 경쟁 브랜드와 완전히 차별화된 이유가 제공하는 혜택의 형태와 여기서 비롯된 고객의 감정과 관련이 있는가? 3Es, 즉 브랜드가 제공해야 할 세 가지 혜택을 염두에 두고 차별화를 시도했다면, 여러분의 브랜드는 경쟁 기업보다 얼마나 더 많은 성과를 올릴 수 있겠는가?

❸ 고객이 여러분의 브랜드를 어떻게 여기는가? 칭송받는 브랜드인가? 한때의 유행을 좇는 브랜드인가? 아니면 그냥 괜찮은 브랜드인가?

제3장

브랜드 애드머레이션을 뒷받침하는 과학

. . . . .

브랜드 애드머레이션을 구축하는 비결은
자신의 브랜드를 칭송받는 브랜드로 만드는 방법을 이해하는 데 있다.

서론

스타워즈 브랜드는 고객들과 강력한 관계를 구축하고 유지하는 기술에 능하다. 1977년에 개봉한 최초의 스타워즈 영화는 영화 팬들에게 가슴 따뜻해지는 정감성을 제공했을 뿐만 아니라 이들을 완전히 사로잡았다. 생생한 장면과 사운드, 특수 효과는 관객들을 처음 보는 생명체와 행성, 특이한 우주선들로 가득한 환상적인 세계로 안내하며 이들을 깜짝 놀라게 만들었다. R2D2 같은 귀여운 로봇과 우스꽝스러운 외계 생명체들은 이들이 아니었다면 암울했을 이야기에 유머를 더해줬다. 남자주인공인 루크 스카이워커는 선과 악의 대결 원칙을 고수하고, 충성심과 용감함, 정의, 자유를 지키려는 굳은 신념과 희망을 강조하며, 인간의 꿈을 실현하려는 연기로 관객들에게 공감성을 제공했다. 스카이워커는 우리 모두의 마음속에 있는 영웅에게 말을 건네며, 선하고 올바른 일을 하려는 개인과 전체 집단의 욕구를 강화했다. 스카이워커의 옆에 늘 함께 있던 현명한 멘토, 제다이 마스터 오비완 케노비는 끊임없는 고난은 힘든 과제를 능숙하게 처리하고 어려운 장애를 극복하려는 노력으로 보상받을 수 있다는 생각을 강조하며, 스카이워커에게 전문성을 부여했다. 스카이워커는 새로운 도전을 시도하고 세계를 보다 안전하고 나은 곳으로 만들 수 있는 힘을 갖추기 위해 노력해야 한다는 메시지를 우리의 마음속에 심어주었다.

개요

우리는 자신이 칭송하는 브랜드를 위해 시간과 돈, 명성까지 쏟아붓는 열성적인 팬들을 확보하며 엄청난 성공을 거둔 브랜드들을 보았다. 캐터필러와 독립 딜러들의 관계는 이들의 대리점 유지 기간이 평균 50년 이상일 정도로 강력했다. 고객들은 새로 출시된 고가의 애플 아이폰이나 삼성 갤럭시폰을 사기 위해 몇 시간씩 줄을 서는 일도 마다하지 않았다. 더 나아가 자신이 칭송하는 브랜드를 대신해 브랜드 대변인 역할까지 자처하는 고객도 있다. 미국 대학의 미식축구팀 팬들은 모교의 경기를 관전할 뿐만 아니라, 테일게이트 파티를 통해 동창들과 친분을 쌓고, 팀 특유의 의식과 응원 방식을 개발하고, 팀을 상징하는 색상의 옷을 맞춰 입고, 라이벌 학교와 경쟁하는 모교 팀을 응원하고, 시즌 티켓을 구매한다. 경우에 따라서는 개인 재산의 상당 부분을 팀을 운영하는 모교에 기부하기도 한다. 우리는 이처럼 브랜드와 자신의 관계^{brand-self relationship}를 열정적이고 긍정적으로 형성한 브랜드를 '칭송받는 브랜드'라 부른다. 3장에서는 브랜드 애드머레이션이 무엇을 의미하는지, 이를 추구하는 주요 동인은 무엇인지 자세히 살펴본다. 3장의 제목이 '브랜드 애드머레이션을 뒷받침하는 과학'인 이유는 여기에서 제시하는 자료들이 우리와[1] 마케팅 및 심리학 분야의 동료들이[2] 진행한 많은 연구와 일관성이 있기 때문이다. 먼저, 브랜드 애드머레이션이 무엇을 의미하는지 살펴보자.

브랜드 애드머레이션을 뒷받침하는 이론

우리는 브랜드 애드머레이션을 브랜드에 대한 고객의 신뢰와 사랑, 존중에서 비롯된 고객과 브랜드 사이의 핵심적이고 개인적인 연관성의 강도로 정의한다.[3] 브랜드 애드머레이션이 강할 때, 고객은 브랜드와 밀접한 관계를 지닌다. 그 브랜드를 반복해서 사용하고 충성심을 가지며 다른 사람들과 가능한 한 자주 그 브랜드에 대해 이야기한다. 그런 의미에서 가장 먼저 기억에 떠올리는 브랜드이기도 하다.

고객과 브랜드의 연관성

고객은 자신이 칭송하는 브랜드와 개인적 연관성이 있다고 느낀다. 이처럼 칭송받는 브랜드는 고객의 개인적 또는 직업적 삶의 일부에서 그들의 욕구와 목표와 밀접하게 관련돼 있으며, 고객의 개인적, 사회적, 문화적, 조직적 삶과 많은 연관성을 지닌다. 자신이 누구이며, 무엇을 좋아하고, 무엇을 하며, 무엇이 자신의 삶을 움직이는지 판단하는 고객의 의식 속에는 자기 자신뿐만 아니라 자신이 사용하는 브랜드도 포함돼 있다. 고객과 한 브랜드에 연관성이 존재할 때, 고객은 그 브랜드의 관점에서 자신을 생각한다.

이를테면, PC 대신 애플의 맥 컴퓨터를 사용하는 고객은 맥 컴퓨터를 사용하는 종족이라는 의미에서 자신을 '맥 피플'로 정의한다.

핵심적이며 가장 먼저 떠오르는 브랜드

칭송받는 브랜드는 고객 자신과 밀접하게 연관돼 있으므로, 고객의 기억 속에서 가장 중요하거나 제일 먼저 떠오른다. 고객은 자전적 기억 autobiographical memory 속에 자리 잡고 있는 이 브랜드를 자주 떠올린다. 그러므로 칭송받는 브랜드는 누군가가 이 브랜드의 제품 카테고리를 언급할 때 고객이 가장 먼저 떠올리는 브랜드일 경우가 많다.

브랜드 애드머레이션은 고객과 브랜드의 관계가 보다 깊고 긍정적으로 발전하면서 더욱 강해진다. 고객은 자신이 칭송하는 브랜드와 이처럼 밀접한 개인적 연관성을 지니고 있으므로, 그 브랜드가 사라질지도 모른다는 생각만으로도 크게 괴로워한다. 프린스나 휘트니 휴스턴 같은 유명 가수의 사망, 또는 가장 선호하는 브랜드의 판매 중단이나 유명 TV 쇼의 종영을 경험한 사람들이 쏟아내는 슬픔을 생각해보라. 그들은 이런 브랜드가 없어지면 자신의 삶이 달라질 것이라 생각한다.

브랜드 애드머레이션이 고객 행동에 미치는 영향

브랜드 애드머레이션이 중요한 이유는 기업에 가치를 제공하는 브랜드로 만드는 고객의 행동, 즉 (1)브랜드에 충성하는 행동과 (2)브랜드를 지지하는 행동에 영향을 미치기 때문이다.

브랜드에 충성하는 행동

한 브랜드를 칭송하는 고객은 경쟁 관계에 있는 브랜드를 구입하는 대신, 오랫동안 변함없이 자신이 칭송해온 브랜드를 구매한다. 그 브랜드를 위해 더 많은 가격을 지불하는 것도 마다하지 않는다. 또한 칭송하는 브랜드의 재고가 없거나 업데이트 중인 경우에는 경쟁 브랜드를 선택하지 않고 기다릴 가능성이 크다. 만약 그 브랜드가 잘못을 저지른다면 충성스러운 고객은 이를 용서하고, 잘못된 행동의 심각성을 무시하고, 잘못이 발생할 수밖에 없었던 이유에 공감할 수 있는 요인을 찾을 가능성도 크다.

브랜드를 지지하는 행동

한 브랜드를 칭송하는 고객은 대개 그 브랜드의 지지자가 된다. 자신이 소유한 물건의 브랜드 이름을 공개적으로 나타내기도 한다. 이를테면, 자동차 범퍼에 브랜드 스티커를 붙이거나 브랜드 로고가 들어간 옷을 입는다. 심한 경우에는 몸에 문신으로 새기기까지 한다! 다른 사람들에게 그 브랜드를 기꺼이 추천하고, 자신이 칭송하는 브랜드에 대해 누군가가 나쁘게 말하면 적극적으로 방어한다. 경쟁 관계에 놓인 브랜드를 향해 악평을 쏟아붓기도 한다. 마지막으로, 칭송하는 브랜드로부터 자신과 같은 감정을 느끼는 사람들과 교류하기를 원한다. 동일한 브랜드를 칭송하는 고객들은 브랜드에 대한 자신들의 헌신을 나타내는 브랜드 커뮤니티, 공동 행사, 블로그, 웹사이트 등을 만들기도 한다.

브랜드에 충성하는 행동과 브랜드를 지지하는 행동은 실행하는 데 많은 시간과 돈, 자신의 명성 등과 같은 자원을 쓴다는 점에서 매우 흥미롭다. 이를 다르게 표현하면, 고객은 브랜드를 더 많이 칭송할수록 그 브랜드를 지원하기 위해 자신의 시간과 돈, 명성을 더욱 기꺼이 헌신할 수 있다.

이렇게 하는 이유 중 하나는 고객이 칭송하는 브랜드를 지원하기 위해 어려운 행동까지 할 만큼 그 브랜드를 좋아하기 때문이다. 또 다른 이유는 고객의 삶에 상당히 밀접하게 연관돼 있는 그 브랜드를 자신의 일부로 여기기 때문이다. 시간과 돈, 다른 자원 등을 칭송하는 브랜드에 쓴다는 말은 그 브랜드뿐만 아니라 이를 사용하는 고객 자신도 지지한다는 뜻이다.

브랜드 애드머레이션과 기업에 대한 가치

브랜드에 충성하는 행동과 브랜드를 지지하는 행동은 기업에 가치를 제공한다. 고객이 한 브랜드에 충성하고 이를 지지할 때, 기업은 분명히 그 고객들과 이들이 브랜드를 전파한 다른 고객들을 통해 더 많은 수익을 올린다. 또한 브랜드 지지자들은 마케팅 커뮤니케이션보다 설득력 있는 방식으로 다른 사람들의 구매를 권유하므로, 기업은 더 낮은 비용으로 수익을 올릴 수 있다. 결과적으로, 이 두 가지 행동은 브랜드 애드머레이션과 브랜드 수익성brand profitability 사이의 이론적 연관성을 형성한다. 기업에 대한 충성도와 지지도가 높은 고객들도 그림 1.1에 나와 있는 칭송받는 브랜드의 다른 혜택들(성장 촉진제, 두 번째 기회 제공자, 인적 자본 구축자 등)을 만들어낸다. 11장에서 브랜드 에쿼티에 관해 논의할 때 이런 혜택들을 다시 살펴볼 것이다.

중요한 점은 브랜드 애드머레이션이 브랜드가 제공하는 혜택(3Es)을 브랜드가 기업에 주는 가치에 연결시켜준다는 것이다. 고객은 칭송받는 브랜드가 다른 브랜드보다 자신을 행복하게 하는 혜택을 더 많이 제공하므로 이 브랜드를 구매하고 사용하기를 원한다. 기업은 칭송받는 브랜드가 전략적으로 중요한 결과를 더 많이 가져다줄 수 있으므로 자사의 브랜드가 고객들에게 칭송받기를 바란다. 브랜드 애드머레이션은 칭송받거나 칭송받지 못하는 두 가지 상태 중 하나를 의미하는 것은 아니다. 그보다는 고객이 브랜드를 칭송하는 정도를 나타낸다. 모든 기업은 자사의 브랜드가 칭송받는 '정도'를 향상시켜야 한다. 그렇게 해야만 그림 3.1에 나와 있는 혜택들을 더 많이 얻을 수 있다.

브랜드에 대한 신뢰, 사랑, 존중

우리의 연구 결과를 보면, 브랜드에 충성하고 이를 지지하는 행동에 미치는 브랜드 애드머레이션의 효과는 브랜드가 신뢰, 사랑, 존중을 모두 받을 때 가장 크다. 브랜드에 대한 신뢰는 브랜드가 얼마나 자신의 문제를 충분히 해결해줄 수 있는가에 대한 믿음의 정도로 정의할 수 있다. 한 브랜드를 신뢰하는 고객은 그 브랜드가 약속한 일을 반드시 지킬 것이라고 믿고 있다. 브랜드에 대한 사랑은 브랜드를 향한 고객의 강력한 애정의 정도로 정의한다. 한 브랜드를 사랑하는 고객은 그 브랜드가 자신의 감각과 생각, 마음을 얼마나 즐겁게 해주는지 알기 때문에 그 브랜드를 흠모하고 늘 가까이 두고 싶어 한다. 브랜드에 대한 존중은 고객이 브랜드를 우러러보며 높이 평가하는 정도로 정의한다. 고객은 이 브랜드가 하는 일에 박수를 보낸다. 또한 그 브랜드가 표방하는 원칙이나 신념에 찬사를 보내고, 인간으로서 자신이 누구인지 그 브랜드가 잘 표현해준다고 느끼고, 그 브랜드의 고무적인 영향력을 숭배한다.

그림 3.1에 나와 있는 브랜드에 대한 충성과 지지 행동을 브랜드 애드머레이션이 만들어내는 원인은 브랜드를 향한 신뢰, 사랑, 존중의 '복합적 효

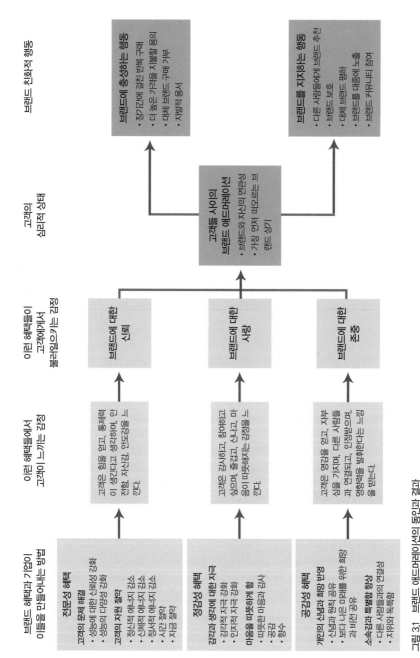

그림 3.1 브랜드 애드머레이션의 동인과 결과

과'라고 할 수 있다. 우리의 연구 결과에 따르면, 브랜드에 대한 사랑은 고객에게 브랜드에 접근하려는 동기를 부여하고 브랜드를 더 자세히 탐구하고 싶은 욕구를 불러일으킨다. 브랜드에 대한 신뢰는 고객의 브랜드에 대한 믿음을 바탕으로 브랜드를 소유하고 사용하고 싶은 욕구에 영향을 준다. 마지막으로, 브랜드에 대한 존중은 고객이 그 브랜드를 구매하거나 사용하는 데 방해될 수도 있는 장벽(가격, 물리적 거리, 배송 기간 등)을 극복할 수 있게 하는 동기를 부여한다. 또한 외부 충격(예를 들면, 낮은 가격을 제시하는 경쟁 브랜드의 시장 진입)이 발생하더라도 고객과 브랜드의 관계를 유지시켜준다. 브랜드에 대한 존중은 그 브랜드를 구매하려는 고객의 의도와 실제 구매하는 행동 사이의 간격을 좁히는 가장 강력한 동기를 부여할 수도 있다.

브랜드 애드머레이션을 구축하는 방법: 3Es

그렇다면 기업은 어떻게 브랜드에 대한 신뢰, 사랑, 존중(궁극적으로 브랜드 애드머레이션)을 향상시킬 수 있을까? 1장과 2장에서는 고객에게 전문성, 정감성, 공감성 혜택을 제공하는 브랜드가 고객을 행복하게 만든다고 말했다. 그 이유는 무엇일까? 그림 3.1에 나타난 것처럼 전문성, 정감성, 공감성 혜택은 우리의 기분을 좋게 하고 행복하게 하며 다양한 긍정적 감정을 불러일으킨다. 그렇게 할 수 있는 방법과 이유를 설명해보자.

3Es의 이론적 바탕

우리는 연구의 상당 부분을 인간의 욕구와 목표, 동기에 관한 심리를 연구하는 데 할애했다. 이 과정에서 고객이 어떻게, 그리고 왜 특정 브랜드들을 사용하는지(또 칭송하는지) 설명할 수 있는 인간의 욕구, 목표, 동기에 관한 몇 가지 유형을 발견했다. 중요한 사실은 이런 유형들이 3Es(전문성, 정감성, 공감성 혜택)라는 보다 높은 차원의 카테고리에 포함될 수 있다는 점이다. 예를 들어, 포드Martin E. Ford와 니콜스C. W. Nichols는 3Es를 반영한 스물네 가지 목표 카테고리를 설정했다. 여기에는 전문적 기술 숙달, 경영 관리, 물질적 이익에 대한 필요성과 같은 전문성 목표가 포함되어 있다. 또한 자신만의 개성, 우월성 같은 공감성 목표와 함께 직무상의 창조성, 예술적 표현 같은 정감성 목표도 들어 있다. 이와 비슷하게 머레이Murray, H. A.의 욕구 목록에는 전문성(손해 방지), 정감성(놀이와 성에 대한 욕구), 공감성(연대감, 성취감, 자율성)에 관한 욕구들이 포함되어 있다. 카일Lynn Kahle과 그의 동료들이 1986년에 작성한 가치 목록은 전문성(안전), 정감성(흥분, 재미, 즐거움), 공감성(소속감, 자아실현, 자부심, 타인으로부터의 존중)에 관련된 가치를 수록하고 있다. 욕구와 동기, 목표에 관한 여러 가지 다른 분류들도 비슷하게 3Es와 연결되어 있다.[4]

3Es에서 얻는 긍정적 느낌

한 브랜드가 고객에게 전문성, 정감성, 공감성 혜택을 제공하면, 자연스럽게 긍정적인 느낌을 불러일으킨다(그림 3.1 참조). 자세히 설명하면, 브랜드가 전문성 혜택을 제공할 때 고객은 자신이 해야 할 일을 가장 손쉽게 할 수 있는 힘을 느낀다. 통제력empowerment을 느끼며 자신감과 안도감을 갖게 된다. 통제력이 있다는 느낌은 자기 효능감self-efficacy(어떤 상황에서 적절한 행동을 할 수 있다는 기대와 신념-옮긴이)과 낙관주의를 불러오는 중요한 원동력으로 주목받아왔다. 이들은 우울한 감정을 없애고 사람들이 마치 자신의 삶에서 해야 할 일을 할 수 있는 힘이 생긴 것처럼 느끼게 만드는 감정들이다.

브랜드가 정감성을 제공할 때, 고객은 감정과 생각을 즐겁게 하고 마음을 따뜻하게 해주는 브랜드의 혜택들 덕분에 만족감을 느낀다. 정감성 혜택은 사람들이 만족감뿐만 아니라 참여하고 싶고, 즐겁고, 신나고, 마음이 따뜻해지는 감정을 느낄 수 있게 만든다. 이런 혜택을 제공하는 브랜드는 단지 기능만 강조하던 제품을 보다 흥미롭고, 매력적이며, 신나는 제품으로 만들어 고객이 지루함을 느끼지 않도록 한다.

공감성 혜택은 소속감, 자아실현, 자부심 같은 욕구와 관계성 또는 자주성에 대한 욕구를 구체화하는 이론의 기본을 이룬다. 우리는 자신의 신념과 희망대로 행동할 수 있을 때, 또 이와 비슷한 의미로 자신뿐만 아니라 다른 사람들과 사회를 위해 옳다고 여기는 일을 할 수 있을 때 공감성을 느낀다. 우리는 자신의 확고한 신념과 희망을 반영하는 브랜드를 통해 고무된다. 또한 브랜드가 우리를 다른 사람들과 연결하거나 특별한 사람으로 느끼게 만드는 혜택을 제공할 때 스스로를 자랑스럽게 느낀다.

브랜드에 대한 신뢰, 사랑, 존중을 구축하고 이를 통해 브랜드 애드머레이션을 실현하기 위해 기업이 어떻게 전문성, 정감성, 공감성 혜택을 고객에게 제공할 수 있는지 간략히 설명해보자.

전문성 혜택을 제공하는 법

그림 3.1은 브랜드가 전문성 혜택을 제공할 수 있는 두 가지 방법을 보여준다. (1)고객의 문제를 해결하고, (2)고객의 자원을 아낄 수 있도록 만들어 제공하는 방법들이다. 전문성 혜택을 제공하는 브랜드는 고객이 힘을 얻고, 통제력이 있다는 느낌이 들게 하며, 안전함, 자신감, 안도감을 느끼게 만든다. 브랜드가 고객의 문제를 해결하고 자원을 절약하는 데 도움을 주

는 역할을 할 경우, 고객은 그 브랜드를 만든 기업을 신뢰하게 된다.

문제 해결을 통한 전문성 혜택

브랜드는 고객의 직장이나 가정, 비즈니스나 개인적 관계에서 일어나는 크고 작은 문제를 해결하는 데 도움을 줌으로써, 고객에게 능력을 부여하고 자신의 환경에 대한 보다 큰 통제력을 제공할 수 있다. 예를 들어보자. 마케팅 기술을 업그레이드하고 싶다면 마케팅 전문연구기관 마케팅프로프스에서 제공하는 온라인 코스를 수강해보라. 보유하고 있는 다양한 소프트웨어 시스템들 사이에 호환이 잘 되지 않는다면 세일즈포스의 통합 클라우드 컴퓨팅 제품이 도움이 되는지 확인해보라. 고객이 사용하는 브랜드를 통해 자신이 처한 환경을 부분적 또는 전체적으로 통제할 수 있는 힘을 얻게 되면 문제를 해결했다는 안도감과 함께 앞으로 닥칠 어려움으로부터 자신을 안전하게 보호할 수 있다는 느낌이 든다. 그러므로 전문성 혜택은 고객의 문제를 해결해 고객이 물리적, 사회적, 심리적, 경제적으로 자신을 보호하고 미래의 어려움을 피할 수 있게 한다.

고객에게 전문성 혜택을 제공하는 일에서 중요한 것은 시간이 흘러도 지속적으로 브랜드가 문제를 해결해줄 수 있다는 '믿음'을 주는 것이다. 예를 들어, 테슬라는 정비가 필요한 자동차가 즉시 자동으로 문제 수정용 소프트웨어를 다운받을 수 있는 소프트웨어 시스템을 만들었다. 브랜드를 여러 다른 상황에서도 사용할 수 있을 때 브랜드는 전문성 혜택을 제공할 수 있다. 기업은 브랜드를 다른 시기, 장소, 방법, 이유로 사용할 수 있게 함으로써 브랜드의 '다기능성versatility'을 향상할 수 있다. 예를 들면, 아이폰은 이메일과 문자 메시지, 사진 촬영, 게임, 길 찾기 등을 포함한 수많은 사용 환경에서 이제 없어서는 안 될 수단으로 자리 잡았다. 흥미로운 사실은 아이폰이 여전히 전화로 불리지만 전화 걸기와 받기는 이제 아이폰에서 가장 사용 빈도가 낮은 기능이라는 점이다. 고객들의 반향을 불러일으킨 것은 바로 아이폰의 다기능성이다.

자원 절약을 통한 전문성 혜택

브랜드는 고객에게 부족한 시간과 돈, 심리적·신체적 자원을 절약할 수 있게 도움을 주는 또 다른 방법으로 전문성 혜택을 제공할 수 있다. 부족한 자원을 보존해주거나 얻게 하는(이를테면, 더 나은 투자 옵션으로 많은 돈을 벌게 하거나, 숙면에 도움을 주는 매트리스로 육체적 에너지를 얻게 하는 등) 브랜드는 고객의 정신적 부담과 육체적 피곤함, 정서적 불안감을 덜어줄 수 있다. 또한 브랜드를 소유하고 활용하기 위해 반드시 써야 할 시간이나 돈을 최소화함으로써 고객의 부족한 자원을 보존해줄 수 있다. 우버Uber와 리프트Lyft는 택시를 이용하는 데 필요한 고객의 노력과 비용을 최소화시키며, 일반 택시 회사보다 나은 서비스를 제공해 택시 산업계에 큰 타격을 입혔다. 독일의 세계적 슈퍼마켓 브랜드인 알디Aldi와 리들Lidl은 보다 간편하고 절약할 수 있는 쇼핑 경험을 제공하며 전통적 슈퍼마켓 브랜드들에 큰 변화를 불러일으켰다. 부족한 자원을 보존해주거나 절약할 수 있게 만드는 브랜드는 안도감, 편리함을 가져다준다. 고객은 자신의 자원이 줄어들지 않으면, 더욱 힘이 나고 안전함과 안도감을 더 많이 느낀다.

브랜드에 대한 신뢰를 높이는 전문성 혜택

고객은 믿을 만하고 여러 용도로 쓸 수 있는 브랜드를 활용해 자신의 문제를 지속적으로 해결할 수 있을 때 그 브랜드에 의지하게 된다. 자신이 필요할 때 자신을 위해 늘 그 자리에 있는 브랜드라고 믿는다. 신뢰는 안전감을 높여주고, 불안함을 낮춰주며, 관계성을 갖춘 파트너로서 브랜드에 대한 자신감을 향상시킨다. 고객은 이런 브랜드들을 의지(신뢰)할 수 있으므로, 이들과 보다 적극적으로 관계를 형성하려 한다. 고객의 부족한 자원을 보존해주는 혜택도 브랜드에 대한 신뢰를 높일 수 있다. 한 브랜드가 고객의 시간과 돈, 신체적·심리적 에너지를 절약해줄 수 있으면, 고객은 그 브랜드가 자신에게 가장 유리한 방향으로 작용한다고 믿는다. 적은 자원으로 더 많은 것을 할 수 있게 해주는 것이다. 브랜드를 만드는 기업은 고객의 부족한 부분을 인식하고 이 부분을 해결해야 한다. 고객의 부족한 부분을 메워주고 있다는 느낌은 브랜드에 대한 신뢰를 더욱 높여준다.

정감성 혜택을 제공하는 법

그림 3.1에는 브랜드가 정감성 혜택을 제공할 수 있는 두 가지 방법이 나와 있다. 브랜드는 감각적이고 인지적인 자극을 통해 고객의 생각과 감각을 좋게 만들 수 있다. 또한 고객의 감상적인 생각과 유머, 공감, 감사, 향수를 불러일으키는 방식으로 호소할 수 있다. 이런 정감성 혜택을 제공하는 브랜드는 고객이 만족하고, 참여하고 싶고, 즐겁고, 신나며, 마음이 따뜻해지는 감정을 느낄 수 있게 만든다. 이런 긍정적인 감정들은 브랜드에 대한 사랑을 높여준다.[5]

생각과 감각을 즐겁게 하는 정감성 혜택

브랜드는 호기심과 상상력을 불러일으키고 사람들을 생각하게 만드는 인지적 자극과 기분을 좋게 만드는 시각, 청각, 미각, 후각, 촉각을 활성화시키는 감각적 자극을 제공할 때 고객에게 행복감을 전달할 수 있다. 정감성 혜택은 브랜드의 이런 혜택들을 의미한다. 인기가 많은 온라인 비디오게임은 강한 인지적 자극을 제공한다. 예를 들어, 리그 오브 레전드 게임에서 플레이어는 챔피언이라 부르는 캐릭터들을 조정하여 이들의 독특한 능력이 발휘될 수 있게 하고, 적절한 결정을 통해 이들의 능력을 증강시킨다. 포시즌스Four Seasons 호텔 브랜드는 호텔 산업계에서 감각적 자극을 제공하는 완벽한 본보기다. 시각적으로 놀랄 만큼 멋진 실내 장식과 아름다운 장소, 고급 음식, 골프를 비롯한 다양한 즐길 거리부터 최고급 침대와 자쿠지 욕조 같은 편의시설, 부드러운 가운과 슬리퍼 등의 서비스 용품에 이르기까지 포시즌스의 고객에게 부족함이란 전혀 없다. 아이맥스 극장의 3D 기술은 너무나 현실적인 나머지 관객은 자신이 실제 영화의 일부가 된 것처럼 느낀다. 매혹적인 향수 샤넬 No.5와 앙증맞은 헬로 키티, 인기 가수 저스틴 비버의 멋진 헤어스타일, 고디바 초콜릿의 깊고 풍부한 맛을 생각해보라. 이 브랜드들은 모두 고객을 즐겁게 만드는 혜택을 제공한다.

마음을 따뜻하게 하는 정감성 혜택

고객은 브랜드가 마음을 따뜻하게 하는 혜택을 제공할 때 정감성을 느낀다. 브랜드는 몇 가지 방법으로 이런 혜택을 제공한다. 예를 들어, 유머와 흥미감 제고를 통해 마음이 따뜻해지는 감정을 자아낼 수 있으며, 또한 공감을 불러일으키거나[6] 향수를 자극할[7] 수도 있다. 홀마크Hallmark는 이 모든 방법으로 고객의 마음을 따뜻하게 만든다. 즉, 삶 자체가 (축하해야 할) 특별 이벤트라는 자신들의 신념을 통해 이 방법들을 실행하는 것이다. 홀마크 카드는 전자메일이나 일반 우편을 통해 받는 사람이 고마워할 만한 인사말로 모든 이벤트를 축하하는 메시지를 전하며 마음을 따뜻하게 한다. 특별 이벤트를 표시하고 기억할 수 있도록 홀마크는 기념용 장식품과 개인 맞춤형 책을 판매한다. 홀마크는 또 홀마크 채널과 〈명예의 전당Hall of Fame〉 TV 프로그램을 보유한 엔터테인먼트 기업으로도 알려져 있다. 이들 TV 시리즈는 2015년 기준으로 "에미상 81개, 골든 글로브 9개, 피바디 어워드 11개, 크리스토퍼 어워드 28개, 후마니타스 프라이즈 4개를 수상했다."[8] 일부 브랜드들은 사람들의 향수를 자극해 마음을 따뜻하게 만든다. 슬링키Slinky 장난감과 닌텐도의 슈퍼마리오와 포켓몬 등 다양한 게임에 오랫동안 사용된 비슷한 형태의 주제가와 게임 방식, 미국 TV 시리즈 〈케빈은 열두 살The Wonder Years〉을 생각해보라. 소박하지만 진심 어린 미소, 사람들의 어린 시절을 찬찬히 떠올리게 만드는 회상, 즐겁고 호감이 가는 방식으로 고객과 소통하고 서비스를 제공하는 친절함은 모두 고객의 마음을 오랫동안 따뜻하게 만들 수 있다.

생각과 감각, 마음을 자극하는 혜택들은 B2C 시장 못지않게 B2B 환경에서도 중요하다. 하지만 불행하게도 B2B 환경에 속한 많은 기업과 상당수의 B2C 기업들은 종종 정감성 혜택으로 브랜드 관련성을 얼마나 향상시킬 수 있는지 제대로 생각하지 못한다. 2장에서 설명한 나비스타는 새로운 트럭 모델을 개발할 때 정감성 혜택에 최대한 집중한다. 이런 정감성 혜택은 트럭 기사들에게 엄청난 영향력을 발휘하기 때문이다.

브랜드에 대한 사랑을 높이는 정감성 혜택

전문성 혜택은 브랜드 애드머레이션의 중요한 동력 중 하나인 브랜드에 대한 신뢰를 조성하는 반면, 정감성 혜택은 브랜드 애드머레이션의 두 번째 동력인 브랜드에 대한 사랑을 조성한다(그림 3.1 참조). 정감성 혜택과 이들이 조성하는 브랜드에 대한 사랑은 브랜드에 대한 사람들의 주목과 관심을 이끌어낸다. 사람들은 그 브랜드에 더 가까이 접근하기를 원하며 또 어떤 다른 혜택들이 있는지 알고 싶어 한다.

공감성 혜택을 제공하는 법

그림 3.1은 공감성 혜택을 제공할 수 있는 두 가지 방법을 보여준다. (1)고객의 개인적인 신념과 희망을 반영하고, (2)소속감과 특별함을 향상시켜 제공하는 방법들이다.[9] 이런 공감성 혜택을 제공하는 브랜드에서 고객은 영감을 얻고, 자부심을 가지며, 다른 사람들과 연결되어 있고, 그들로부터 인정받는다고 느낀다. 이런 감정들은 고객의 브랜드에 대한 존중을 더욱 높여준다.

고객의 개인적 신념과 희망을 반영하는 공감성 혜택

사람들은 누구나 자신이 훌륭한 사람이라고 느끼고 싶어 한다. 훌륭한 사람이 되면 내면적으로 자부심이 생기고, 이는 자긍심을 높이는 결과로 이어진다. 고객은 자신이 구매하고 사용하는 브랜드가 도덕과 선, 정의, 정당함에 관한 자신의 개인적, 직업적 희망과 신념을 반영할 때 공감성을 느낀다. 즉, 자신이 구매하고 사용하는 브랜드의 원칙이 자신의 원칙과 같을 때 자신에게 진정으로 합당하다는 느낌을 받는다.

유명 신발 브랜드 캠퍼Camper는 정신없이 돌아가는 현대인의 생활 방식을 지극히 싫어한다. 대신, 우리 주위를 둘러싼 아름다운 세상을 고맙게 생각하고 즐길 수 있는 방식으로 걸을 것을 장려한다. 이 브랜드는 걷는 즐거움의 가치를 강조한다. 캠퍼의 고객들도 이와 비슷한 신념과 원칙을 지니고 있으므로, 브랜드와 고객 사이에 일치성이 존재한다. 브랜드는 또 사람들이 더 나은 사람이 되고, 보다 건강한 식생활을 하고, 운동을 많이 하고, 보다 나은 부모 또는 직원이 되고, 더 멋진 모습을 보이도록 격려할 수 있다. 이에 덧붙여, 브랜드는 중요한 사회적 쟁점에 대해 도전하고 어떤 해결책을 지지함으로써 사람들을 고무시킬 수 있다. 예를 들면, 셸 오일 Shell Oil은 전 세계가 직면한 에너지 문제를 다룰 전문가가 더 많이 필요하다고 믿는다. 그래서 많은 사람이 이 문제에 도전할 수 있게 격려하기 위해 셸 오일은 학생들이 에너지 문제에 관해 혁신적인 사고를 하도록 장려하는 셸 아이디어 360 경연대회를 개최한다. 이처럼 획기적인 셸의 경연대회는 창업가와 혁신가의 아이디어들도 양성하고 지원한다. 세상을 더 나은 곳으로 만드는 일을 향한 셸 오일의 헌신은 비슷한 생각을 지닌 사람들을 고무시키며, 셸 오일에 대한 고객들의 존중하는 마음을 더욱 향상시킨다.

소속감과 특별함을 향상시키는 공감성 혜택

사람들은 다른 사람들에게서 인정받고 그들과 연결되는 느낌을 좋아한다. 자신이 속한 가족이나 그룹 또는 공동체에서 소속감을 느끼고 싶어 한다. 소속감은 인생에 의미를 부여한다. 생각이 비슷한 사람들이 모인 온오프라인 커뮤니티에 구성원으로 참여하는 행동은 자신의 정체성을 인정받고 환영받는다는 기분을 느끼게 만든다. 기업은 '한 그룹의 구성원으로서 느끼는 소속감'을 강화함으로써 고객에게 공감성 혜택을 제공할 수 있다.

성공에 이른 많은 기업은 브랜드의 초점을 특정 그룹에 맞췄고, 그 브랜드는 특정 그룹에 소속돼 있다는 표식과 같은 역할을 한다. 페이스북의 성공은 부분적으로 사람들을 가족과 친구, 동료들과 연결하는 기능과 관련이 있다. 소매점 아메리칸 걸The American Girl은 세대 간의 연결성을 강화해 소속감을 높인다. 이곳에서는 어머니와 할머니, 딸 등 3대가 함께 점심을 먹고, 인형을 배경으로 사진을 찍고, 매장을 둘러보며 서로 함께하는 시간을 즐긴다. 포르쉐는 GTS 커뮤니티를 구성했고, 여기에 속한 구성원들은 이 커뮤니티에서 세계 곳곳의 환상적인 드라이빙 코스 정보를 수집하고 다른 구성원들과 공유한다. 포르쉐 가족의 일원이 된다는 것은 구성원들에게 중요한 의미를 부여한다.

또한 사람들은 자신이 독특하고 어느 면에서는 특별하다는 점을 다른 사람들에게 알리고 싶어 한다.[10] 때로는 이런 특별함이 자신의 지위와 연결되기도 한다. 사람들은 다른 사람들이 자신의 실체(스타일과 아름다움, 지식 등)나 업적(부와 직업적 성공, 음악적 재능, 운동 능력 등)을 높이 평가하고 우러러보기를 바란다. 실제로 고객의 특별함을 드러내주는 브랜드는 오래전부터 사용되어왔다.[11] 이런 브랜드들은 다른 사람들이 사용자의 성격과 신념, 선호도 등을 곧바로 추측할 수 있게 하며 사용자가 소속된 그룹의 성격도 알려준다. 이와 같은 가치 표시는 특권층만 누릴 수 있는 명성과 고급스러움, 비싼 가격으로 다른 브랜드와 차별화를 시도하는 명품 브랜드에 매우 중요하다. 특정 고객들을 VIP로 삼고, 소수의 특권층에 한정된 옵션을 제공하는 방식은 기업이 고객의 지위에 관련된 특별함을 활용해 고객에게 공감성을 제공하는 사례다.[12]

특별함에 관련된 또 다른 특징은 다른 사람과 자신을 구별하는 독특한 브랜드의 사용이다.[13] 고객은 자신이 남다른 생각과 스타일, 자율성을 가지고 있다고 믿고 싶어 한다. 이런 독특함에 대한 욕구는 고객이 한 브랜드의 제품을 자신의 독특한 개성이나 상황에 완벽히 맞는 형태로 요구할 수 있는 개인 특별 주문 제작 방식을 탄생시켰다. 나이키는 고객이 자신만의 신발 색상과 패턴을 디자인할 수 있는 방식을 도입했다. 멋있다고 생각되는 행동은 보통 모든 사람이 아니라 소수만이 할 수 있는 행동이다.

브랜드에 대한 존중을 높이는 공감성 혜택

우리는 연구를 통해 공감성 혜택에 관한 매우 중요한 통찰을 발견했다. 전문성 혜택과 정감성 혜택은 브랜드에 대한 신뢰와 사랑에 영향을 미치며 브랜드 애드머레이션을 구축하지만, 공감성 혜택은 브랜드에 대한 존중 효과로 브랜드 애드머레이션에 가장 큰 영향력을 발휘한다는 사실이다.[14] 전문성과 정감성 혜택은 브랜드 애드머레이션을 어느 정도까지만 강화시킬 수 있다. 실제로 우리의 연구 결과는 공감성 혜택이 브랜드 애드머레이션을 구축하고, 강화하고, 유지하는 데 필요한 3Es 중에서 가장 중요한 요소일 수도 있다는 점을 제시한다. 여기에는 몇 가지 이유가 있다.

첫째, 개인의 신념과 희망, 소속감, 특별함은 일상에서 자주 도전받는다. 사람들은 지금의 모습이 자신이 되고자 하는 모습과 다르다는 사실을 빈번히 깨닫는다. '친환경'에 가치를 두면서도 일회용 기저귀를 사용하는 행동처럼 가치와 모순된 행동을 하는 자신의 모습을 발견할 때도 종종 있다. 함께하고 싶은 그룹에서 거부당하고 소외감을 느끼거나, 자신을 독특하고 특별하게 만들어줄 만큼 두드러진 특징이 하나도 없다고 느낄 수도 있다.[15] 그러므로 사람들은 공감성 혜택에 매우 민감하다.

둘째, 브랜드들은 기술의 발전에 힘입어 전문성 혜택을 능숙하게 제공하게 된 반면 이들이 제공하는 전문성 혜택은 대체로 비슷해졌다. 이에 덧붙여, 사람들은 일정 시간이 지나면 전문성 혜택을 당연하게 여긴다. 냉장고가 제대로 작동한다는 사실에 진정으로 감사한 적이 언제였을까? 더욱이 시장에서 다른 브랜드와 차별화하기 위한 심미적 정서와 고객 경험의 역할, 즉 정감성 혜택에 주목하는 경우가 점점 더 늘어나기는 했지만, 사람들은 정감성 혜택에 쉽게 지루함을 느끼고 얼마 지나지 않아 더 이상 즐거움을 얻지 못한다. 우리는 자신이 구입한 스마트폰의 디자인을 사랑하지만 결국에는 다음 해에 출시되는 더 얇고 맵시 있는 신규 모델로 교체한다. 그러나 고객들의 신념과 희망, 소속감과 특별함에 호소하며 그들을 고무하는 방식은 고객들에게 강력한 영향력을 발휘한다. 바로 고객들의 자아의식과 삶의 의미에 호소하기 때문이다.

브랜드는 차별화의 한 방법으로 공감성 혜택의 영향력을 활용할 기회가 엄청 많다. 고객이 일단 브랜드의 공감성 혜택을 인식하면, 다른 브랜드로 바꾸기가 매우 어렵다. 공감성 혜택은 고객의 정체성과 신념에 호소하기 때문이다. 브랜드 애드머레이션 구축을 위한 공감성 혜택은 아무리 강조해도 지나치지 않다. 고객의 삶에 공감성 혜택을 제공하는 방식으로 고객과 소통하는 데 실패한 브랜드들은 너무 많다.

그러나 우리의 한 연구 결과를 보면, 공감성 혜택만으로 칭송받는 브랜드를 만들 수는 없다. 오직 고객에게 전문성, 정감성, 공감성 혜택을 '모두' 제공할 때 브랜드 애드머레이션이 최고조에 이른다. 이 세 가지 혜택이 함께 존재할 때 브랜드 애드머레이션 구축에 기하급수적 상승효과를 발휘하게 된다.

❶ 브랜드 애드머레이션은 기업 마케팅의 가장 중요한 목표다.

❷ 강력한 브랜드 애드머레이션은 고객이 브랜드에 충성하고 브랜드를 지지하는 행동을 더욱 많이 하게 만들며, 이는 브랜드와 이 브랜드를 만드는 기업의 에쿼티를 향상시킨다.

❸ 브랜드에 대한 신뢰, 사랑, 존중은 브랜드 애드머레이션을 달성하는 동력이다. 이들은 브랜드 애드머레이션에 승수 효과를 가져다주므로, 최고의 브랜드 애드머레이션은 이 세 가지를 모두 만들어내려는 마케팅 노력으로 가능해진다.

❹ 브랜드는 (1)고객에게 전문성, 정감성, 공감성 혜택을 제공하고, (2)브랜드에 대한 신뢰, 사랑, 존중을 구축하고, (3)그에 따라 브랜드 애드머레이션을 향상시켜서 고객에게 행복을 선사한다.

❺ 고객의 문제를 해결하고 자원을 절약하게 해주는 전문성 혜택으로 힘을 얻는다는 느낌은 브랜드에 대한 신뢰를 높여주고, 이를 통해 브랜드 애드머레이션을 강화시킨다.

❻ 고객의 생각과 감각을 자극하고 마음을 따뜻하게 해주는 정감성 혜택으로 얻는 만족감은 브랜드에 대한 사랑을 높여주고, 이를 통해 브랜드 애드머레이션을 강화시킨다.

❼ 고객의 신념과 희망을 반영하고 소속감과 특별함을 향상시키는 공감성 혜택으로 고무되는 느낌은 브랜드에 대한 존중을 높여주고, 이를 통해 브랜드 애드머레이션을 강화시킨다.

❽ 브랜드가 고객의 삶에 전문성, 정감성, 공감성 혜택을 '모두' 제공할 때 브랜드 애드머레이션이 최고조에 이른다.

❾ 그림 1.1처럼 기업은 브랜드 애드머레이션을 구축해야 할 뿐만 아니라(4~6장 참조), 시간이 흘러도 이를 유지하고(7장 참조), 활용해야 한다(8~10장 참조). 이어지는 장들에서 이 쟁점들을 다룰 것이다.

여러분의 브랜드는 어떤가?

❶ 고객은 현재 여러분의 브랜드를 얼마나 칭송하고 있는가? 브랜드에 충성하고 브랜드를 지지하는 행동을 여러분의 고객은 얼마나 하고 있는가? 브랜드에 대한 더욱 강력한 충성도와 지지도를 만들어내기 위해 무엇을 할 수 있는가?

❷ 여러분의 브랜드는 신뢰와 사랑, 존중을 받고 있는가? 그렇지 않다면, 그 이유는 무엇인가? 이 부분을 어떻게 개선할 수 있는가?

❸ 여러분의 브랜드는 현재 어느 정도의 전문성, 정감성, 공감성 혜택을 제공하는가? 이들 중, 탁월한 혜택을 제공하는 분야는 무엇인가? 어떤 방식으로 여러분의 브랜드를 개선할 수 있는가?

Brand
Admiration

고 객 에 게 사 랑 받 는 비 즈 니 스 를 구 축 하 는 법

2부

칭송받는
브랜드 구축

제4장
기업 내부에서
브랜드 애드머레이션 구축

⋮
⋮
⋮

세상에서 가장 칭송받는 브랜드에는 세상에서 가장 헌신적인 직원들이 있다.

서론

세계 최대의 비영리 의료기관인 메이요 클리닉^{The Mayo Clinic}의 기업 사명은 다음과 같이 단순하다. "모든 환자에게 최상의 의료 서비스를 제공한다. 우리는 모든 사람을 환영하고 존중하는 공동체로 …… 자신의 독특한 아이디어를 제공하며 함께 일한다."[1] 이런 기업 사명은 메이요 클리닉의 나침반 역할을 하며, 메이요 클리닉이 추구하는 목적과 이를 실현할 계획을 잘 나타내고 있다. 즉, 환자에게 최상의 의료 서비스를 제공하려면 다양한 직원들의 기여를 통해 직원 개개인이 지닌 강점을 활용해야 한다는 것이다. 이런 다양성은 혁신을 촉진하고, 문제 해결력을 강화하며, 생산성을 향상시키기 때문에 중요하다. 메이요 클리닉의 직원들은 화려한 안내 책자나 포스터가 아니라 이 사명을 구현하기 위한 직원 프로그램과 고객들을 대하는 이 기관의 자세를 바탕으로 사명을 기꺼이 수용한다. 그 결과, 직원들은 브랜드에 대한 진정한 열정을 지닐 수 있다. 메이요 클리닉은 전문성 개발 측면에 지속적으로 큰 투자를 한다. 문화적 역량과 언어적 능력에 집중하는 프로그램과 직원들이 환자들의 문화적 정서를 고려해 의료 서비스를 제공하고 행동하게 만드는 멘토링 프로그램을 구축했다. 이런 프로그램들은 직원들이 일상 업무를 수행하는 데 도움을 주며, 이들에게 전문성을 제공한다. 이 프로그램들은 또한 메이요 클리닉의 사명과 직원들의 전문성 개발을 조직이 뒷받침한다는 사실에 대한 직원들의 '신뢰'를 높여준다. 이 프로그램들은 직원들에게 따뜻한 느낌과 개방성, 포용성을 전달하는 데도 기여하며, 이는 메이요 클리닉에 대한 직원들의 '사랑'을 강화한다. 궁극적으로는 유대감을 조성하고, 직원들이 영향력을 발휘할 수 있는 공동체의 일원이라는 사실에 자부심을 느끼게 만들어 메이요 클리닉이라는 브랜드를 '존중'하는 마음을 불러일으킨다.

개요

기업은 고객과 훌륭한 관계를 구축하려면, 내부 직원들과 강력한 관계를 구축해야 한다는 주장은 명백한 사실로 보인다. 하지만 놀랍게도 많은 기업이 브랜드화 작업을 위해 노력하는 과정에서 직원들을 생각하지 않는다. 실제로 기업 내부로부터 브랜드 애드머레이션을 만들어내는 일에 집중하는 브랜드는 예외적인 경우에 속한다. 그런데 브랜드를 대표하며 브랜드의 약속을 기업 외부에 이행하는 직원들이 그 브랜드를 칭송하지 않으면, 어떻게 고객을 신뢰와 진정성으로 설득하며 브랜드를 칭송하게 만들 수 있을까? 고객은 일반적으로 직원들과 그들의 행동을 브랜드와 동일시한다.[2] 그러므로 기업이 직원들 사이에서 브랜드 애드머레이션을 구축하는 것이 매우 중요하며, 이는 4장에서 우리가 검토할 주제이기도 하다.

브랜드 구축을 위한 자원으로서의 직원

직원들 사이에서 브랜드 애드머레이션을 강화하는 것이 기업의 가치를 실현하는 데 어떻게 도움을 주는지는 쉽게 확인할 수 있다. 직원들 사이에 구축된 브랜드 애드머레이션은 브랜드에 대한 충성뿐만 아니라 브랜드 친화적 행동을 활성화시킨다. 자사의 브랜드를 칭송하는 직원들은 (1)그 브랜드를 위해 일하기를 원하며 절대 떠나려 하지 않는다. (2)그들은 브랜드에 대한 주인 의식을 지니고 있으며 브랜드의 성과와 성공에 대해 개인적 책임감을 느끼고, (3)조직의 실수를 용서하려는 경향을 보인다. 또한 (4)기업 외부에서 하는 생활, 즉 가정생활에서도 중요한 역할을 한다. (5)이런 직원들은 자사의 브랜드에 위협이 될 만한 경쟁 브랜드에 대한 경계를 늦추지 않는다.

자사의 브랜드를 칭송하는 직원들은 브랜드 지지자 역할도 한다. (1)이들은 브랜드를 진심으로 강력히 옹호하는 지지자들이다. (2)고객의 행복과 브랜드의 성공을 위해서라면 주어진 역할 이상의 일도 마다하지 않는다. (3)브랜드 커뮤니티에서 개최하는 다양한 행사에 적극 참여한다. (4)자사의 브랜드를 친구들에게 추천하고, (5)브랜드에 대한 비판에 맞선다. (6)다른 직원들이 기업 내 정치적 행태나 기업에 부정적 영향을 미치는 행동 대신 브랜드의 성과에 집중하도록 격려한다. (7)또한 브랜드가 새겨진 티

셔츠, 장비, 문신 등으로 브랜드와 자신의 연관성을 공개적으로 나타낸다. 이런 결과들은 직원들의 사기를 진작시키는 것을 넘어, 유능한 직원을 확보하고 유지하는 비용을 줄여주고 직원 유지율을 향상시키며, 기업 내부의 지식이 외부로 유출되는 사태를 막아준다.

기업 내부 고객, 즉 직원들의 영향력을 인식한 사우스웨스트 에어라인 Southwest Airlines 창업자 허브 켈러허Herb Kelleher는 직원들을 고객처럼 대하는 자세의 중요성을 언급한 적이 있는데,[3] 그의 이러한 노력은 성공한 것처럼 보인다. 켈러허가 사우스웨스트 에어라인을 37년간 경영한 뒤 은퇴했을 때, 이 항공사의 기장들과 승무원들은 감사의 마음을 담아《USA 투데이》에 전면 광고를 게재했다. 이와는 정반대로, 아메리칸 에어라인American Airlines의 기장들과 승무원들은 사우스웨스트 에어라인의 광고가 게재된 그날 파업에 돌입했고, 아메리칸 에어라인의 연례회의 기간 동안 시위를 벌였다.

기업은 고객에게 했던 것처럼 직원들에게도 전문성, 정감성, 공감성 혜택을 제공하는 방법을 찾아내서 브랜드 애드머레이션과 이를 추진하는 동력을 만들어낼 수 있다. 우리는 이 과정을 '기업 내부 브랜딩internal branding'이라 부른다(그림 4.1 참조). 간단히 설명하면, 기업 사명 선언문은 직원들의 감정과 생각, 브랜드를 지지하는 행동을 이끄는 이정표 역할을 한다. 이에 따라 우리는 기업 내부 브랜딩을 직원들에게 전문성, 정감성, 공감성 혜택을 제공해 직원들이 지속적이고 신뢰할 수 있는 방식으로 브랜드의 사명을 실현할 수 있게 만드는 일련의 과정으로 정의한다.

브랜드 애드머레이션 구축은 사명 선언문과 그에 담긴 특성에서 시작한다. 특히, 직원들 사이에서 브랜드에 대한 신뢰와 사랑, 존중을 구축하는 일은 사명 선언문이 전문성, 정감성, 공감성 특성들을 포함하고, 기업이 직

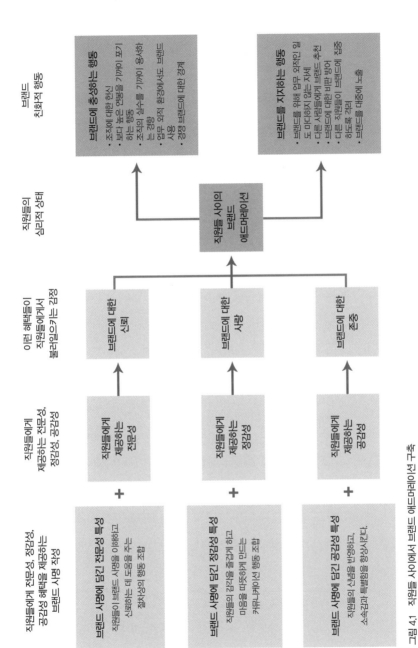

그림 4.1 직원들 사이에서 브랜드 애드머레이션 구축

원들에게 전문성, 정감성, 공감성 혜택을 제공할 때만 가능하다. 이런 복합적 결과들이 직원들 사이에서 브랜드 애드머레이션을 북돋우며 브랜드에 대한 직원들의 충성과 지지를 끌어올린다. 여기서 중요한 점은 기업이 브랜드의 약속을 이행하고 브랜드를 경쟁자와 차별화시킬 수 있는 기업 내부의 브랜드 숭배자를 이런 효과들을 활용해 양성한다는 사실이다. 좀 더 자세히 살펴보기 전에 먼저 기업 사명 선언문에 관한 몇 가지 쟁점을 논의해보자.

의미 있는 사명 선언문 작성

기업의 사명 선언문은 직원들 사이에서 브랜드 애드머레이션을 만들어내는 데 중요한 역할을 한다. 신생 기업이고 단 하나의 브랜드만 보유했을 경우, 기업 사명은 시장에서 추구하는 브랜드 포지셔닝과 거의 일치한다(이 부분은 5장에서 자세히 논의한다). 기업이 거대해지고 뚜렷이 구분되는 여러 브랜드를 보유하는 상황에 이르면, 기업 사명은 다양한 브랜드의 특징을 모두 수용하기 위해 보다 추상적인 형태로 바뀐다. 아마 각 브랜드의 포지셔닝도 어느 정도 달라질 것이다. 하지만 사명 선언문이 중요한 이유는 이 선언문이 기업과 각 브랜드가 지향하는 방향에 대한 포괄적 관점을 나타내기 때문이다. 그러므로 기업 사명과 브랜드 포지셔닝 선언문은 서로 일치해야 하고, 최소한 모순되지는 말아야 한다.

사명에 대해 생각할 때는 스타벅스의 CEO, 하워드 슐츠가 다음과 같이 한 말을 고려하라. "사람들은 자신보다 위대한 존재의 일부가 되기를 원한다. 자신이 정말 자랑스러워하고, 싸움과 희생을 마다하지 않고, 신뢰할 수 있는 것의 일부가 되고 싶어 한다."[4] 인간으로서 우리는 소속감과 특별함을 느낄 수 있기를 바라며, 자신이 하는 일을 자랑스럽게 여기기 마련이다. 직원들도 다르지 않다. 사명 선언문은 이런 믿음을 압축해 표현할 수 있으며, 이에 따라 직원들은 선언문에 대한 신뢰를 바탕으로 이를 실현하려고 한다. 그러므로 직원들의 행동에 기여하는 사명 선언문은 반드시 의미 있는 내용으로 작성해야 한다. 의미 있는 사명 선언문은 브랜드의 목적과 목표를 자세히 서술하고, (1)어떤 혜택을 (2)누구에게 (3)어떻게 제공해야 할지에 대한 답을 제시해야 한다.

표 4.1에 이런 의미 있는 사명 선언문의 사례가 나와 있다. '어떤 혜택'을 제공할지 결정하는 일은 결국 시장에서 아직까지 해결하지 못한 핵심 고객의 욕구가 무엇인지 파악하는 것이다(5장에서 이 내용을 다룬다). 직원들은 브랜드가 고객을 위해 무엇을 해야 하는지 명확히 알지 못할 때 좌절감에 빠진다. 그러므로 직원들은 브랜드와 더 나아가 자신들이 고객에게 전달해야 하는 혜택들을 이해해야 한다. 명확하게 표현된 약속(즉, '브랜드가 어떤 혜택을 제공할지'에 대한 명확한 표현)은 직원들이 그 약속을 이행하기 쉽게 만든다.

'누구에게'는 어떤 타깃 고객이 브랜드 혜택을 가장 감사하게 생각할지를 묻는 것이다. 직원들이 어떤 혜택을 제공해야 하는지 알고 있어도 진정한 타깃 고객이 누구인지 모르면, 이런 혜택들을 능숙하고 효과적으로 전달하지 못한다. 핵심 타깃 시장이 명확하지 않으면 직원들은 엉뚱한 고객층을 타깃으로 삼거나, 심지어 의도와 달리 브랜드에 해를 입히며, 결국 자신의 자원을 비효율적으로 사용하는 결과를 초래한다.

마지막으로 '어떻게'는 브랜드가 타깃 고객의 욕구에 반응할 수 있는 계획적인 방법이나 전략을 묻는 것이다. 이 질문에 대한 답은 고객의 욕구를

표 4.1 기업 사명 선언문

사명 선언문	'어떤' 혜택을 제공하나?	혜택을 '누구에게' 제공하나?	혜택을 '어떻게' 전달하나?
구글: 전 세계의 정보를 체계적으로 정리하고, 모든 사람이 접근하고 활용할 수 있게 한다.	전 세계의 정보를 체계적으로 정리한다(어떤 혜택을).	모든 사람 (누구에게)	접근하고 활용할 수 있게 한다(어떻게).
맥킨지: 우리의 사명은 고객이 뚜렷하고 지속적이며 상당한 개선을 이루고, 특별한 인재를 불러 모으고 발전시키며 유지할 수 있는 훌륭한 기업을 만들 수 있도록 도움을 주는 것이다.	뚜렷하고 지속적이며 상당한 개선을 이루게 도움을 준다 (어떤 혜택을).	고객(누구에게)	특별한 인재를 불러 모으고 발전시키며 유지할 수 있는 훌륭한 기업을 만들 수 있게 한다(어떻게).

충족시키기 위해 해야 할 일, 특히 직원들 스스로의 역할과 책임에 대해 명확히 알려준다. 이런 질문들을 다루는 기업 사명 선언문은 직원들에게 나침반 같은 역할을 하고, 방향 감각을 제공하며, 목표에 도달할 수 있는 길을 확실히 알려준다. 예를 들어, 구글의 사명을 생각해보라. "전 세계의 정보를 체계적으로 정리하고(어떤 혜택을), 모든 사람이(누구에게) 접근하고 활용할 수 있게(어떻게) 한다(표 4.1 참조)."[5] 이와 같은 목적의식과 방향 감각은 브랜드에 대한 직원들의 신뢰와 사랑, 존중을 구축하는 데 도움을 준다.

사명 선언문이 기업에 도움이 되려면 직원들이 그 내용을 의미 있게 받아들이고 실행해야 한다. 하지만 불행하게도 일부 기업 내부 브랜딩 전문가들의 말에 따르면, 직원들 중 50퍼센트 이상이 자사의 사명 선언문을 믿지 않거나 이를 실행할 지식과 기술, 교육 프로그램을 갖추지 못했다고 생각한다.[6] 그러므로 기업 내부 브랜딩은 사명 선언문 작성을 넘어, 직원들에게 기업 사명을 행동으로 구현시키는 방법에 집중해야 한다.

기업 사명 선언문을 활성화하는 전문성, 정감성, 공감성 특성

기업 내부로부터 브랜드 애드머레이션을 구축하는 첫 번째 단계는 직원들이 브랜드 사명 자체를 신뢰하고, 사랑하며, 존중할 수 있게 만드는 일이다. 이를 위해 직원들은 자사의 사명 선언문에 담긴 전문성, 정감성, 공감성 특성을 느껴야 한다.

신뢰를 강화하는 전문성 특성

몇 가지 중요한 전문성 특성은 기업 사명에 대한 직원들의 신뢰를 강화시킨다.

직원들의 기업 사명 개발 참여

직원들은 기업 사명을 개발하는 과정에서 자신이 주장한 내용을 지지하고 신뢰할 가능성이 크다. 억지로 떠맡은 사명 선언문이 그렇지 않은 선언문과 동일한 강도의 브랜드 애드머레이션을 만들어낼 수는 없다. 직원들의 기업 사명 선언문 개발 참여는 강한 주인의식을 불러온다. 브랜드를 소유한 기업은 가능한 한 사명을 만들어내는 과정에 직원들을 주도적으로 참여시켜야 한다. 직원들은 기업의 사명을 개발하고 소통하는 과정에 참여함으로써 선언문을 정성 들여 다듬고, 지지하며, 이에 따라 행동하고, 기업 내부와 외부의 다른 고객들과 진심을 다해 공유하는 일을 더욱 잘할 수 있다.

인상적인 사명 선언문을 작성하는 방법

사명 선언문은 단순한 표현일수록 인상적이며 직원들의 기억에 오래 남는다. 예를 들어, 리츠칼튼^{Ritz-Carlton}은 서비스의 황금 기준이 되겠다는 기업 신조를 "우리는 신사 숙녀에게 서비스를 제공하는 신사 숙녀다"라는 선언문으로 직원들과 소통한다. 또 다른 예로 골드만삭스를 들 수 있다. 이 기업의 비즈니스 원칙은 "고객의 이익이 최우선이다"라는 말로 시작한다.[7] 또는 "고객의 성공이 우리의 성공이라고 믿는다"[8]는 맥킨지의 간결한 선언문을 생각해보라.

구체적인 사명 선언문 작성

직원들은 기업 사명을 구체화하는 특정 이정표를 부여받을 때 사명에 맞는 행동을 할 수 있다. 이는 사명 선언문이 다소 추상적이고 익숙하지 않다고 생각하는 신입 직원들에게 특히 더 중요하다. 이를 설명하기 위해 리츠칼튼의 선언문(우리는 신사 숙녀에게 서비스를 제공하는 신사 숙녀)을 다시 살펴보자. 이 선언문은 직원들이 기업 사명과 일관된 방식으로 실행할 수 있는 세 가지 구체적 행동으로 해석할 수 있다. 즉, (1)호텔을 방문하는 고객의 이름을 부르며 따뜻하고 진심 어린 인사를 건넨다. (2)고객의 욕구를 예측하고 충족시킨다. (3)고객에게 따뜻한 작별 인사를 건네며 이때도 고객의 이름을 사용한다. 이런 구체적인 '서비스 단계'는 기업 사명과 일치하는 행동을 명확히 알려주며, 직원들이 자신만의 독특하고 인상적인 고객 경험을 만들어낼 수 있도록 힘을 북돋아준다.[9]

일관성 부여

직원들에게 기업 사명을 이해하고 활성화할 수 있는 전문성을 부여하는 것은 일회성으로 그칠 일이 아니다. 기업 사명 선언문을 신입 직원 교육 과정의 일부로 생각해야 하며, 직원들에게 지속적으로 사명을 언급하며 강조해야 한다. 하지만 불행하게도 직원들이 항상 기업 사명을 인식하고 그것이 왜 자신의 직무에 중요한지 이해할 수 있는 것은 아니다. 때로는 기업의 행동에 일관성이 없어 직원들이 기업 사명에 의문을 품는 경우도 있다. 일관성이 결여된 기업 사명과 그 사명을 실행하는 데 활용할 정책과 절차의 빈번한 변경은 혼돈을 불러일으키며, 사명을 수행하는 과정을 직원들이 확실히 신뢰하지 못하는 상황을 발생시킨다.[10] 더욱 심각한 사항은 일관성의 결여가 브랜드에 대한 직원들의 헌신을 약화시키며, 궁극적으로는 기업의 재무적 성과에 부정적 영향을 끼친다는 점이다.[11] 기업 사명을 변경해야 할 때 기업은 그 과정에 직원들을 적극적으로 참여시켜야 한다. 직원 참여를 통해 현재 사명의 문제점과 조직이 새로운 사명을 실현할 방법을 확인할 수 있고, 신규 아이디어를 창출하고 새로운 메시지에 대한 주인의식을 형성할 수 있다.

사랑을 강화하는 정감성 특성

대부분의 사람은 자신의 일과 자신이 일하고 있는 브랜드를 진심으로 사랑하기를 원한다. 그러므로 기업은 내부 마케팅을 위해 노력하는 과정에서 브랜드 사명에 정감성 특성을 부여해야 한다. 기분을 좋게 하거나 마음을 따뜻하게 하는 행동들은 브랜드 사명에 대한 직원들의 사랑을 강화할 수 있다.

감각적 호소로 전달하는 정감성

브랜드 사명 선언문에 관련된 시각적, 청각적, 촉각적 호소가 중요한 이유는 직원들이 브랜드 사명을 신속하고 쉽게 이해하고 수용하는지, 그리고 직원들에게 사명이 흥미로워 보이는지에 영향을 미치기 때문이다. 포르쉐 컨설팅이 운영상의 탁월함을 추구하는 다음과 같은 사명을 생각해보자. "어떤 일을 순조롭게 진행하려면 장애물을 반드시 제거해야 합니다. 우리는 여러분을 업계의 포르쉐로 만들어드립니다."[12] 포르쉐 컨설팅은 소속 컨설턴트들에게 정비 기술자 유니폼을 입혀, 기업 사명이 직원들에게 시각적으로 명백히 드러나게 한다. 이는 유명 디자이너의 비싸고 세련된 정장을 선호하는 컨설턴트들에게는 흔치 않은 방식이다. 하지만 정비 기술자 유니폼은 포르쉐 컨설팅의 컨설턴트들이 브랜드에 관련된 서비스를 제공할 때면 반드시 소매를 걷어 올리고 열중하며 겸손한 자세를 갖춘 기술 명장이라는 사실을 스스로에게 상기시킨다. 그들은 공장이든 아니든 도움이 필요한 곳이면 어디서든 어김없이 업무를 수행한다. 그러므로 이 사명은 단순한 사명 선언문 형태를 넘어서는 방식으로 전달된다. 말 그대로 직원들의 몸에 입혀져 있다. 그 결과, 이 사명은 손으로 확인할 수 있는 실체를 갖추고 있다. 직원들은 이 사명을 볼 수 있을 뿐만 아니라 '느낄' 수도 있다.

마음을 따뜻하게 하는 호소로 전달하는 정감성

사명 선언문은 또한 마음을 따뜻하게 하는 호소로 직원들에게 정감성을 제공하며 기업의 사명을 활성화할 수 있다. 미국 노트르담대학교 미식축구 팀은 "오늘 챔피언처럼 경기하라"라는 사인을 팀 로커룸에서 노트르담 스타디움으로 가는 통로 계단에 붙여놓았다. 이처럼 고무적인 메시지(이는 선수들에게 공감성을 제공하기도 한다)는 선수들과 코치, 스태프들이 '오늘 챔피언처럼 경기할 수 있기'를 기대하며 스타디움으로 뛰어 나가기 직전에 이 사인을 만지는 정서적 의식을 통해 구체화된다. 이 의식은 선수들의 감성에 호소한다. 선수들은 사인을 직접 만짐으로써 사인의 의미를 개인적으로 친밀하게 만든다.

기업의 사명을 직원들이 흥미롭고 마음이 따뜻해지는 것으로 느끼게 만드는 한 방법으로 스토리텔링을 활용할 수 있다.[13] 스토리텔링은 브랜드에 대한 믿음과 기업 사명의 연결성을 고취한다. 직원들은 기업 사명과 일치하는 자신만의 이야기와 개인적 경험을 이야기할 수 있다. 기업 사명은 스토리텔링 방식 외에도 개인적인 접촉(메모나 이메일, 또는 서류가 아닌 직접적인 접촉)과 업무와 상관없는 모임이나 기업 야유회(숲속이나 해변에서 나누는 환담 등)를 통해 소통할 수 있다. 브랜드의 초라한 탄생부터 지금의 성공에 이르는 과정을 담은 브랜드 전기brand biography를 작성하는 일은 직원들과 고객들 모두의 주목을 끄는 아주 매력적인 방식이다. 특히 브랜드가 지금의 성공에 이르기 위해 노력하는 과정에서 엄청난 장벽을 극복하고 일어선 약자로 묘사될 때 그 효과는 더욱 크다.[14]

스토리텔링을 통해 브랜드 사명을 공유하는 방식과 관련해서 기억해야 할 세 가지 사실이 있다. 첫째, 스토리텔링은 직원들에게 정서적 시금석을 제공한다. 직원들에게 브랜드와 브랜드 사명에 심리적으로 좀 더 가까워질 수 있는 동기를 부여할 수 있다. 사명과 일치하는 이야기 공유는 직원들을 사명에 몰두하게 만든다. 직원들은 또 브랜드에 관한 이야기에서 주인의식을 크게 느낀다. 자신들이 바로 그 이야기를 전파하며 브랜드 전도사 역할을 수행하기 때문이다. 둘째, 스토리텔링은 브랜드의 신념과 원칙을 더욱 뚜렷이 구체화할 수 있다. 공유한 이야기들은 사명 선언문에 대한 단순한 지식과 암기가 아니라 감정을 통한 방식으로 직원들을 개입시킨다. 셋째, 스토리텔링은 문화를 초월한다. 인간으로서 우리가 지닌 DNA의 한 부분이다. 다른 사람들과 나누는 이야기를 통해 우리는 서로 유대감을 느낀다. 직원들이 브랜드에 관한 이야기를 공유할 때, 그들은 브랜드뿐만 아니라 다른 사람들과 정서적으로 더 많이 연관돼 있다고 느낀다.

존중을 강화하는 공감성 특성

직원들에게 전문성, 정감성 특성을 제공하는 사명 선언문으로 반드시 직원들을 고무시킬 수 있는 것은 아니다. 단순히 익숙하기만 한 사명 선언문은 저절로 생각이 나거나 정서적 반향을 불러일으키는 상황을 만들어내지 못할 수도 있다. 실제로 "익숙하면 무시한다"라는 속담도 있다. 사명에 대한 직원들의 존중을 강화하려면, 사명에 직원들을 고무하고 그들이 가장 중요하게 여기는 신념과 원칙을 반영해야 한다. 기업은 브랜드의 사명과 직원들의 신념, 원칙을 밀접히 연결함으로써 고무적인 사명 선언문을 만들 수 있다. 그림 4.2는 스타벅스의 사명과 여기에 포함된 네 가지 신념 및 원칙을 보여준다. 이 사명을 보면, 그 속에 포함된 신념이 어떻게 직원들을 고무시키는지 알 수 있다.

스타벅스의 사명은 "인간의 정신에(누구에게) 영감을 불어넣고 이를 더욱 풍요롭게 하기 위해(어떤 혜택을) 한 사람의 고객, 한 잔의 음료, 하나의 이웃에 정성을 다한다(어떻게)"이다.[15] 이 사명에는 다음과 같은 네 가지 신념이 포함되어 있다. (1)모든 일에 최선을 다하며 결과에 책임을 진다. (2)즐거운 조직 문화를 조성하고, 적극적으로 참여하며, 투명성과 품위, 존중하는 마음을 갖추고 교류한다. (3)온화함과 소속감을 느낄 수 있는 문화를 조성한

사명	인간의 정신에(누구에게) 영감을 불어넣고 이를 더욱 풍요롭게 하기 위해(어떤 혜택을) 한 사람의 고객, 한 잔의 음료, 하나의 이웃에 정성을 다한다(어떻게).			
조직의 신념 및 원칙	**전문성 혜택** 모든 일에 최선을 다하며 결과에 책임을 진다.	**정감성 혜택** 즐거운 조직 문화를 조성하고, 적극적으로 참여하며, 투명성과 품위, 존중하는 마음을 갖추고 교류한다.	**정감성 혜택** 온화함과 소속감을 느낄 수 있는 문화를 조성한다.	**공감성 혜택** 용감하게 행동하고, 현재 상황에 만족하지 않고, 기업과 자신을 모두 성장시킬 새로운 방법을 찾는다.

그림 4.2 스타벅스 사명에 포함된 신념과 원칙

다. (4)용감하게 행동하고, 현재 상황에 만족하지 않고, 기업과 자신을 모두 성장시킬 새로운 방법을 찾는다.

하나같이 모두 고무적인 신념과 원칙들이다. 이런 선언문은 직원들이 조직에서 어떤 자세로 행동해야 할지, 조직과 직원들이 무엇을 지향해야 할지, 하나의 조직으로서 어떤 형태의 업무 환경을 조성해야 할지 강한 어조로 표현하고 있다. 이런 내용을 모두 포함한 선언문은 직원들을 브랜드와 서로에게 보다 가까이 다가가게 만들며 직원들에게 공감성을 제공하고 이들을 고무시킨다. 실제로 최근 연구를 보면, 직원들의 삶에 초점을 맞춘 고무적인 신념을 갖춘 기업들은 경쟁 기업보다 세 배 이상 더 빨리 성장했다는 사실을 알 수 있다.[16]

사명 선언문은 전문성, 정감성, 공감성 특성을 담아 개발되고 구현돼야 하며, 기업의 운영 방향과 밀접히 연관돼 있어야 한다. 사명 선언문과 일치하지 않는 기업의 업무 형태는 기업과 이를 이끄는 사명에 대한 직원들의 신뢰와 사랑, 존중을 약화시킨다.

인간적인 측면에서 직원들에게 제공하는 전문성, 정감성, 공감성

우리는 앞에서 직원들이 사명 선언문을 충분히 이해하고 구현할 수 있도록 직원들에게 전문성, 정감성, 공감성을 제공하는 '기업 사명 선언문'을 만드는 방법을 논의했다. 이제부터는 직원들이 브랜드 사명에 따라 행동하도록 동기를 부여하며, '직원들에게 실제로' 전문성, 정감성, 공감성 혜택을 제공하는 방법에 대해 이야기하겠다. 직원들은 자사의 브랜드가 '인간적인 측면에서' 자신들을 위해 뭔가를 한다고 생각할 때 그 브랜드를 대표해 행동하려는 동기가 가장 커진다. 그러므로 브랜드 사명의 전문성, 정감성, 공감성 특성도 중요하지만, 브랜드가 직원들을 행복하게 만드는 혜택을 제공하는 것도 중요하다.

기업은 3장에서 설명한 것과 비슷한 방법으로 직원들에게 전문성, 정감성, 공감성을 제공할 수 있다. 구체적으로 설명하면, (1)문제 해결책과 자원 보존을 통해 전문성을, (2)감각적이고 인지적이며 마음이 따뜻해지는 호소를 통해 정감성을, (3)직원들의 신념과 희망을 반영하고 소속감과 특별함을 향상시켜 자부심을 제고하는 공감성을 제공할 수 있다. 이런 행동들은 직원들에게 힘을 북돋아주고, 만족감을 선사하며, 이들을 고무시킨다. 또한 브랜드에 대한 신뢰와 사랑, 존중을 구축하고, 궁극적으로는 직원들을 행복하게 만들어 기업 내부에서 브랜드 애드머레이션을 구축한다. 우리는 세 가지 혜택(3Es) 각각에 대해 검토하고 있지만, 제시된 어느 한 방법이 직원들에게 전문성, 정감성, 공감성을 모두 동시에 제공하는 복합적 효과를 낼 수 있다는 가능성도 염두에 두기 바란다.

인간적인 측면에서 직원들에게 제공하는 전문성

고객에게 문제 해결 능력을 부여하면 고객은 자신의 삶에서 해야 할 일을 할 수 있는 전문성을 갖출 수 있고, 이에 따라 고객은 브랜드에 대한 신뢰와 애드머레이션을 구축할 수 있다. 이와 마찬가지로, 직원들에게 전문성을 제공하는 것도 브랜드에 대한 신뢰와 애드머레이션을 구축하는 데 강력한 역할을 한다.

문제 해결을 통한 전문성 제공

직원들은 자신의 일을 처리할 수 있는 능력과 힘을 갖추고 있다는 느낌을 받아야 한다. 예를 들면, 스타벅스의 직원들은 상당히 많은 교육을 받는다. 바리스타 기본 교육 프로그램은 신입 직원들에게 훌륭한 커피 한 잔을 준비하는 데 필요한 기본 지식을 가르친다. 이 프로그램은 직원들의 업무 역량을 향상시키며, 이를 통해 직원들은 자신감이 상승한다. 직원들은 처음 출근하는 날 〈그린 에이프런 북〉을 지급받는데, 이 책에는 스타벅스에서 성공하기 위해 해야 할 일들이 분명하고 자세하게 설명되어 있다. 직원들은 또 커피에 관한 방대한 정보를 제공하는 스타벅스 전용 〈커피 패스포트〉도 받는다. 이런 안내서들은 직원들에게 전문성을 제공함으로써 제품과 기업에 대한 지식을 갖출 수 있게 한다. 그 결과, 직원들은 스타벅스가 자신에게 투자하고 있으며 자신이 성공하는 데 도움을 준다고 느낀다. 또한 직원들의 마음속에 자기 효능감을 심어주고 브랜드가 직원들을 생각하고 챙기고 있다는 믿음을 강화해준다.

아주 세세한 부분까지 관리하는 방식은 비효율적이며 신뢰를 무너뜨린다. 이런 관리 방식과 불신을 피하려면 직원들이 고객에게 가장 도움이 된다고 생각하는 방식으로 일할 수 있도록 격려해야 한다. 스타벅스 직원들은 어려운 일이 생길 때도 자신이 고객을 다시 행복하게 만들기 위해 할 수 있는 수단과 지원, 자율성을 갖추고 있다는 사실을 알고 있다. 자신의 일상 업무 범위를 벗어나는 경우라도 마찬가지다. 게다가 스타벅스는 직원들에게 자신의 경험을 다른 직원들과 공유할 것을 적극적으로 독려한다. 예를 들면, 〈그린 에이프런 북〉은 직원들이 서로 훌륭한 일을 하는 동료를 파악하고, 이에 대해 상대방을 인정하고 감사할 것을 장려한다.

또 다른 사례를 살펴보자. 아만Aman은 세계적으로 명성이 드높은 고급 리조트를 운영한다. 이 기업의 사명은 다음 네 가지 축을 바탕으로 한다. (1)리조트를 획일화하지 않고, (2)단순한 호텔이 아니라 자신의 집처럼 느낄 수 있는 럭셔리한 전용 공간을 제공하며, (3)리조트의 호화로움과 지역의 독특한 유산과 문화를 결합해 고객에게 다양한 분야에 걸친 총체적 휴가 경험을 선사하고, (4)특권층만 누릴 수 있는 매우 높은 수준의 고급스러움을 유지하는 것이다. 아만은 처음 시작할 때부터 가능한 한, 상업적 리조트 체인의 전형적인 형태에서 벗어나겠다는 목표를 설정했다.[17] 아만의 직원들은 탁월한 개인 맞춤형 서비스를 제공하고, 기억에 남을 만한 서비스 경험을 만들어내는 과정에서 끊임없이 혁신적이고 창의적인 발상을 하도록 요구받는다. 관리자와 일반 직원들은 리조트를 자신의 것처럼 생각하고 운영해야 한다. 업무에 관한 이런 독특한 문화는 고액을 지불하는 고객들에게 진정성 있고 이치에 맞는 방식으로 늘 기쁨을 선사할 수 있는 전문성을 아만의 직원들에게 제공했다.

자원 보존을 통한 전문성 제공

직원들에게 전문성을 제공할 수 있는 또 다른 방법이 있다. 스타벅스는 직원들의 경제적 자산을 보존하는 데 도움을 준다. 직원들에게 애리조나주립대학교에서 학사 학위를 취득하는 데 필요한 등록금을 지급하며, 직원들이 배움을 통해 실력을 기를 수 있게 한다. 직원들은 재택근무가 가능하거나 업무 시간을 자율적으로 조정할 수 있는 유연한 근무 환경일 때 전문성을 제공받는다고 느낀다. 또한 유연한 업무 시간에 맞춰 개인 생활도 여유롭게 조정할 수 있으므로 스트레스도 덜 받는다. 재택근무는 우리의 가장 소중한 자산인 시간을 절약할 수 있게 해준다. 구글 직원들은 항상 사무실에서만 근무할 필요가 없다. 하지만 구글의 이런 유연한 방식이 직원들이 열심히 일하지 않게 만들지는 않는다. 오히려 그 반대다.

기업들은 또한 예기치 못한 상황이 발생한 직원들에게 아이 돌봄 서비스나 상담 서비스 같은 특전을 제공해 그들의 스트레스와 경제적 부담을 덜어줄 수 있다. 골드만삭스와 존슨앤존슨을 포함한 몇몇 기업은 직원들의 수면 부족 때문에 생산성이 떨어지는 위험을 고려해 불면증 치료 프로그램을 실시했다. 세일즈포스는 직원들의 마음을 돌보는 명상 워크숍과 요가 프로그램을 개설해 스트레스를 없애고 의사 결정 능력을 향상시키는 훈련 등을 제공한다.[18] 모든 사람이 다르다는 점을 인식한 구글, 도이치뱅크, 오라클 등은 직원들이 자신에게 적합한 복지 혜택을 디자인할 수 있게 함으로써 직원들에게 자기 효능감과 자율권을 부여한다.

인간적인 측면에서 직원들에게 제공하는 정감성

직장의 근무 환경은 직원들의 만족감과 일에 대한 열정, 브랜드를 칭송하는 정도에 큰 영향을 준다. 기업이 인간적인 측면에서 직원들에게 정감성을 제공하고, 직원들이 직장에서 일하는 동안 신나고, 즐거우며, 지적인 자극과 정서적 기쁨을 느낄 수 있게 만드는 몇 가지 방안을 소개한다.

감각을 만족시키는 혜택을 통한 정감성 제공

빌딩의 외관과 내부 인테리어, 사무실 분위기, 브랜드 로고, 유니폼 등 브랜드를 접하게 되는 많은 부분이 알게 모르게 직원들에게 영향을 끼친다. 시각적으로 훌륭한 사무실 빌딩의 외관과 내부 인테리어는 직원들에게 예상보다 훨씬 더 큰 감각적 만족감을 제공한다. 직원들은 근무하는 내내 이런 환경에 노출되기 때문이다. 사무실 분위기도 직원들의 기분을 크게 좌우한다. 구글 직원들은 조리 시설을 갖춘 주방과 자유롭게 커피를 즐길 수 있는 커피 바, 레고 놀이를 할 수 있는 공간, 햇볕이 잘 들고 야외용 긴 의자를 갖춘 외부 테라스, 브로드웨이 분위기를 풍기는 회의실 등을 사용할 수 있다. 이 모든 시설은 "세계에서 가장 즐겁고 생산적인 일터를 조성하겠다"는 구글의 철학과 일치한다.[19] 이 외에도 구글은 매주 실시하는 눈썹 화장과 요가, 필라테스 강좌, 유명 코미디언 지미 펄론Jimmy Fallon과 가수 저스틴 비버와 진행하는 실시간 인터뷰 등 감각을 만족시키는 다양한 혜택을 모두 무료로 제공한다. 시각적으로 보기 좋고 편안한 유니폼도 직원들에게 정감성을 제공한다. 눈을 즐겁게 하는 유니폼을 다른 동료들이 입고 있는 모습을 바라보는 것만으로도 브랜드에 대한 직원들의 지각적 즐거움에 긍정적 영향을 끼칠 수 있다. 이와는 반대로, 직원들의 품위를 떨어뜨리고 이들을 불편하게 만드는 유니폼들도 있다.

마음을 따뜻하게 만드는 혜택을 통한 정감성 제공

정중한 자세로 지원을 아끼지 않는 동료들에게서 느끼는 애정, 배려도 직원들의 마음을 따뜻하게 만든다. 맥킨지는 일련의 운영 원칙을 통해 직원들이 (1)직급에 얽매이지 않고 차별하지 않으며, (2)배려심 깊은 능력주의를 유지하고, (3)도제 방식에 의한 기능 전수와 멘토링을 통해 서로를 발전시키며, 특별한 사람들을 위한 최상의 환경을 조성할 것을 요청한다.[20] 사람들이 '기꺼이 기여하고 싶은' 환경을 조성하는 일이 중요하다. 동료들 때문에 스트레스를 많이 받는 직원들이 고객을 위해 참신하고 효과적인 해결책을 생각해낼 가능성은 얼마나 될까? 개인적인 일 또는 직무에서 중요한 업적을 달성한 직원들에게 특별 선물을 주거나, 소중한 이의 죽음으로 큰 슬픔에 빠진 직원들을 위해 유급 휴가를 주는 방안도 마음을 따뜻하게 만드는 또 다른 혜택들이다.

인간적인 측면에서 직원들에게 제공하는 공감성

마지막으로, 기업이 직원들을 고무시키는 공감성 혜택을 통해 기업에 대한 직원들의 존중과 브랜드 애드머레이션을 강화할 수 있는 몇 가지 방안을 소개한다.

직원들의 신념과 원칙에 일치하는 혜택을 통한 공감성 제공

브랜드의 사명 선언문에 담긴 신념과 원칙이 고무적이더라도, 직원들이 이런 신념과 원칙을 자기 것으로 만드는 내면화 작업이 반드시 필요하다. 스트라이커 메디컬 프로덕츠Stryker Medical Products는 직원들을 고무하기 위해 직원들에게 수술 장면을 참관하고 환자들에게 회복 과정에 관한 이야기를 자세히 들을 것을 권장한다. 이 과정을 거친 한 직원은 이렇게 말했다. "우리 제품 덕분에 목숨을 건진 환자의 얼굴을 봤습니다. 정말 놀랄 만큼 대단한 감동이었습니다."[21] 이런 과정을 통해 직원들은 자신이 하고 있는 일의 영향력을 직접 목격할 수 있기 때문에 매우 고무적인 결과를 가져온다.

많은 기업이 세상을 이롭게 할 목적으로 사회적 책임 프로그램에 참여한다. 이런 프로그램들은 직원들을 고무시킬 수 있다.[22] 일부 기업은 직원들이 자발적으로 이런 프로그램에 참여해 업무 외적인 면에서도 변화할 수 있도록 권장한다. 더 나아가 이런 자원 봉사에 참여하는 직원들에게 유급 휴가를 허락하는 기업들도 있다. 이런 외부 활동은 직원들이 자신도 세상을 이롭게 할 여유가 있다고 느끼는 데 도움을 줄 뿐만 아니라, 기업과 기업 이미지를 빛나게 만드는 효과를 발휘한다.

소속감과 특별함을 통한 공감성 제공

기업은 직원들이 다른 이들과 '연결돼 있다고' 느끼거나, 자신들의 지위와 독특함으로 인해 다른 이들과 '뚜렷이 구별된다고' 느끼게 만들어 직원들에게 자부심을 고취시키는 공감성을 제공할 수 있다. 스타벅스는 직원들이 다른 직원들을 인정하고 그들에게 감사함을 표시하며 그들의 기여에 대해 언급하는 행동을 권장한다. 자신의 일에 대해 칭찬과 인정을 받는 것은 효과가 매우 크다. 직원들은 직장에 친구가 있으면 업무가 더 재미있고 즐거우며 일할 보람과 만족감을 느낀다고 말한다.[23] 가장 친한 친구와 함께 근무하는 사람들은 업무에 완전히 몰입할 확률이 일곱 배 더 높다. 직원들 사이의 동료애 구축은 공통된 목적의식과 서로 함께한다는 사고방식을 만들어낸다. 조직에 대한 기여를 서로 격려하고 강화할 때 직원들은 한

팀이라는 사실을 자랑스럽게 여긴다. 자포스^{Zappos}, 구글, 드롭박스^{Dropbox}, 캐피타 스노보드^{CAPiTA Snowboards}, 사우스웨스트 에어라인 등은 직장 내에서 동료애를 적극 양성하는 기업들로 잘 알려져 있다. 직장 내 동료애는 승진을 결정하는 시기에 서로를 응원하고, 서로의 실수를 위로하며, 조언을 아끼지 않는 등 직원들 사이에서 강력한 단결심을 조성할 수 있다.

직원들은 종종 자신의 지위와 업적을 인정받아서 다른 사람들과 '뚜렷이 구별되고' 싶어 한다. "가장 어려운 문제를 해결하려면 최고의 인재가 필요하다"는 맥킨지의 기업 정신은 "최고의 인재만이 가장 어려운 문제를 해결할 수 있는 기회를 가질 수 있다"는 기업 신념과 함께 맥킨지 직원들에게 엄청난 자부심을 심어준다.[24] 기업이 직원들에게 부여하는 이런 형태의 인정은 분명히 직원들의 자부심을 높여주며, 기업을 존중하는 마음을 강화한다. 이는 또한 직원들이 바라는 신념(어려운 도전 과제에 대한 기여)과 정체성(최고의 인재 중 한 명)을 반영한다. 맥킨지는 한 발 더 나아가, 전현직 직원들을 대상으로 활발한 공식 모임과 비공식 네트워킹을 만들어 이들에게 공동체 의식을 심어준다.

스타벅스의 계산대에서 일하는 직원들에게 바리스타 직함이 주어지는 경우를 생각해보라. 이런 직함은 품위를 지켜주고 존중받는 느낌을 주며, 직원들이 자신의 존재감을 인정받고, 기업을 향한 존중을 구축하는 데 도움을 준다. 예를 들어, 스타벅스에서 일반적인 초록색 에이프런이 아니라 검은색 에이프런을 착용한 바리스타를 본 적이 있는가? 이들은 최고 중 최고의 자리에 오르기 위한 훈련을 거쳐 커피 마스터 타이틀을 받은 직원들이다. 스타벅스 조직의 구성원이라면 누구든 커피 마스터 타이틀을 얻기 위한 특별 훈련을 받고 평가 시험을 치를 수 있다. 충분히 열정적이고 성실한 직원들, 즉 "커피와 함께 호흡하고 잠들며 꿈꾸고 싶은" 직원들은 커피 마스터 타이틀을 위해 다섯 가지 엄격한 시험을 통과해야 하며, 심지어 스타벅스의 연례 총회에서 연설까지 해야 한다.

직원들은 또한 브랜드와 자신의 연관성을 통해 특별함을 느낄 수 있다. 앞서 우리는 유니폼이 직원들의 기분을 좋게 할 수 있다는 사실을 언급했다. 유니폼은 직원들과 브랜드의 연관성을 표시하기도 한다. 직원들은 유니폼 착용에 대한 자부심을 느끼고, 자신이 누구이며 무엇을 하는지 알려주는 측면에서 브랜드와 자신의 연관성을 나타내기도 한다. 예를 들면, 한국에서는 아시아나항공 승무원들이 길거리나 버스 터미널, 또는 공항에서 유니폼을 입고 있는 모습을 종종 볼 수 있다. 미국 해병대의 눈에 확 띄는 블루 드레스는 그 제복을 입은 사람이 "명예로운 소수 정예"의 일원이라는 사실을 다른 사람들에게 알려준다.

직원들에게 기업 신용카드를 신청할 기회를 제공하는 브랜드들도 많다. 이 신용카드는 직원들이 업무 관련 비용을 쉽게 추적하고 처리할 수 있게 할 뿐만 아니라, 브랜드에 대한 자신의 연관성과 지위를 대중에게 알려줄 수 있다. 또는 일부 직원들이 브랜드를 주제로 만든 자동차 번호판이나 브랜드와 자신의 연관성을 나타내기 위해 몸에 새긴 브랜드 문신을 생각해보라.

❶ 고객과 관계를 유지하는 일이 일반적으로 마케팅의 전부라고 생각할 수도 있지만, 브랜드는 소속 직원들을 대상으로 한 마케팅에도 집중해야 하며, 이 과정을 기업 내부 브랜딩이라 부른다.

❷ 직원들은 기업 가치에 도움을 주는 성과(수익 증대, 비용 절감, 브랜드에 대한 지지, 직원 확보와 유지, 직원 사기 진작 등)를 실현하는 데 강력한 역할을 할 수 있다.

❸ 기업 내부의 브랜드 애드머레이션 구축은 브랜드 사명에서 시작한다. 훌륭한 사명 선언문은 브랜드가 '어떤 혜택'을 제공하고, 이 혜택을 '누구에게', '어떻게' 제공할지 구체적으로 명시해야 한다.

❹ 브랜드는 또한 직원들에게 전문성, 정감성, 공감성을 제공해 직원들의 브랜드 애드머레이션을 구축해야 한다.

여러분의 브랜드는 어떤가?

❶ 여러분의 브랜드 사명 선언문을 어떻게 평가하는가? 훌륭한 사명 선언문을 구성하는 세 가지 요건, 즉 '어떤 혜택'을 '누구에게', '어떻게' 전달할지 구체적으로 명시하고 있는가?

❷ 여러분의 사명 선언문을 직원들과 개인적인 연관성을 갖추도록 하는 과정에서 3Es, 즉 세 가지 혜택을 모두 포함하려 했는가?

❸ 브랜드 사명 선언문을 직원들과 어떻게 공유했는가? 사명 선언문은 알기 쉽게 표현되었으며, 구체적이고, 시간이 지나도 일관성을 유지하는가?

❹ 여러분의 브랜드 사명 선언문은 감각적이고 마음을 따뜻하게 하는

호소를 통해 직원들에게 전달되는가?

❺ 여러분의 브랜드 사명 선언문은 고무적인 신념과 원칙을 갖고 있는가?

❻ 여러분의 브랜드는 직원들에게 어떤 전문성, 정감성, 공감성 혜택을
제공하는가?

제5장

고객 사이에서
브랜드 애드머레이션 구축

. . . . .

최고의 브랜드는 고객의 삶을 보다 편안하고, 만족스럽고, 의미 있게 만든다.

서론

크루즈 여행으로 휴가를 떠나고 싶어 하는 사람들이 많다. 하지만 모든 사람이 그런 것은 아니다. 2000년대 초 로얄 캐리비안^{Royal Caribbean}은 크루즈 여행을 좋아하지 않는 사람들이 생각하는 크루즈 여행객의 세 가지 유형을 발견했는데, 바로 (1)신혼여행을 떠나는 신혼부부, (2)과체중으로 몸을 많이 움직이지 못하는 사람들, (3)죽음이 임박한 은퇴자들이다! 많은 사람이 자신은 이런 유형에 속하지 않는다고 생각했다. 하지만 실제로는 전형적인 크루즈 여행에서는 경험할 수 없는, 신나고 즐겁고 모험적이며 다양한 곳을 여행하기 원하는 사람들로 구성된 거대한 시장이 존재했다. 이거대한 미개척 시장은 광고와 소셜 미디어를 통해 접근할 수 있었다. 경쟁기업들은 이 시장을 타깃으로 삼지 않았고, 만약 그랬더라도 로얄 캐리비안과의 경쟁에서 이길 가능성은 거의 없었다. 새로운 시장을 개척하는 것은 크루즈 산업계에서 선두 주자가 되겠다는 로얄 캐리비안의 목표와도 일치했고, 로얄 캐리비안은 이 목표를 달성할 만한 자원과 역량을 갖추고 있었다. 이렇게 로얄 캐리비안의 새로운 타깃 시장이 생겨났다. 고객을 유치하기 위해 로얄 캐리비안은 크루즈 선박에 혁신적인 디자인으로 변화를 주고, 인공 암벽과 아이스 스케이팅 링크와 같은 시설을 추가했다. 선상에서 즐기는 활동과 선박 기항지에서 진행되는 프로그램은 이처럼 활동적인 고객들이 원하는 내용을 중심으로 구성했다. 예를 들면, 유럽으로 떠나는 크루즈는 기항지에서 바티칸의 시스티나 성당을 방문하는 특별 프로그램을 포함하고 있었으며, 하루 종일 기항지 관광을 즐긴 고객들에게 선상 스파를 추천하는 일도 잊지 않았다.[1]

개요

다음 쪽에 나오는 그림은 5장에서 다룰 핵심 쟁점과 특히, 신규 브랜드에 대한 확고한 포지셔닝을 통해 브랜드 애드머레이션을 구축하는 과정을 보여준다. 이 장에서 우리는 포지셔닝 선언문positioning statement의 특성과 선언문 개발의 바탕을 이루는 세 가지 전략적 의사 결정을 논의한다(5장의 중요한 프레임워크를 제시하는 그림 5.1 참조). 또한 이를 통해 브랜드 애드머레이션을 구축하는 새로운 접근 방식을 소개한다.

브랜드 포지셔닝 선언문

포지셔닝 선언문과 사명 선언문은 매우 비슷하다. 차이점이 있다면 포지셔닝 선언문은 기업 외부 고객들을 대상으로 하는 반면, 사명 선언문은 기업 내부 직원들을 대상으로 한다는 점이다. 또한 사명 선언문은 보다 추상적이다. 브랜드를 어떻게 외부 고객들에게 포지셔닝해야 하는지를 알려줄 정도로 구체적이지도 않으며, 어떤 마케팅 활동과 전술의 조합이 브랜드 아이덴티티를 활성화할지 구체적으로 명시하지도 않는다. 외부 고객들을 타깃으로 삼는 일에서는 브랜드 포지셔닝 선언문이 지침서 역할을 한다.

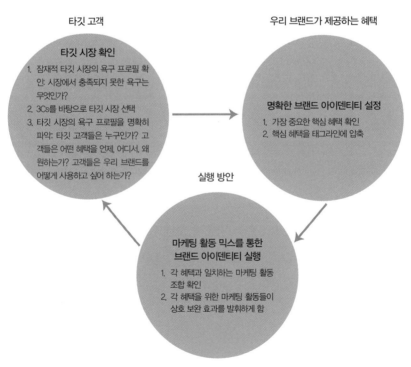

그림 5.1 브랜드 포지셔닝 선언문의 바탕을 이루는 전략적 의사 결정

포지셔닝 선언문의 구성 요소

포지셔닝 선언문은 타깃 시장에 관해 알고 있는 내용, 이 시장에 속한 고객들이 추구하는 혜택, 이런 혜택들을 전파하고 전달하는 방법 등의 주요 요점들을 간결하게 정리한 내부 문서다. 포지셔닝 선언문은 그림 5.1에 나와 있는 세 가지 전략적 의사 결정의 핵심이라 할 수 있으며, 다음과 같은 내용을 구체적으로 명시한다.

1. 타깃 시장. '타깃 고객'을 설명하는 문장으로 시작해 타깃 시장에 대한 내용으로 이어진다.
2. 브랜드 아이덴티티. 브랜드가 제공하는 주요 혜택들에 대한 고차원적인 요약을 뜻하며, '우리 브랜드가 제공하는 혜택'을 설명하는 문장으로 시작해 브랜드가 제공하는 주요 혜택들에 대한 간략한 설명과 함께 브랜드를 연상시킬 수 있는 핵심 태그라인(슬로건)까지 포함한다.
3. 브랜드 아이덴티티를 타깃 고객의 생각 속에 실제로 심어줄 수 있는 마케팅 활동. '실행 방안'을 설명하는 문장으로 시작한다.

훌륭한 포지셔닝 선언문은 직원들이 브랜드의 성격과 역할, 그리고 브랜드가 고객 마음에 드는 이유를 이해하는 데 도움을 준다. 요약하면, 어떻게 브랜드가 고객들 사이에서 브랜드에 대한 신뢰, 사랑, 존중을 구축할 수 있는지 구체적으로 설명한다.

표 5.1 포지셔닝 선언문의 예

펫코의 타깃 시장	동물의 권리를 존중하고, 자녀를 사랑하는 만큼 애완동물을 사랑하는 사람들을 타깃 고객으로 삼는다.
펫코의 브랜드 아이덴티티	펫코는 애완동물의 건강과 행복을 일생 동안 경쟁 기업들보다 더 완벽하게 보살핀다(펫코의 태그라인, "함께함의 힘"에 담긴 의미처럼).
펫코의 브랜드 아이덴티티 실행 방안	(1) 전문성 혜택: 천연 재료를 사용하고 영양적으로 균형 잡힌 애완동물 사료를 적절한 가격으로 공급해 애완동물이 살아있는 동안 이들의 영양 상태와 건강에 기여하고, 이를 통해 "함께함의 힘"을 지속적으로 실현한다. (2) 정감성 혜택: 고객과의 소통, 프로모션 행사, 선명한 포장과 로고를 통하여 "함께함의 힘"에 담긴 감각적 즐거움과 마음을 따뜻하게 만드는 혜택을 강조한다. (3) 공감성 혜택: 모든 사람을 연결시켜주는 애완동물의 능력을 반영해 "함께함의 힘"을 더욱 강화한다.

포지셔닝 선언문의 예

표 5.1은 애완동물용품 업체 펫코Petco의 잠재적 포지셔닝 선언문을 보여준다. 이 선언문은 타깃 시장(타깃 고객)과 브랜드의 아이덴티티(브랜드가 제공하는 혜택), 그리고 이 브랜드 아이덴티티가 어떻게 실행될 수 있는지(실행 방안) 설명한다. 실행 요소가 담긴 마지막 부분을 소홀히 하는 경우가 많은데, 이 부분은 훌륭한 포지셔닝 선언문의 필수 구성 요소다. 이 실행 요소들을 고려하지 않으면, 직원들은 고객들 사이에서 브랜드 애드머레이션을 구축하는 데 필요한 자신의 역할과 책임을 분명히 이해할 수 없다. 표 5.1의 포지셔닝 선언문에 나와 있는 실행 방안에는 펫코가 전문성, 정감성, 공감성 혜택을 위해 각각 추구할 수 있는 특정 마케팅 활동을 전부 포함하고 있지는 않다(단지 예시일 뿐이다).

포지셔닝 선언문 개발을 위한 전략적 의사 결정

포지셔닝 선언문을 개발하려면 그림 5.1에 나와 있는 세 가지 의사 결정, 즉 타깃 시장, 브랜드 아이덴티티, 실행 방안 각각에 대한 전략적 사고가 필요하다. 전략적 사고는 고객들의 욕구를 경쟁 기업들보다 더 신속하고 효율적으로 다루고, 그에 따라 고객들로부터 브랜드 애드머레이션을 구축하는 과제도 포함한다.

타깃 시장 확인

브랜드 관리자들은 타깃 시장을 확인할 때 그림 5.1의 첫 번째 원 안에 있는 세 가지 요소를 고려해야 한다. 즉, (1)잠재적 타깃 시장에 존재하는 욕구 프로필need profile을 확인하고, (2)타깃 시장을 선택하며, (3)선택한 타깃 시장의 욕구 프로필을 명확히 파악해야 한다.

잠재적 시장에 존재하는 욕구 프로필 확인

잠재적 시장은 기존 브랜드가 고객의 욕구를 완전히 충족시키지 못한 미개척 시장이다. 고객의 욕구는 다음에 소개하는 네 가지 요소 중 어느 하나로 설명할 수 있다. 우리는 네 가지 요소에 관련된 타깃 시장의 욕구를 묘사하기 위해 '욕구 프로필'이라는 용어를 사용한다.

1. 고객은 제품에서 '어떤 혜택'을 원하고, 그 '이유'는 무엇인가? 고객이 찾는 혜택뿐만 아니라 그 이유를 명확히 파악해야 한다. 주어진 혜택이 고객의 다른 욕구에 연결될 수도 있기 때문이다. 고객은 건강을 해치지 않기 위해, 또는 칼로리 섭취를 줄이기 위해, 또는 인공감미료

인 아스파탐의 맛을 싫어해서 칼로리가 전혀 없는 음료를 원할 수 있다. 고객이 특정 혜택을 원하는 '이유'를 명확히 파악하면, 직원들은 타깃 고객들의 사고방식과 구매 동기를 보다 쉽게 이해할 수 있다.

2. 고객은 '언제' 이런 혜택을 원하는가? 고객은 특별한 상황에서 활용할 수 있는 특정 혜택을 원할 수 있다. 예를 들어, 고객은 '조깅할 때' 음악을 들을 수 있는 스포츠 시계를 원할 수도 있다. 또는 '눈이 올 때' 사용할 접지력이 뛰어난 자동차 타이어를 찾을 수도 있다.

3. 고객은 '어디서' 이런 혜택을 원하는가? 예를 들면, 카페 스타일의 카푸치노를 '집에서' 만들어 먹고 싶어 하는 미개척 시장이 있을 수 있다. '직장까지' 타고 갈 수 있는 자전거를 원할 수도 있다. 중요한 데이터를 '어디에서든' 접속하고 분석하기를 원할 수도 있다.

4. 고객은 이런 혜택을 '어떻게' 사용하거나 경험하고 싶어 하는가? 예를 들어, 고객은 '병뚜껑을 따는 수고 없이' 약을 복용하거나, 커피 전문점에 가는 대신 '종이 팩에 든' 커피를 마시거나, 대학 캠퍼스에 가서 수업을 듣지 않고 '온라인으로' MBA 과정을 수료하고 싶어 할 수도 있다.

이렇게 네 가지 요소를 바탕으로 고객의 욕구 프로필을 명확히 파악하면 다수의 타깃 시장이 떠오를 가능성이 높다. 이들 중 일부는 한데 합쳐져 보다 포괄적이고 거대한 잠재적 시장을 형성할 수 있다. 현실성이 없어 제외시키는 시장도 있을 것이다. 로얄 캐리비안은 충족되지 못한 욕구를 고려해 미개척 시장을 발견했다. '어떤 혜택을 원하느냐'라는 측면에서 볼 때, 활동적인 프로그램에서 얻는 정감성 혜택, 즉 즐거움과 모험을 원하고 새로운 무언가(지적인 자극)를 배우고 싶어 하는 상당한 크기의 시장이 존재하고 있었다. 이 시장에 속한 고객은 또 지식을 추구하고, 고급 레스토랑에서 식사를 하며, 스파를 즐기고, 다른 사람들과 교류할 수 있는 기회를 제공하며 자신의 상태를 한 단계 높여주는 여행을 통해 공감성을 느끼고 싶어 했다. '언제', '어디서'라는 관점으로 보면, 고객이 이런 혜택을 원하는 시기와 장소는 전형적인 가족 여행객이 여행하는 기간이나 장소와 달랐다(전문성 혜택). '어떻게'라는 관점에서 볼 때, 고객은 이런 혜택이 열광적 즐거움과 모험을 제공하는 방식으로 전달되기를 바랐다(정감성 혜택). 로얄 캐리비안은 이처럼 네 가지 요소를 모두 다룬 뒤에, 완전히 독특하고 서비스가 충분히 이루어지지 않은 거대한 잠재적 시장을 확인할 수 있었다.

3Cs를 활용한 타깃 시장 선택

기업은 3Cs, 즉 고객customers, 경쟁 기업competitors, 기업company을 하나 또는 다수의 잠재적 시장에서 성공 가능성을 평가하는 기준으로 활용할 수 있다(표 5.2 참조).

　신규 시장은 (1)'고객'이 새로운 브랜드가 제공하는 혜택에 신속히 반응할 때, (2)경제성이 있을 정도로 이런 고객의 수가 충분히 많을 때, (3)타깃 고객에게 쉽게 접근할 수 있을 때, (4)기존 시장에 대한 심각한 자기잠식 현상이 없을 때 성공 가능성이 높다. 신규 제품은 현재 '경쟁 기업'이 제공하는 제품의 혜택과 다르거나 경쟁 기업이 제공하는 혜택이 약할 때 성공 가능성이 높다. 마지막으로 '기업의 관점'에서 볼 때, 기업이 이런 혜택을 제공할 수 있는 인적, 재무적, 기술적 자원과 역량을 보유하고 있으며, 고객에게 이런 서비스를 제공하는 일이 기업의 사명과 일치할 때(4장 참

표 5.2 타깃 시장을 선택하는 기준, 3Cs

고객	경쟁 기업	기업
• 고객이 이런 혜택에 신속히 반응할 것인가? • 시장의 규모가 상당한가? • 접근 가능한 시장인가? • 신규 시장이 기존 시장을 잠식할 가능성이 있는가?	• 경쟁 기업과 다른 방식으로 제품을 공급하는가? • 경쟁 기업의 품질을 앞설 수 있는가?	• 이런 혜택을 제공할 수 있는 자원과 역량을 보유하고 있는가? • 이런 혜택은 브랜드의 사명과 비전에 일치하는가?

조) 성공할 기회가 있다.

로얄 캐리비안은 기존 타깃 시장에 존재하는 욕구와 상당히 다른 욕구(즉, 열광적 즐거움과 모험 등)를 지닌 새로운 타깃 시장을 확인했다. 이 타깃 시장은 기존 상품 라인을 잠식하는 것이 아니라 보완했다. 다른 경쟁 기업은 이 시장을 타깃으로 삼지 않았고, 로얄 캐리비안의 경험과 투자 규모, 신뢰성을 감안할 때 크루즈 산업계에서 로얄 캐리비안을 위협할 만한 경쟁 기업은 없었다. 또한 로얄 캐리비안이 크루즈 산업에 이미 투자한 규모를 생각해보면, 이런 혜택들을 제공할 수 있는 자원과 역량을 보유하고 있었다. 이런 혜택들에 집중하는 일은 또한 로얄 캐리비안의 웹사이트에 나와 있는 다음과 같은 비전과도 일치했다. "고객에게 최고의 휴가 경험을 제공할 수 있는 권한과 능력을 직원들에게 부여하고, 우리가 속한 공동체의 행복을 향상시킴으로써, 로얄 캐리비안의 이해관계자들을 위한 보다 많은 수익을 창출한다."

타깃 시장의 욕구 프로필에 대한 명확한 파악

타깃 시장을 선택한 뒤에는 이 타깃 시장의 고객들이 누구인지 명확히 파악해야 한다. 타깃 시장의 고객에 대해 더 많이 이해할수록 브랜드 아이덴티티를 분명히 표현하고 실행하는 데 필요한 지침을 더 많이 확보할 수 있다(그림 5.1 참조). 일반적으로 타깃 시장은 인구통계학적 또는 심리통계학적 변수들로서만 설명한다. 이런 정보들은 고객에게 접근하는 방법을 이해하는 데 도움이 되기는 하지만 제한적이다. 예를 들어, 페이스북은 브랜딩 전략을 세울 때 특정한 성별 부류를 생각하지 않았다. 에너지 음료 기업인 레드불과 SAP도 마찬가지다. 인구통계학적 또는 심리통계학적 변수들만으로는 어떻게 시장에서 경쟁력을 갖추고, 무엇이 고객에게 반향을 일으킬지 알 수 없다. 타깃 시장에 대한 상세한 설명은 타깃 시장의 욕구 프로필을 포함할 때 보다 유용한 정보를 제공한다. 펫코의 타깃 시장에 대한 설명(표 5.1 참조)은 '무엇'과 '어떻게', '누구'에 관한 고객의 욕구 프로필을 포함하고 있다. 이에 따라 로얄 캐리비안의 타깃 시장은 다음과 같이 설명할 수 있다.

- 고객은 누구인가?
  - 활동적인 성인(인구통계학적 또는 심리통계학적 변수들은 타깃 시장의 특성을 정확히 표현하는 데 도움을 줄 수도 있다.)
- 고객의 욕구에 관한 구체적 프로필
  - 무엇을 필요로 하며, 그 이유는 무엇인가?
  새로운 삶을 경험하며 성취감을 느낄 수 있는 재미와 학습, 열광적인 즐거움
  - 언제 이런 욕구가 생기는가?
  신혼여행 또는 은퇴여행이 아닌 다른 시기

- 어디서 이런 욕구가 생기는가?

  참신하고 이국적인 장소
- 고객은 이런 욕구를 충족시키기 위해 브랜드를 어떻게 활용하기를
  원하는가?

  선상과 선박의 기항지에서 진행하는 모험적인 활동을 즐기면서

명확한 브랜드 아이덴티티 설정

타깃 시장을 선택하고 타깃 고객의 욕구 프로필을 명확히 파악하는 일은 브랜드 아이덴티티를 명확히 설정할 수 있는 바탕을 제공한다. 앞서 설명한 로얄 캐리비안의 사례처럼, 브랜드 관리자는 타깃 고객이 무엇을 진정으로 원하는지 나타내는 고객의 욕구 프로필을 바탕으로 브랜드가 제공할 핵심적인 전문성, 정감성, 공감성 혜택을 확인해야 한다.

브랜드 아이덴티티는 브랜딩 전략의 기반을 형성한다. 브랜드의 얼굴이며, 고객에 대한 브랜드의 주요 약속을 나타낸다. 즉, 고객의 욕구 프로필에서 확인한 핵심 혜택들을 담은 고차원적 요약이다. 이 요약에는 전문성, 정감성, 공감성 혜택들 중 어느 하나만 포함될 수 있다. 또는 세 가지를 모두 포함할 만큼 포괄적인 형태일 수도 있다. 예를 들면, 레드불의 브랜드 아이덴티티는 전문성(에너지 음료)을 더 많이 반영한다. 이와 달리, 나이키의 브랜드 아이덴티티는 매우 추상적이며("이 세상의 모든 스포츠맨에게 영감과 혁신을 불러일으킨다.") 전문성, 정감성, 공감성 혜택을 모두 아우르는 형태다. 일단 브랜드 아이덴티티가 명확히 설정되면, 마케팅 활동은 고객들이 브랜드 아이덴티티를 분명히 이해하도록 구체화시켜 전달해야 한다. 그러므로 마케팅 활동 방안은 브랜드 아이덴티티에 맞춰 조정돼야 하며, 브랜드 아이덴

티티가 활성화되고, 명확하며, 강렬하고, 차별화될 수 있도록 서로 보강해야 한다.

브랜드 아이덴티티를 명확히 설정하는 일은 매우 중요하다. 브랜드 아이덴티티는 고객에게 전문성, 정감성, 공감성을 제공하겠다는 브랜드의 핵심 약속으로서 고객이 다른 브랜드 대신 이 브랜드를 선택하게 만드는 주요 요인이기 때문이다. 고객에게는 이 브랜드가 제공하는 핵심 혜택들이 자신의 욕구(무엇을, 왜, 언제, 어디서, 어떻게)를 충족시키며, 다른 브랜드에서 이런 혜택들을 받을 수 없으므로 이 브랜드를 선택한다는 동기를 부여해야 한다. 하지만 브랜드 관리자가 자신이 관리하는 브랜드의 아이덴티티를 명확히 설정하지 못하는 경우도 종종 있다.

브랜드 아이덴티티는 의미 있고, 차별화되며, 강렬해야 한다. 그래서 브랜드 관리자는 (1)브랜드 아이덴티티에 표현된 핵심 혜택들이 얼마나 고객의 반향을 불러일으키는지, (2)브랜드 아이덴티티가 다른 제품이나 서비스와 얼마나 차별화되는지, 즉 얼마나 참신하고 독특한지, (3)고객이 이를 믿어줄지 자신에게 질문해야 한다. 이 질문을 다루는 방법에 대해 이어서 살펴보자.

핵심 혜택의 태그라인 압축

고차원적이고 추상적인 브랜드의 의미를 전달하는 일은 브랜드 아이덴티티가 고객에게 익숙한 언어를 사용한 슬로건이나 태그라인 형태로 제시될 때 더욱 쉬워진다. 브랜드 아이덴티티와 브랜드 태그라인은 밀접한 관계에 놓여 있지만, 뚜렷이 구별되는 개념이다. 이를테면, 독일의 세계적 슈퍼마켓 브랜드인 알디의 브랜드 아이덴티티는 "우리는 고객에게 믿을 수 없을 만큼 높은 품질을 불가능할 만큼 낮은 가격으로 제공하기 위해 카트에서 계산대, 에너지 절약 매장에 이르기까지 할 수 있는 모든 일을 합니다"이다. 그리고 알디의 보다 기억하기 쉽고, 간결하며, 고객 친화적인 태그라인은 "우리는 품질이 아니라 가격을 낮춥니다"이다.

포지셔닝 선언문에 명시된 브랜드 아이덴티티는 '직원들의 마케팅 활동을 이끌 수 있도록' 보다 구체적인 반면, 브랜드 태그라인은 '고객들에게 전달할 목적으로' 주목을 끌고, 호소력 있고, 기억하기 쉬운 문구로 브랜드 아이덴티티의 핵심을 담아낸다. BMW의 "최고의 드라이빙 머신", 레드불의 "레드불은 여러분에게 날개를 달아드립니다", 에이티 앤 티AT&T의 "누군가에게 전화를 걸어보세요", SAP의 "심플한 비즈니스 운영"과 같이 기억에 남는 태그라인은 고객이 브랜드 아이덴티티를 자신의 경험에 연관시키며 시각화하는 데 도움을 준다. 태그라인의 강력한 효과는 또한 "당신만이 산불을 예방할 수 있습니다", "지성을 낭비하는 것은 끔찍한 일입니다", "친구는 친구를 음주 운전하도록 내버려두지 않습니다" 등 많은 공공서비스 기관의 전설적인 광고에서도 명백히 드러난다. 오늘날 초경쟁적 시장에서 브랜드의 핵심 혜택을 외부 고객들에게 전파하는 짧지만 강력한 태그라인은 반드시 갖춰야 할 생필품과 같다.

마케팅 활동을 통한 브랜드 아이덴티티 실행

브랜드 아이덴티티를 실행하려면, 브랜드 아이덴티티 전파와 전달에 가장 크게 상승 작용을 일으키는 각 혜택(전문성, 정감성, 공감성)에 대한 마케팅 활동을 확인해야 한다. '마케팅 활동'은 기업이 브랜드 아이덴티티를 전파하고 실행하기 위해 활용하는 모든 마케팅 방법을 뜻한다. 여기에는 4P, 즉 제품product, 장소place, 가격price, 프로모션promotion에 연관된 전형적인 마케팅 활동과 그 외에 더 확장된 활동이 포함된다.

각 혜택에 대한 마케팅 활동의 상승효과 창출

브랜드 아이덴티티를 전파하고 실행하는 과정에서 마케팅 활동들이 상승효과를 내려면, 브랜드 관리자는 먼저 각 혜택(전문성, 정감성, 공감성)에 연관된 마케팅 활동을 확인해야 한다. 그런 뒤에 이런 마케팅 활동들이 종합적으로 브랜드 아이덴티티를 전파하고 전달할 수 있도록 해야 한다.

마케팅 활동의 일관성과 상호 보완성

마케팅 활동에서 상승효과를 창출하는 것은 각 혜택에 관련된 마케팅 활동을 확인하고 브랜드 아이덴티티와 가장 일관되며 이를 실현하는 데 가장 상호 보완적인 활동들을 선택하는 데서 비롯된다. '일관성'은 각 혜택을 전달하기 위해 선택한 마케팅 활동이 브랜드 아이덴티티와 일관성을 갖추어야 한다는 의미다. 그러므로 마케팅 활동은 브랜드 아이덴티티를 반드시 반영해야 한다. 브랜드 아이덴티티를 직접적으로 반영하지 않는 마케팅 활동에 자금을 쓰는 것은 있을 수 없는 실수이며 자원의 낭비다. '상호 보완성'은 선택한 마케팅 활동들이 각 혜택을 전파하고 실행하는 과정에서 가능한 한 많이 서로 지원하고, 그에 따라 마케팅 활동들의 영향력을 보다 강하게 만든다는 의미다.

각 혜택에 관련된 특정 마케팅 활동의 일관성이 클수록, 고객은 브랜드 아이덴티티를 보다 더 정확하고 신속하게 이해하고 인정할 수 있다. 각 혜택을 전파하고 실행하는 과정에서 마케팅 활동들이 서로 더 많이 보강할 수록 이들의 효과는 더욱 강력해진다. 다르게 표현하면, 일관성과 상호 보완성을 갖춘 마케팅 활동들은 브랜드 아이덴티티를 보다 큰 상승 작용을 일으키는 방식으로 전파하고 실행하게 된다.

이를 상세히 설명하기 위해 한 가지 예를 들어보자. 인앤아웃 버거^{In-N-Out Burger}는 경쟁이 극심하고 패스트푸드와 건강에 관한 부정적 보도가 판치는 산업계에서 큰 성공을 거두었다. 인앤아웃의 태그라인은 "맛으로 품질을 느끼세요"이다. 이 아이덴티티는 각 혜택에 관련된 몇몇 마케팅 활동을 통해 전달된다. 고객들은 인앤아웃이 기능적 측면에서 전문성 혜택을 제공한다는 사실을 알 수 있다. 인앤아웃의 드라이브 스루 창구가 보다 편리한 접근성을 보장하기 때문이다. 인앤아웃의 제품 조리 과정이 효율적인 이유 중 하나는 이 식당의 메뉴가 간단하기 때문이다. 길게 늘어선 줄도 신속하게 해소될 수 있다. 버거 재료들도 모두 신선하다. 인앤아웃 식당의 붉은색과 노란색을 사용한 매장 간판과 독특한 로고는 쉽게 눈에 띈다. 이처럼 일관성 있고 상호 보완적인(상승 작용을 일으키는) 마케팅 활동에 힘입어, 고객은 인앤아웃 버거의 아이덴티티를 곧바로 이해하며 이 브랜드를 '신뢰'할 수 있다.

이와 비슷하게, 고객들은 인앤아웃 버거가 정감성 혜택을 제공한다는 것도 알 수 있다. 인앤아웃의 마케팅 활동들이 "맛으로 품질을 느끼세요"를 강조하는 몇 가지 정감성 혜택들을 제공하기 때문이다. 여기에는 매장 내 향기(고품질에 잘 어울리는 상쾌한 향기)와 직원들의 미소, 신이 난 고객들이 긴 줄을 서게 만드는 이동식 트럭 매장 등이 포함된다. 이런 활동들은 모두 일관성을 갖추고 있다. 이들은 별개의 활동으로 이루어진 조합이 아니라 각각의 활동이 서로를 강화하는 명확하고 전체적인 하나의 독립체다.

이렇게 일관적이고 상호 보완적이며 상승 작용을 일으키는 마케팅 활동들은 고객이 브랜드 아이덴티티를 쉽게 정감적으로 이해할 수 있게 만들며, 브랜드에 대한 고객의 '사랑'을 용이하게 해준다.

또 이와 유사하게, 공감성 혜택을 자아내는 마케팅 활동들의 효과적인 구성으로 브랜드는 고객에게서 쉽게 존중받을 수 있다. 소속감을 높여주는 브랜드의 공동체적 분위기와 브랜드 창업자의 가치와 원칙을 충실히 지켜 나가는 모습(예를 들면, 브랜드와 창업자에 관한 이야기)은 인앤아웃 버거의 고품질 맛과 일치하며 이를 잘 반영한다. 이런 혜택들은 인앤아웃이 사용하는 컵과 테이블 매트를 포함한 다양한 커뮤니케이션 장치들에도 인쇄돼 있다. 이처럼 상호 보완적인 공감성 혜택들은 인앤아웃 버거 고객의 반향을 불러일으킨다. 공감성 혜택을 제공하는 다수의 마케팅 활동이 일으키는 상승효과는 브랜드 아이덴티티에 대한 고객들의 이해와 브랜드에 대한 그들의 '존중'을 강화한다. 마케팅 활동들의 이런 상승 작용에 따라 고객은 브랜드 아이덴티티를 보다 명확히 느끼고, 자신의 경험을 이 아이덴티티에 연결시킬 수 있다. 각 혜택이 모두 고객들에게 중요하고, 혜택의 실행은 상승 작용을 하므로, 브랜드에 대한 신뢰, 사랑, 존중이 가장 강력하고 효율적인 방식으로 생겨날 수 있다. 마케팅 활동 믹스mix에 관한 이런 관점은 4P를 중심으로 한 전통적 마케팅 믹스 접근 방식과 다음과 같은 측면에서 상당히 다르다.

- 모든 마케팅 활동은 브랜드 아이덴티티에 기반을 둔다.
- 모든 마케팅 활동은 3Es, 즉 세 가지 혜택으로 브랜드 애드머레이션을 구축하거나 강화하는 목표를 바탕으로 한다.

- 마케팅 활동은 일관적이고 상호 보완적인 원칙에 바탕을 둔 만큼 상승 작용을 일으킨다.
- 상승 작용의 결과는 브랜드 애드머레이션을 구축하는 데 들어간 시간과 자원의 측면에서 구체적으로 나타난다.

인앤아웃 버거 사례에서는 전문성, 정감성, 공감성에 각각 별도로 연관된 고유한 마케팅 활동들을 보았다. 하지만 앞으로 설명할 싱가포르 에어라인과 캐터필러의 사례에서 보듯이, 동일한 마케팅 활동이 때로는 고객들이 한 가지 혜택이 아니라 두세 가지 혜택을 동시에 인지하도록 영향을 줄 수도 있다. 이와 같은 경우, 고객에게 미치는 마케팅 활동의 영향력은 강력하면서도 비용 면에서 효율적이다.

싱가포르 에어라인의 사례

항공 업계에서 가장 칭송받는 브랜드 중 하나인 싱가포르 에어라인의 사례를 살펴보자.[2] 항공 산업의 선두 주자이자 트렌드 세터로 널리 인정받는 이 브랜드는 탁월한 서비스 덕분에 고객들의 사랑과 신뢰, 존중을 받는다. 싱가포르 에어라인은 고객과 이루어지는 모든 상호 작용과 경험을 통해 브랜드 아이덴티티를 확실하게 관리한다. 싱가포르 에어라인은 아시아에서 첫 번째이고 전 세계에서 세 번째로 국제항공운송협회IATA, International Air Transport Association 로부터 국제항공안전평가IOSA, IATA Operations Safety Audit 인증을 획득했다. 싱가포르 에어라인의 태그라인, "위대한 항공 여행"에 나타나 있는 이 브랜드의 아이덴티티는 탁월한 서비스와 품질에 초점을 맞추고 있으며, 상승 작용을 일으키는 일련의 마케팅 활동을 통해 고객들에게 전파되고 전달된다.

그림 5.2에서 보듯이, 2007년 싱가포르 에어라인은 세계에서 가장 큰 항공기인 에어버스 A380 기종을 최초로 운항했다. 싱가포르 에어라인은 또 기내식 선택과 무료 음료, 무료 헤드폰, 향기가 나는 뜨거운 물수건, 개인용 엔터테인먼트 시스템, 모든 좌석에 설치된 주문형 비디오 등 많은 기내 서비스와 혁신적 엔터테인먼트 부분에서 선구자 역할을 해왔다. 싱가포르 에어라인은 혁신을 이 브랜드의 중요한 부분으로 인식하고 있다. 그에 따라 모든 주요 항공사들 중에서 최신 기종을 가장 많이 운항하고 있으며, 최상의 안전 기록들도 보유하고 있다.

이 혜택들은 항공 여행의 스트레스를 줄이며 고객들에게 전문성 혜택을 제공한다. 또한 싱가포르 에어라인 브랜드의 가장 중요한 아이덴티티인 "위대한 항공 여행"과 일치한다. 더 나아가 마케팅 활동들은 강력한 상호 보완성을 발휘한다. 즉, 각각의 활동이 서로를 강화해 복합적 영향력이 더욱 강화되는 방식이다. 에어버스 A380 기종을 세계 최초로 운항하고, 전 세계 항공사들 중 항공기 연식이 가장 짧은 기종들을 보유하고, 최상의 안전 기록을 보유하는 활동들이 모두 상호 보완적으로 브랜드 아이덴티티를 강화한다. 단 하나의 마케팅 활동만 존재한다면, 이런 전문성 혜택들의 영향력과 신뢰성은 약화될 수도 있다. 이런 상호 보완적 마케팅 활동은 비행 중 고객의 염려와 스트레스를 줄이는 데도 도움을 주며, 이는 고객의 육체적, 심리적 자원을 절약할 수 있다는 뜻이다.

정감성 혜택의 관점에서 보면, 싱가포르 에어라인은 프랑스의 유명 여성복 디자이너 피에르 발망Pierre Balmain이 말레이시아 전통 의상인 사롱 케바야를 모티브로 특별 디자인한 유니폼을 승무원들이 착용하게 했다. 오

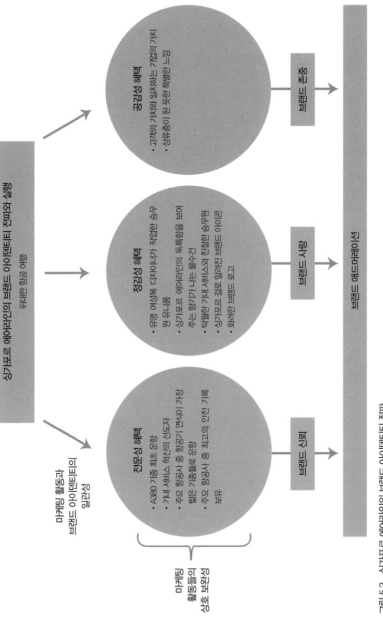

싱가포르 에어라인의 브랜드 아이덴티의 전파와 실행

위대한 항공 여행

마케팅 활동과 브랜드 아이덴티의 일관성

전문성 혜택
- A380 기종 최초 운항
- 기내 서비스 혁신의 선도자
- 주요 항공사 중 항공기 연식이 가장 짧은 기종들로 운항
- 주요 항공사 중 최고의 안전 기록 보유

정감성 혜택
- 유명 여성복 디자이너가 직업한 승무원 유니폼
- 싱가포르 에어라인의 독특함을 보여 주는 향기가 나는 물수건
- 탁월한 기내 서비스와 친절한 승무원
- 싱가포르 걸로 알려진 브랜드 아이콘
- 화려한 브랜드 로고

공감성 혜택
- 고객의 가치와 일치하는 기업의 가치
- 상류층이 된 듯한 특별한 느낌

브랜드 신뢰

브랜드 사랑

브랜드 존중

마케팅 활동들의 상호 보완성

브랜드 애드머레이션

그림 5.2 싱가포르 에어라인의 브랜드 아이덴티 전파

늘날 이 유니폼은 싱가포르 에어라인을 대표하는 시각적 특징으로 인정받고 있다. 싱가포르 에어라인은 또 향기가 나는 뜨거운 물수건과 선택 가능한 훌륭한 엔터테인먼트 프로그램을 비롯해 브랜드 경험을 한층 더 향상시키는 다양한 기내 경험을 제공한다. 싱가포르 걸로 불리는 여 승무원들은 기내 서비스를 제공할 때 진심 어린 친절로 승객의 마음까지 따뜻하게 만든다. 싱가포르 에어라인의 인상적이고 화려한 새 모양의 로고는 시선을 끈다. 2010년 싱가포르 에어라인은 자사의 국제 요리 자문단에 소속된 셰프들이 개발한 뛰어난 기내식 메뉴를 제공하는 어보브 앤 비욘드 Above and Beyond 프로그램을 도입했고, 이는 최상의 기내식을 제공한다는 싱가포르 에어라인의 아이덴티티를 더욱 강화했다. 싱가포르 에어라인의 국제 와인 자문단은 승객이 기내식에 어울리는 훌륭한 와인을 곁들일 수 있게 한다. 싱가포르 에어라인의 기내 엔터테인먼트는 세계에서 최고로 인정받는다. 이처럼 각 마케팅 활동이 싱가포르 에어라인의 브랜드 아이덴티티와 연관성을 지니고 있으며, 모든 활동은 상호 보완적이다. 작아 보이는 정감적인 마케팅 활동들이 한데 어울려 "위대한 항공 여행"을 표방하는 싱가포르 에어라인의 브랜드 아이덴티티를 전파하고 실행하는 데 거대한 상승 작용을 일으킨다.

공감성 혜택은 어떨까? 2007년 싱가포르 에어라인은 싱가포르에서 호주까지 A380 기종을 처음 운항한 다음 날 시드니에서 기념식을 거행하며 첫 탑승객 455명에게서 얻은 수익 전부를 자선단체 세 곳에 기부하겠다고 발표했다. 이처럼 사회적 책임을 다하는 모습은 분명 고객이 생각하는 가치와 원칙에 부합되며 큰 반향을 불러일으켰을 것이다. 싱가포르 에어라인은 또 장래가 촉망되는 대학생들에게 장학금을 지급한다. 이 장학생들은 훗날 싱가포르 에어라인에 입사하기를 희망할 수도 있다. 2008년 싱가포르 에어라인은 싱가포르-뉴욕 노선에 모든 좌석을 비즈니스 클래스로 구성한 항공기를 투입한 첫 번째 항공사였으며, 이후 싱가포르-로스앤젤레스 노선까지 확대했다. 승객들은 자신이 마치 상류층이 된 듯한 특별한 느낌을 받았다. 더 나아가 비즈니스와 퍼스트 클래스를 넘어서는 개인용 스위트를 예약할 수 있다. 여기에는 승객의 편안함에 초점을 둔 개인 맞춤형 서비스와 추가 수화물 허용, 우선 탑승 수속, 전 세계 공항의 라운지 이용권 등의 혜택이 포함된다. 비즈니스와 퍼스트, 스위트 클래스를 이용하는 승객들만 이런 특전들을 누릴 수 있다. 싱가포르 에어라인은 싱가포르인으로서의 자부심을 굳건히 하기 위해 싱가포르의 중추절 기간 동안 아주 맛있는 월병 세트를 승객들에게 제공한다. 이런 마케팅 활동도 "위대한 항공 여행"이라는 브랜드 아이덴티티와 일관성을 지니며, 이 아이덴티티의 공감성 측면을 전달하는 과정에서 서로의 활동을 보강한다.

캐터필러의 사례

싱가포르 에어라인과 성격이 완전히 다른 브랜드인 캐터필러가 어떻게 일관성과 상호 보완성 원칙을 적용해 마케팅 활동에 상승 작용을 일으켰는지 자세히 살펴보자.

캐터필러는 브랜드 아이덴티티와 일관성이 있는 몇몇 마케팅 활동을 통해 전문성 혜택을 제공하며(그림 5.3 참조) 브랜드 아이덴티티("딜러가 파트너로 함께 일하고 싶어 하는 캐터필러")를 전달한다. 캐터필러 제품들은 품질이 뛰어나며 재판매 가격도 매우 높다. 고품질과 높은 재판매 가격을 자랑하는 제품, 독점적인 유통 방식, 제품과 마케팅 방식을 놓고 딜러들이 제안할 수 있는 기회 등을 바탕으로 딜러들은 캐터필러를 크게 신뢰할 수 있으며, 탁월한 브랜드로 생각한다. 딜러들의 적극적인 참여는 제품의 개발 및 출시 속도를 높여줄 뿐만 아니라, 딜러들이 기업과 더욱 밀접한 관계를 유지하게 만든다.[3] 캐터필러는 독점 딜러 네트워크를 통해서만 제품을 판매하므로, 딜러들은 캐터필러가 자신들을 거치지 않고 제품을 판매할지도 모른다는 염려에서 벗어나 오직 비즈니스에만 집중해 수익을 올릴 수 있다. 캐터필러는 또한 효율적인 애프터서비스와 지원을 제공하며, 이는 최종 소비자가 고장으로 제품을 사용하지 못하는 시간을 최소화한다. 명확하고, 쉽게 처리할 수 있으며, 신뢰를 바탕으로 한 판매 과정으로 견고한 고품질의 제품을 구매하는 딜러들에게 캐터필러는 전문성을 제공하는 셈이다. 캐터필러의 딜러 자문 그룹은 딜러들의 목소리와 의견을 적극적으로 제시하며, 이런 제안들은 캐터필러의 제품 개발과 마케팅 지원 시스템에 반영된다. 동등한 위치에 있는 파트너라는 점을 나타내기 위해 캐터필러는 계약 만료 기한이 없는 간단한 파트너십 계약서를 만들었다. 이 계약서는 딜러들이 90일 전에 미리 통지만 하면 아무런 사유 없이 계약을 파기할 수 있게 한다. 이런 전문성의 혜택은 캐터필러 브랜드의 아이덴티티와 일관된다. 이와 같은 마케팅 활동들은 딜러들이 캐터필러를 신뢰하고, 자신들의 딜러 운영 방식을 캐터필러 시스템에 통합하게 만드는 동기를 부여한다. 더 나아가 이 마케팅 활동들은 전문성 혜택을 제공하는 과정에서 서로를 지원하는 강력한 상호 보완성을 갖추고 있다. 즉, 각각의 활동이 서로를 강화하여 이들의 결합된 영향력이 브랜드에 대한 더욱 강력한 신뢰를 만들어낸다. 전문성을 제공하는 상호 보완적 활동은 고객이 부족한 자원을 소모하는 것을 최소화한다. 딜러들에게 전문성을 제공하는 상호 보완적 마

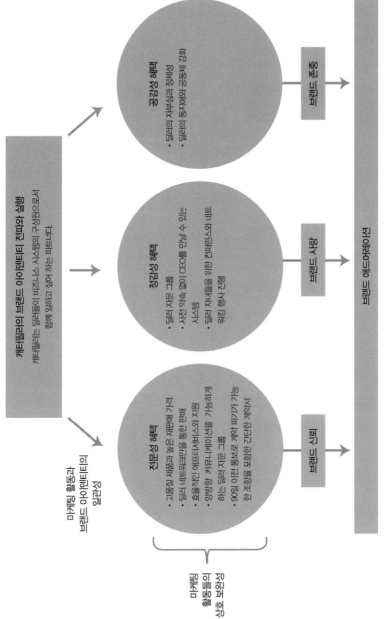

캐터필러의 브랜드 아이덴티티 전파와 실행

캐터필러는 딜러들이 비즈니스 시스템의 구성원으로서 함께 일하고 싶어 하는 파트너다.

마케팅 활동과
브랜드 아이덴티티의
일관성

전문성 혜택

- 고품질 제품과 높은 재판매 가격
- 딜러 네트워크만을 통한 판매
- 효율적인 애프터서비스와 지원
- 양방향 커뮤니케이션을 가능하게 하는 딜러 지문 그룹
- 90일 이전 통보로 계약 파기가 가능한 조항을 포함한 간단한 계약서

정감성 혜택

- 딜러 지문 그룹
- 사전 약속 없이 CEO를 만날 수 있는 시스템
- 딜러 자녀들을 위한 컨퍼런스와 네트워킹 행사 진행

공감성 혜택

- 딜러의 지부심과 정체성
- 딜러와 동지애와 공동체 강화

마케팅
활동들의
상호 보완성

브랜드 신뢰

브랜드 사랑

브랜드 존중

브랜드 애드머레이션

그림 5.3 캐터필러의 브랜드 아이덴티티 전파

케팅 활동은 딜러들이 소비하는 시간과 에너지, 그리고 스트레스를 줄일 수 있다.

마음을 따뜻하게 만드는 캐터필러의 정감성 혜택도 브랜드 아이덴티티를 전달한다. 구체적인 마케팅 활동 측면에서 보면, 캐터필러의 딜러 자문 그룹은 딜러들이 캐터필러의 운영 방식 개선에 참여함으로써 긍지감을 느낄 수 있게 한다. 딜러는 캐터필러의 CEO를 언제든 만날 수 있다. 이런 캐터필러의 주도적인 행동은 캐터필러의 고위 경영진이 딜러를 소중하게 여긴다는 사실을 보여준다. 딜러는 자신이 은퇴하면 운영하던 비즈니스가 어떻게 될지 염려스럽다. 이들의 비즈니스 중 상당수가 가족 경영 체제이기 때문에 특히 더 그렇다. 이런 염려를 완화시키기 위해 캐터필러는 딜러의 자녀들에게 회사를 소개하고, 이 비즈니스에 대한 관심을 불러일으킬 수 있는 컨퍼런스와 네트워킹 행사를 진행한다. 각 활동은 딜러를 감동시키고, 캐터필러와 딜러의 개인적 유대감을 더욱 긴밀하게 만들 수 있다. 그 결과, 딜러와 캐터필러의 관계는 보다 깊어지고, 친숙해지고, 인간적인 형태로 발전하며, 브랜드에 대한 사랑을 강화한다.

마지막으로 공감성 혜택의 측면에서 보면, 캐터필러의 사명은 세상을 돌아가게 만드는 기계를 만들고, 판매하고, 정비하는 것이다. 딜러들은 기업을 대표하는 자신의 위치를 자랑스럽게 여긴다. 캐터필러의 기업 사명에 담긴 가치를 신뢰하고, 이를 자신의 가치로 생각하기 때문이다. 이에 덧붙여, 전 세계의 캐터필러 딜러들은 강력한 동지애를 보여준다. 이런 동지애는 캐터필러의 모든 딜러가 한데 모이는 연례행사를 통해 더욱 강화된다. 딜러들은 캐터필러 조직의 일원이 됨으로써 인정받고 배려받는다고 느낀다. 또한 공동체의 구성원이라는 사실을 자랑스럽게 여기며 더 나아가 공동체의 구성원으로서 자신이 세상을 이롭게 하는 일을 한다고 믿는다. 이런 믿음은 딜러에게 자부심을 제공하고, 이는 또 다른 사람들에게 자신이 누구이며, 무엇을 하고 있는지 분명히 보여준다. 딜러의 자부심과 이를 뒷받침하는 정체성은 브랜드 아이덴티티를 강화시킨다.

이처럼 자부심을 높여주는 마케팅 활동은 캐터필러의 브랜드 아이덴티티와 높은 연관성을 지닌다. 캐터필러와 맺은 관계에서 높은 자부심을 느끼지 못하는 딜러가 캐터필러 비즈니스 시스템의 열정적인 구성원이 될 가능성은 높지 않다. 더 나아가 전 세계 딜러들 사이에서 형성된 동지애와 세상을 이롭게 하는 일을 한다는 공통된 믿음은 서로를 보강하며 브랜드에 대한 강한 존중을 만들어낸다.

포지셔닝 선언문과 재무적 목표

우리는 판매액과 시장 점유율 같은 재무적 목표를 브랜드 포지셔닝에 포함하지는 않았다. 이런 요소들은 마케팅 부분뿐만 아니라 기업의 전 분야에 걸쳐 나오는 결과로서, 마케팅과 판매, 생산, R&D, 유통 및 물류와 같은 기능 부분들의 조직적 지원과 관계에 바탕을 두고 있다. 포지셔닝 선언문은 타깃 시장 확인과 브랜드 아이덴티티 설정, 브랜드 아이덴티티를 전파하고 실행하는 마케팅 활동처럼, 마케팅 부분이 직접 관리하는 요소들만 포함해야 한다. 주목할 것은 시장 점유율과 총수익 같은 재무적 목표를 예측하고 설정하는 일은 언제나 어려우며, 신규 브랜드의 경우에는 특히 더 어렵다는 점이다. 하지만 재무적 목표를 예측하는 일은 브랜드의 '능력'과 브랜드 아이덴티티를 전파하고 실행할 수 있는 '기회'를 바탕으로 할 때 보다 더 타당하고 정확성이 높다. 더 나아가 브랜드 관리자는 항상 브랜드 아이덴티티를 전파하고 실행할 마케팅 활동을 고려하는 과정에서 이런 마케팅 활동을 수행하는 데 필요한 예산을 합리적으로 세울 수 있다.

❶ 칭송받는 브랜드 구축은 고객이 요구하는 혜택이 아직 충족되지 못한 시장에 놓인 기회를 확인하는 일에서 시작된다. 이런 기회에는 고객에게 전문성이나 정감성, 공감성을 부여하는 새로운 혜택('무엇'에 해당)을 제공하고, 고객이 언제, 어디서, 어떻게 원하느냐에 따라 혜택을 제공하는 일이 포함될 수 있다.

❷ 타깃 시장은 (1)반응이 신속하고, (2)거대하며, (3)접근성이 좋고, (4) 기존 시장에 대한 잠식 현상이 없을 때, 그리고 기업이 이런 혜택을 경쟁자들보다 더 확실히 제공할 수 있을 때 매력이 더 크다.

❸ 브랜드 관리자는 고객의 욕구 프로필을 작성하고, 고객이 누구인지, 무엇을, 언제, 왜, 어떻게 원하는지 명확히 파악할 때, 기업의 브랜드 아이덴티티에 포함될 특정 혜택을 가장 잘 알 수 있다.

❹ 브랜드 아이덴티티는 브랜드의 얼굴이며, 브랜드가 고객에게 한 주요 약속을 나타낸다.

❺ 기업은 마케팅 활동이 상승 작용을 일으킬 때, 즉 자사의 마케팅 활동이 브랜드 아이덴티티와 일관성을 갖추고, 브랜드 아이덴티티를 전파하고 실행하는 과정에서 서로 보강하며 상승효과를 낼 때, 브랜드에 대한 신뢰, 사랑, 존중을 가장 효율적으로 만들어낼 수 있다.

❻ 브랜드 관리자는 브랜드 아이덴티티(그리고 3Es)를 전파하고 전달하는 데 활용할 마케팅 활동을 고려할 경우, 이런 활동을 지원할 예산을 보다 정확하게 세울 수 있다.

여러분의 브랜드는 어떤가?

❶ 여러분은 타깃 고객을 어떻게 선택하는가? 표 5.1에 나와 있는 요소
들을 신규 시장 기회를 확인하는 과정에서 얼마나 고려했는가? 이
런 요소들은 여러분의 타깃 시장 선택에 얼마나 영향을 끼쳤는가?

❷ 기존 타깃 고객을 어떻게 설명할 수 있는가? 여러분의 설명은 고객
의 욕구 프로필(예를 들어, 무엇을 필요로 하는지 그리고 왜, 언제,
어디서, 어떻게 원하는지)에 관한 정보를 포함하고 있는가?

❸ 여러분의 브랜드 아이덴티티는 무엇인가? 이 아이덴티티를 어떻게
선택했는가?

❹ 다양한 마케팅 활동을 어떻게 선택했는가? 이 활동들을 세 가지 혜
택에 각각 분류할 수 있는가? 이 활동들은 3Es에 따라 여러분의 브
랜드 아이덴티티를 독특한 방식으로 전달하고 있는가?

❺ 여러분의 브랜드 아이덴티티 실행 방식(마케팅 활동 믹스)이 싱가포
르 에어라인과 캐터필러의 방식과 얼마나 비슷한가?

❻ 예산을 수립할 때 일관되고 상호 보완적인 마케팅 활동들을 고려했
는가? 아니면 여러분의 마케팅 활동은 미리 정해진 예산에 바탕을
두고 있는가?

제6장
고객이 가장 먼저 상기하는 브랜드 구축

브랜드의 이름과 시각적 디자인 요소는 반드시 그 브랜드를 상징할 수 있어야 한다.

서론

소금은 많은 제품의 재료로 쓰이기 때문에, 고객은 일반적으로 수프와 같은 최종 제품에 모튼 솔트Morton Salt를 사용했는지, 다른 브랜드의 소금을 사용했는지보다는 그 맛에 더 많은 관심을 보인다. 그럼에도 모튼 솔트는 한 세기가 넘는 동안 고객들이 가장 먼저 상기하는 브랜드TOM, top-of-mind였다. 이런 브랜드는 고객이 특정 제품의 카테고리를 생각할 때 어떤 암시 없이도 저절로 상기될 수 있다. TOM 브랜드 상기brand recall는 브랜드 인지brand recognition와 다른 개념이라는 사실에 주목하라. 상기는 인지보다 강한 개념이다. 사람들은 모튼 브랜드를 인지할 뿐만 아니라, 어떠한 외부 단서를 떠올리지 않고도 그 브랜드를 생각해낼 수 있다. 모튼 브랜드는 어떻게 이처럼 강력한 TOM 브랜드 상기를 달성할 수 있었을까? 어떤 사람들은 다른 제품들보다 월등히 뛰어난 모튼 솔트의 품질에서 비롯됐다고 주장한다. 모튼 솔트의 품질이 뛰어난 것은 사실이지만, 품질을 탁월한 TOM 브랜드 상기의 주요 요인으로 주장하기는 어렵다. 고객들은 모튼 솔트의 품질을 다른 경쟁 제품들과 구분하지 못할 수도 있다. 한편 모튼 솔트가 시장에 출시된 지 오래되어 익숙하기 때문에 강력한 TOM 브랜드 상기를 달성했다고 주장하는 사람들도 있다. 하지만 레드불, 구글, 아이폰, 빅토리아 시크릿 등처럼 시장에 출시된 지 그리 오래되지 않았음에도 쉽게 상기되는 브랜드들도 있다. 우리는 브랜드의 포장 형태와 로고, 이름이 강력한 TOM 브랜드 상기를 달성하는 중요한 이유라고 주장한다.

모튼 솔트의 포장 용기는 습기가 많아 눅눅한 날씨에도 상관없을 만큼 기능적이다. 또한 균형이 잘 잡혀 있고 예쁘다. 브랜드 이름(모튼 솔트)과 로

그림 6.1 모튼 솔트의 포장 용기와 로고, 브랜드 이름
출처: 모튼 솔트, K+S 그룹

고(우산을 든 소녀)는 포장 용기의 한 부분을 이룬다(그림 6.1 참조). 우산을 든 귀여운 작은 소녀를 표현한 로고는 분명히 시선을 끈다. '귀엽고 아름다운' 포장 용기 디자인과 로고, 그리고 부르기 쉬운 브랜드 이름이 모두 함께 사람들의 주목을 끌고 브랜드를 쉽게 기억하게 만든다. 실제로 우리는 브랜드의 이름과 로고, 포장(또는 제품) 디자인이 브랜드 상기의 매우 중요한 도구라고 생각한다. 어떻게 그리고 왜 그런지 6장에서 자세히 설명하겠다.

개요

우리는 3장에서 브랜드 애드머레이션이 강할 때, 고객들은 브랜드와 밀접한 관계를 구축하며(브랜드와 자신의 연관성), 이 브랜드를 쉽게 상기할 수 있다고 설명했다(TOM 브랜드 상기). 5장에서는 기업이 어떻게 3Es에 관련된 마케팅 활동을 브랜드 아이덴티티와 일관성 있고 상호 보완적으로 실행하여 브랜드 애드머레이션을 구축할 수 있는지 검토했다. 일관성과 상호 보완성을 갖춘 많은 마케팅 활동이 브랜드 아이덴티티를 전파하고 실행하며, 그에 따라 브랜드와 고객의 연관성과 TOM 브랜드를 구축하는 데 매우 중요한 역할을 한다. 하지만 우리는 특정 마케팅 활동이 강력한 TOM 브랜드 상기를 구축하는 데 보다 중요하다고 생각한다. 바로 브랜드의 이름과 로고, 제품 및 포장의 디자인이다.

실제로 이 세 가지는 TOM 브랜드 상기를 촉진시키는 '가장 강력한' 요소다. 고객은 일반적으로 이런 요소들에 가장 빈번히 노출되고, 가장 많이 경험하기 때문이다. 이들은 브랜드를 '상징하거나 대표하는 시각적 요소'들이다. 브랜드를 상징하는 이 세 가지 요소는 제품에 내재된 '고유 요소'들로 언제나 제품과 같이 있다. 브랜드의 이름과 로고, 제품 및 포장 디자인은 브랜드를 '식별하고 차별화시키는 역할'도 한다. 우리는 이 세 가지 요소를 전략적으로 활용해 TOM 브랜드 상기를 극대화할 수 있다고 주장한다. 먼저 TOM 브랜드 상기에 관한 두 가지 주요 쟁점부터 살펴보자.

TOM 브랜드 상기의 주요 쟁점

TOM 브랜드 상기에 관한 다음 두 가지 쟁점, 즉 (1)브랜드 애드머레이션을 위한 TOM 브랜드 상기의 중요성, (2)TOM 브랜드 상기를 맨 처음 일으키는 동력에 대해 살펴보자.

TOM 브랜드 상기의 중요성

앞서 설명했듯이, 고객이 한 브랜드를 칭송할 때 두 가지 현상이 일어난다. 고객이 그 브랜드와 밀접한 관계를 구축하며, 그 브랜드를 아무런 어려움 없이 쉽게 상기하는 것이다. 이 두 가지는 크게 칭송받는 브랜드에 분명히 일어나는 현상이다. 4대에 걸친 가족의 사진이 정리된 사진첩을 생각해보라. 이 사진첩은 이것을 소유한 가족과의 관계를 분명히 나타낸다. 하지만 사진첩이 서랍 깊숙한 곳에 보관돼 있고 가족의 기억에서 사라졌다면, 이 사진첩이 가족에게 얼마나 의미가 있을까? 3Es로 칭송받는 브랜드는 브랜드와 고객 사이의 밀접한 관계를 형성하며 고객은 이 브랜드를 쉽게 상기한다. 쉽게 상기할 수 있다는 말이 특히 중요하다. 이는 브랜드 애드머레이션의 두 가지 핵심 특징 중 하나일 뿐만 아니라, 브랜드의 재무적 성과에 곧바로 연결되기 때문이다.

고객은 어떤 브랜드를 구매할지 고민할 때, 쉽게 상기되는 브랜드를 고려할 가능성이 높다. 이런 이유로, 이전의 연구 결과가 항상 TOM 브랜드 상기와 브랜드의 시장 점유율 사이에 강한 양의 상관관계가 있다는 사실을 증명했다는 것이 그리 놀랍지 않다. 하지만 TOM 브랜드 상기의 재무적 혜택이 시장 점유율에만 한정되지는 않는다. 브랜드 상기는 욕구 점유율$^{\text{need share}}$에도 분명히 영향을 미친다. '욕구 점유율'은 일정 기간 동안 고객들의 동일한 욕구를 충족시킬 목적으로 디자인된 모든 제품과 비교한 특정 브랜드의 점유율로 정의한다. 자세히 설명하면, A라는 고객의 코카콜라에 대한 욕구 점유율은 이 고객이 특정 기간 동안 동일한 욕구를 충족시킬 수 있는 다른 모든 제품(생수, 차, 스포츠 음료 등)에 비해 코카콜라에 얼마나 많은 비용을 사용했는지를 바탕으로 한다. 이 고객이 음료를 마시고 싶은 욕구를 충족하기 위해 코카콜라만 구매한다면, 코카콜라의 욕구 점유율은 100퍼센트다. TOM 브랜드 상기가 강해질수록 욕구 점유율도 반드시 증가한다.

무엇이 TOM 브랜드 상기를 강화하는가?

고객이 한 브랜드를 얼마나 쉽게 상기할 수 있느냐는 여러 가지 요인으로 결정되지만, 그중 가장 중요한 것은 (1)사람들이 브랜드를 인지하거나 부호화할 때 브랜드 정보에 얼마나 많이 주목하는가, (2)브랜드를 얼마나 깊이 생각하는가, (3)브랜드 정보가 어떻게 제시되는가(즉, 시각적, 언어적, 청각적 등)이다.[1]

주목과 부호화

'기억'은 정보(그림, 말, 소리, 냄새, 촉각, 맛)가 기억으로 변환될 수 있게 하나 이상의 감각기관을 사용해 정보를 '부호화encoding'하거나 처리할 때 시작된다. 부호화는 우리가 접하는 사물의 다양한 언어적, 감각적 특성(이를테면, 브랜드의 이름, 로고, 제품 및 포장 형태)을 한데 묶어 통합된 기억 표상表象을 만들어내는 과정이다. 예를 들어, 우리는 한 브랜드의 로고를 볼 때 그 형태와 색상, 관련된 소리 또는 음성, 이름을 모두 부호화한다. 이 정보 조각들은 통합consolidation이라는 과정을 거쳐 전체적인 기억 표상을 만들어낸다. 통합은 기억 표상을 안정적인 장기 기억으로 만들어준다.

부호화는 TOM 브랜드 상기에서 매우 중요한 과정이다. 우리가 브랜드 이름이나 로고, 또는 포장 형태로 부호화하지 않았다면 당연히 이 브랜드를 기억할 수 없다. 부호화 과정은 고객이 부호화할 대상에 주목할 때 시작된다. 고객의 주의가 분산되거나 제대로 주목하지 않으면, 부호화 정도는 약해지고 나중에 기억하지 못할 수도 있다. 그러므로 브랜드에 대한 주목이 TOM 브랜드 상기를 이끌어내는 데 반드시 필요한 첫 번째 동력이다. 경쟁이 치열한 오늘날의 시장 환경에서 브랜드가 상기될 수 있게 만들려면, 브랜드가 부호화될 만큼 고객의 주목을 끌기 위해 어떻게 해야 할지 생각해야 한다.

정교화

뭔가를 기억할 수 있는 능력은 대상에 관해 얼마나 많이 생각하느냐, 또는 생각을 얼마나 정교화elaboration하느냐에 영향을 받는다. '정교화'는 정보에 대해 생각하는 과정이다. 즉, 노출된 대상에 시간을 들여 주목하고 이미 알고 있는 것과 연관시키는 과정을 말한다. 예를 들면, 처음 만난 사람의 이름은 곧바로 잊어버릴 수도 있다. 하지만 상대방에 관한 정보(이름, 얼굴의 특징, 정치적 견해 등)에 주목하고 이를 부호화하면, 그 사람에 대해 더 많이 기억할 가능성이 높아진다. 우리에게 노출된 뭔가에 대해 더 깊이 생각할수록 그 대상에 관한 기억은 더욱 통합되고 오래 가며, 이를 통해 그 대상을 보다 쉽게 상기할 수 있다.

정보가 제시되는 방식

브랜드 정보가 제시되고 부호화되는 여러 가지 양상 또한 기억에 영향을 미친다. 시각적 정보는 형상화 과정을 거쳐 부호화된다.[2] 청각적 정보는 부호화된 소리가 반복적으로 암송되는 음운 고리phonological loop에 의해 부호화된다. 자세히 설명하면, 누군가가 우리의 이름을 부를 때 우리는 몇 초 뒤에도 여전히 그가 한 말을 마음속으로 듣는다. 촉각과 미각, 후각도 다른 양상들을 통해 부호화된다. 언어적 정보는 서면 형태의 설명서나 의미 있는 말들을 뜻한다. 각 개인은 언어적 정보를 의미론적으로, 즉 의미 있는 단어들로 부호화한다. 예를 들어, 애플의 태그라인은 "다르게 생각하라"인데 이를 통해 고객들은 애플이 혁신과 창의성을 상징한다고 추론한다.

정보는 다수의 양상으로 부호화할 때 더 쉽게 기억할 수 있다. 특정 대상을 기억에 남기기 위해 보다 많은 정보 조각들이 통합되기 때문이다. 다수의 양상으로 제시된 정보는 뇌의 더 많은 부분을 활성화시키며 뭔가를 기억 속에서 더 쉽게 상기할 수 있게 한다.[3] 이를테면, 일본의 다국적 보험 기업 AFLAC의 오리가 그려진 시각적 로고에 청각적 신호(AFLAC 로고의 오리가 꽥꽥거리는 소리)를 더하자 청각적 신호가 없을 때보다 훨씬 더 잘 기억되

었다. 이 외에도 태그라인과 함께 제시되는 브랜드 로고(예를 들어, "그냥 시도
하라!"는 태그라인이 더해진 나이키의 부메랑 모양 로고)가 로고나 태그라인 하나만 있
을 때보다 더 기억하기 쉽다. 정보를 다수의 양상으로 부호화하면 어느 하
나의 양상(예를 들어, 부메랑 모양 로고)만 생각하더라도 다른 양상(나이키 이름)을
떠올릴 수 있다.

TOM 브랜드 상기를 효율적으로 만들어내는 방법

6장의 나머지 부분에서 우리는 브랜드 관리자가 TOM 브랜드 상기를 구
축하기 위해 '브랜드의 로고와 이름, 제품 및 포장 디자인'을 활용할 수 있
는 방법과 이 요소들을 '다수의 양상으로 부호화하는 과정'을 통해 활용
할 수 있는 방법을 논의한다. 그림 6.2는 TOM 브랜드 상기를 극대화하기
위해 전략적으로 활용할 수 있는 요소들을 보여준다. 이 세 가지 요소는

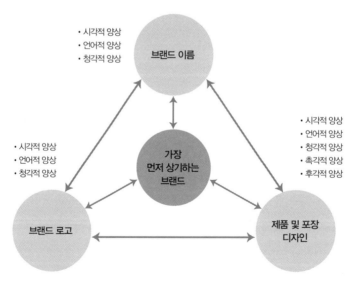

그림 6.2 브랜드 상기를 강화하는 마케팅 활동

마케팅 활동에 속하며, 다른 모든 마케팅 활동과 마찬가지로 어떤 혜택에 관련되더라도 브랜드 아이덴티티의 일관성과 상호 보완성 원칙을 따라야 한다. 5장에서 강조했듯이, 이 세 가지 마케팅 활동은 각각 브랜드 아이덴티티를 반영해야 하고 3Es를 위한 모든 마케팅 활동과 상호 보완적이어야 한다. 다른 마케팅 활동들처럼 일관성과 상호 보완성 원칙에 따라 브랜드를 향한 신뢰와 사랑, 존중을 구축하는 과정에 기여해야 한다.

로고를 활용한 TOM 브랜드 상기 강화

로고는 형태에 따라 분류할 수 있다. 브랜드 이름만 묘사하는 형태로는 코카콜라, 구글, IBM 등이 있다. 다른 로고 형태는 별도의 시각적 상징을 사용하는데, 이 시각적 상징에 브랜드 이름을 포함할 수도 있고 그러지 않을 수도 있다. 페라리 자동차의 뒷발로 서 있는 말, 롤렉스의 끝이 뾰족한 왕관, 메르세데스 벤츠의 세 꼭지 별 등이 이 형태에 속한다. 브랜드 이름만 특별히 표시하는 로고들은 색상과 활자체 등의 시각적 요소를 활용해 고객의 주목을 더 많이 끌고, 고객의 생각을 더욱 정교화할 수 있다. 하지만 우리의 연구 결과를 보면, 시각적 상징을 사용하는 로고들이 이름만 사용한 로고들보다 더 많은 주목을 끌고 보다 강한 정교화를 유도하므로 훨씬 더 잘 상기된다.[4] 브랜드 로고는 브랜드의 정체성을 나타내는 데도 중요한 역할을 한다. 럭셔리 브랜드들의 경우, 눈에 잘 띄지 않을 정도로 작고 수수한 로고를 원하는 고객이 있는 반면 눈에 잘 띄는 큰 로고를 선호하는 고객도 있는데, 이들의 취향은 서로 다르지만 이런 브랜드들의 로고는 사람들의 사회적 지위와 이미지를 나타내는 아주 강력한 상징이다.[5]

시각적 양상

그림 6.3은 시각적 양상과 브랜드 이름을 함께 활용해 사람들의 주목을 끌고 생각의 정교화를 유도하는 로고들의 예다. 배스킨라빈스 로고는 우리의 마음속에 숨어 있는 어린이 같은 부분, 즉 내면의 어린이를 불러낸다. 아이스크림을 먹을 생각에 크게 기뻐하는 어린이의 모습을 떠올리게 한다. 이 로고는 실제 한 어린이가 밑그림을 그린 것처럼 보인다. 로고의 중앙에 있는 분홍색 숫자 31은 이 브랜드의 31가지 맛을 영리하게 표현하며, 로고에 쓰인 파란색과 분홍색은 이 브랜드가 남녀 모두를 위한 제품이라는 것을 잘 나타낸다. 미국의 대형 할인매장 체인인 타깃Target의 로고는 시선을 사로잡는 빨간색과 과녁 정중앙 디자인을 하얀색 배경에 대조시키는 콘트라스트 기법으로 사람들의 주목을 끈다. 또 이 로고는 훌륭한 품질의 제품을 적절한 가격으로 구입하려는 주류 소비자들의 목표를 말 그대로 명중시키겠다는 타깃의 근본적인 약속을 시각적으로 전달한다. 재규어 자동차의 로고가 주목을 끄는 이유는 전통적 스타일과 검은색 배경으로 시각적으로 굉장히 아름다우면서도 즐거운 느낌(정감성 혜택)을 선사하기 때문이다. 동물의 사나운 모습과 절제된 움직임, 절호의 순간에 뛰어오를 수 있는 능력을 표현한 로고는 고객을 보호하고 드라이빙 경험을 충족하는 데 필요한 힘과 통제력을 제공하는 재규어의 능력(전문성 혜택)을 잘 보여주며, 고객이 이에 대해 더욱 정교하게 생각할 수 있게 만든다. 더 나아가 자연 속에서 살고 있는 야생 재규어의 희귀성은 브랜드의 고급 가치와 공감성 혜택을 나타낸다. 이 로고는 재규어를 소유하는 것은 물론이고, 운전해볼 수 있는 경험조차도 소수의 부자들에게만 한정돼 있다는 것(공감성 혜택)을 알려준다.

그림 6.3 유명한 로고들의 예
출처: 던킨 브랜드 그룹; 랜드로버

그림 6.4 태그라인을 사용한 브랜드 로고들
출처: 나이키; 맥도날드; 애플

언어적 양상

태그라인과 같은 언어적 요소를 포함하는 브랜드 로고는 사람들의 주목을 끌고 생각의 정교화를 유도할 수 있다(그림 6.4 참조). 언어적 요소로서 태그라인은 사람들이 로고 정보를 보다 깊게 이해할 수 있게 한다. 그림 6.4에 있는 예들은 시각적으로 사람들의 주목을 끌 뿐만 아니라, 사람들이 더욱 정교한 방식으로 로고 정보를 이해하는 데 도움을 준다. 이를테면, '그냥 시도하라Just Do It'는 태그라인을 사용하는 나이키의 로고처럼 로고 자체가 의미를 내포하기 때문이다.

청각적 양상

청각 요소는 특정 실체(여기서는 브랜드 로고)에 관련된 소리를 뜻한다. 소리는 몇 가지 이유로 TOM 브랜드 상기를 강화한다. 첫째, 소리는 그 자체만으로도 브랜드 로고에 관한 관심을 불러일으키고 주목을 끈다. 둘째, 로고는 청각적 신호와 결합함으로써 고객의 머릿속에 더 깊이 부호화되고, 잇달아 다른 양상을 통해서도 부호화된다. 소리는 의미를 더욱 정교화하고, 로고에 대한 연관성을 더 많이 제공하며, 로고를 개인적 지식과 경험에 연결시킨다. 이와 같이 청각적 양상을 로고의 시각적, 언어적 요소에 더하면 사람들은 로고를 더욱 쉽게 상기할 수 있다. 몇몇 소리 신호는 우리가 듣기도 전에 벌써 그 소리를 기대하고, 듣고 나서는 마음속으로 계속 반복하므로 TOM 브랜드 상기를 강화할 수 있다.[6] 이를테면, 오리 모습을 보는 것만으로도 앞서 설명한 AFLAC의 오리가 꽥꽥거리는 소리를 상기할 수 있다. 거대 식품기업 필스버리Phillsbury의 마스코트인 도우보이의 귀여운 웃음소리와 켈로그Kellogg 시리얼을 상징하는 캐릭터 토니 더 타이거의 "정말 맛~~~있어요They're Gr-r-reat!"라며 감탄하는 목소리도 마찬가지다. 고객은 청각적 요소를 기대하고, 주목하며, 마음속으로 반복하므로, 이들에 대한 기억과 관련된 모든 것이 강화될 수밖에 없다.

요약하면, 브랜드 로고에 대한 상기와 그에 따른 브랜드 자체에 대한 기억은 로고가 언어적, 시각적, 청각적으로 주목을 끌고 생각의 정교화를 유도할 때 강화된다.

브랜드 이름을 활용한 TOM 브랜드 상기 강화

모든 판촉 비용이 일정하다는 가정하에서 '브랜드 이름'이 더 많은 관심과 주목을 받고, 보다 더 깊이 부호화되고 정교화될 때, 고객은 그렇지 않은 경우보다 브랜드 이름을 훨씬 더 많이 상기한다. 그러므로 브랜드를 처음 개발할 때 브랜드 이름을 어떤 시각적, 언어적, 청각적 양상으로 표현할지 검토하는 일이 중요하다.

시각적 양상

브랜드 이름은 다양한 활자체와 폰트, 색상으로 표현된다. 폰트는 브랜드 아이덴티티에 관한 심오한 이미지를 나타낼 수 있기 때문에 매우 중요하다.[7] 산세리프체는 슬라브세리프체나 블록체에 가까운 폰트보다 더 깔끔하고 현대적인 인상을 전달한다. 손글씨체는 보다 인간적인 감성을 나타낸다. 디즈니가 선택한 폰트는 기발하고 마법과 같은 특성을 분명히 보여준다. 특히 구체적이고 상상 가능한 브랜드 이름은 고객의 심상을 떠올리게 할 수 있다. 예를 들어, 타이드Tide라는 브랜드 이름은 바다와 몰려오는 거친 파도의 이미지, 즉 브랜드 이름과 브랜드가 제공하는 혜택을 연결시켜주는 이미지를 떠올리게 한다.

언어적 양상

브랜드 이름이 주목을 끌고 생각의 정교화를 유도할 때, 즉 브랜드 혜택을 설명할 때 사람들은 브랜드 이름을 보다 쉽게 상기할 수 있다. 기억하기 정말 어려운 이름들도 있는데, 이는 브랜드 이름이 명확하지 않고 너무 추상적이어서 상상하기 어렵거나(예를 들면, 생활용품 브랜드인 플레지Pledge), 브랜드에 내재된 의미와 전혀 상관이 없기 때문이다(식품기업 몬델리즈Mondelez). 이에 반해 아주 쉽게 상기할 수 있는 브랜드 이름들도 있다. 브랜드 이름이 독특하거나 브랜드가 제공하는 혜택을 완벽히 설명하기 때문이다. 최근 브랜딩 작업의 흥미로운 추세는 하나의 문장을 브랜드 이름으로 사용하는 방식이다. 예를 들어, 아이 캔트 빌리브 이츠 낫 버터^{I Can't Believe It's Not Butter}(이게 버터가 아니라니 믿을 수 없어요)라는 이름은 브랜드 이름들 중에서도 눈에 확 띈다. 대부분의 브랜드 이름은 짧기 때문이다. 더 나아가 이 이름은 브랜드가 제공하는 혜택을 구체적으로 나타낸다. 버터처럼 보이지만 실제로는 버터가 아닌 제품을 맛보며 느낄 수 있는 환희를 고객이 상상하며 깊이 생각하게 만든다. 또 다른 예로 배스 앤 바디 웍스^{Bath&Body Works}, 푸드 슈드 테이스트 굿^{Food Should Taste Good}, 더 워킹 컴퍼니^{The Walking Company} 등을 들 수 있다. 문장형 브랜드 이름이 브랜드 상기에 미치는 효능에 대한 연구는 많지 않지만, 이런 이름들은 분명히 주목을 끌고 생각의 정교화를 유도하는 특성으로 고객이 브랜드 이름을 보다 쉽게 상기할 수 있게 만든다.

청각적 양상

브랜드 이름의 청각적 양상도 사람들의 TOM 브랜드 상기에 영향을 미친다. 예를 들면, 반복되는 소리로 구성된 브랜드 이름(풍선껌 브랜드 후바 부바 ^{Hubba Bubba}, 운동복 및 요가복 브랜드 룰루레몬^{Lululemon} 등)은 큰 소리로 부르면 재미있고 주목을 끌기 때문에, 사람들이 마음속에서 그 이름을 계속 떠올릴 수 있다. V8 채소주스는 광고에서 밥^{bop}!이라는 소리를 사용했고, 이는 고객들의 브랜드 상기에 도움을 준다. 소리는 사람들의 주목을 끄는 것을 넘어 의미를 전달할 수도 있다.[8] '음성상징론'은 한 단어를 구성하는 단순한 소리 자체가 의미를 전달한다는 뜻이다. 둘^{dull}, 블룬더^{blunder}, 클럼지^{clumsy} 등의 단어에 있는 후설모음은 부정적인 느낌을 전달하며 제품이 무겁고 크다는 인상을 준다. 이와 반대로 핀치^{pinch}, 슬림^{slim}처럼 전설모음이 들어 있는 단어는 작다는 느낌을 준다. 또 다른 연구 결과를 보면, 프로쉬^{Frosh}라는 이름이 붙은 아이스크림이 프리쉬[Frish]라는 아이스크림보다 크림이 더 많이 들어 있고, 부드러우며, 맛이 풍부한 것으로 인식됐다고 한다.[9] 단어 'putrid(부패한, 썩은)'의 'u'와 같은 후설모음은 주로 역겨움을 표현하는 단어들에 들어 있으므로 부정적인 이미지를 만들어낼 수도 있다. 음성상징론은 사람들이 브랜드 이름을 특정 상표나 개념, 또는 이미지에 연관시키게 만들어 브랜드 이름을 쉽게 상기할 수 있게 한다.

요약하면, 브랜드 이름에 대한 상기는 브랜드 이름이 시각적, 언어적, 청각적으로 사람들의 주목을 끌고 생각의 정교화를 유도할 때 강화된다.

제품 및 포장 디자인을 활용한 TOM 브랜드 상기 강화

TOM 브랜드 상기를 강화할 수 있는 세 번째 주요 요소는 제품이나 제품 포장과 관련이 있다.

시각적 양상

연구 결과에 따르면, 제품 및 포장의 두 가지 디자인 특성이 브랜드 상기에 영향을 미친다고 한다. 하나는 헬로 키티나 비츠 필[Beats Pill] 스피커 같은 귀여운 디자인이고, 다른 하나는 롤렉스의 데이트저스트[Datejust] 시계나 샤넬의 전통적인 플랩백처럼 아름다운 디자인이다.[10] 두 가지 특성 모두 사람들의 주목을 끌고 생각의 정교화를 유도하지만 그 방법은 다르다. 사람들은 어떤 매력적인 것이 젊음과 순진함, 천진난만함을 암시하는 시각적 특성을 지니고 있을 때, 이를 '귀엽다'고 표현한다. 이런 특성들은 아기와 어린이를 연상시키기 때문이다. 다른 한편으로는 어떤 것의 특성이 원숙함과 정교함, 고급스러움을 암시할 때, 이를 '아름답다'고 한다. 아름다운 이미지는 일반적으로 제품의 완벽한 균형과 조화와 관련이 있다. 귀여운 디자인은 보통 동그랗고 하부보다 상부가 더 큰 형태다. 아름답고 우아한 디자인은 주로 가늘고 날씬하며 상하 비중이 균형을 이루는 형태다.

우리는 연구를 통해 사람들은 귀엽고 아름다운(우아한) 디자인에 강한 본능적 관심을 보이며, 접근하고 싶은 욕구를 나타낸다는 사실을 발견했다. 하지만 귀엽고 아름다운 디자인은 각각 아주 다른 두 가지 동기를 이끌어낸다. 제품이나 포장의 귀여운 디자인은 '양육 동기', 즉 보살피고, 간직하며, 소중하게 여기고, 언제나 곁에 두고 싶은 욕구를 불러일으킨다. 제품이나 포장의 아름다운 디자인은 자기표현 또는 표시 동기, 즉 제품을 소유하는 것으로 자신을 다른 사람들에게 표현하고 싶은 욕구를 일으킨다. 그런데 귀엽고 아름다운 디자인에는 불리한 면도 있다. 특정 형태의 귀여운 제품은 정교함과 진지함이 부족하다는 인상을 줄 수 있고, 이는 제품 성능에 대한 기대치를 낮추며, 제품이 주는 전문성 혜택을 제대로 인지하지 못하는 결과로 이어질 수 있다. 아름다운 디자인은 시간이 지나면서 더 이상 주목을 끌지 못할 수도 있다. 사람들이 그 아름다움에 둔감해지기 때문이다.

그래도 한 부분의 단점을 다른 부분의 장점으로 보완하며, 귀엽고 아름다운 요소를 모두 적용한 제품 및 포장 디자인을 할 수 있다. 우리는 이를 '귀여우면서도 아름다운' 디자인이라 부른다. 그림 6.5는 두 가지 흥미로운 예를 보여준다. 귀여움과 아름다움을 동시에 갖춘 디자인은 두 가지 미적 요소를 모두 포함하므로 고객의 관심을 최대한으로 불러일으킬 수 있다. 이런 제품은 귀엽기만 한 디자인에서 비롯된 품질에 대한 인식 문제를 피

베스파 스쿠터

베스파 스쿠터 디자인은 아름다우면서도 귀엽다. 스쿠터의 곡선 부분은 매끄러운 선형으로 이루어져 이탈리아의 심미적 뿌리를 잘 드러낸다. 하지만 베스파 스쿠터를 정말 매력적인 제품으로 만드는 요소는 귀여움이다. 스쿠터를 가로지르는 중앙 지지대가 없기 때문에 스쿠터를 타는 사람은 스쿠터 옆 부분으로 쉽게 오를 수 있으며 타는 동안에도 발을 스쿠터 안쪽에 올려놓을 수 있다. 이에 덧붙여 활기찬 느낌과 젊은 에너지를 물씬 풍기는 스쿠터의 크기도 귀여움을 더해준다.

브라운 커피 메이커

브라운 커피 메이커는 매끄러운 디자인으로 사람들의 시선을 끈다. 우아하고, 미니멀리즘을 추구하며, 균형 잡힌 디자인이다. 이에 덧붙여 부드러운 원형 형태와 큼직하면서도 단아한 손잡이와 같은 귀여운 요소들도 디자인에 묻어나온다. 귀여우면서도 우아한 특성의 결합은 이 커피 메이커를 사랑스럽고 매력적인 제품으로 만든다.

그림 6.5　귀여우면서도 아름다운 디자인의 예
출처: 피아오지 그룹; 드롱기 그룹

할 수 있다. 뿐만 아니라, 그저 아름답기만 한 디자인에서 오는 감각의 피로 또는 둔감함을 겪지 않을 수 있다. 더 나아가 이런 제품은 보살펴주고 싶은 동기와 다른 사람들에게 보여주고 싶은 동기를 둘 다 이끌어내므로, 사람들은 이 제품을 더 강하게 부호화하고 더 많이 생각하게 된다. 이 모든 이유로 사람들이 귀여우면서도 아름다운 제품 디자인을 기억하고 상기할 가능성은 매우 크다.

언어적 양상

시각적 양상 외에 고객의 주목을 끌고 브랜드 정보의 정교한 처리를 유도하는 모든 독특한 정보를 제품 및 포장 디자인의 한 부분으로 강조할 수 있다. 예를 들어, 풀무원(2장 참조)은 이 브랜드의 생산 원칙을 단순한 용어로 선명하게 나타내고 설명해 고객의 주목을 끌고, 풀무원의 근본 원칙에 대한 고객의 이해와 평가를 높이기 위해 제품 포장을 활용한다. 또는 WD-40의 포장 용기에 쓰여 있는 "수천 가지 용도로 사용할 수 있는 캔 can with thousands of uses"이라는 문구를 생각해보라. WD-40은 금속 제품의 녹과 부식 방지, 습기 제거, 거의 모든 물건의 윤활유 역할을 하는 이 제품의 다양한 용도를 공유하기 위해 이런 언어적 제품 설명을 포장 용기에 표시한다. 또한 WD-40의 창업자인 노만 라르센Norman Larsen이 40번에 걸친 시도 끝에 이 제품을 개발했다는 사실에서 WD-40이라는 이름이 탄생했다는 브랜드 이름의 독특한 역사도 포장 용기에 쓰여 있다. 제품에 대한 언어적 설명은 고객의 주목을 끌고, 브랜드 이름을 더 두드러지게 만들고, 브랜드에 대한 고객의 보다 정교한 생각을 이끌어내는 데 도움을 준다.

청각적 양상

제품 디자인의 청각적 특성도 사람들의 시선을 끌고 생각의 정교화를 유도하며 TOM 브랜드 상기를 강화할 수 있다. 이를테면, 탄산음료 페리에 병뚜껑을 처음 열 때 탄산이 빠져 나오며 내는 소리와 에어로졸 스프레이 용기에서 뿜어져 나오는 소리의 크기와 높이를 생각해보라. 액스Axe의 남성용 체취제거제 스프레이는 도브의 여성용 제품이 내는 다소 부드러운 소리에 비해 강력한 소리를 낸다. 제품 디자인 요소는 어느 정도의 소리를 포함하거나 아니면 제거할 수 있다. 소음 조절 기능을 갖춘 밀레Miele 세탁기의 조용한 소리와 포르쉐 911 터보가 전속력으로 달리며 배기 장치에서 뿜어내는 굉음, 킷캣 과자를 쪼갤 때 톡 하고 울리는 맛있는 소리, 메르세데스 벤츠 자동차의 운전자를 안심시키는 독특한 문 닫히는 소리를 생각해보라. 또한 포장 디자인에도 청각적 암시를 사용하여 브랜드 상기에 영향을 줄 수 있다. 예를 들면, 켈로그의 시리얼 포장에는 "정말 맛~~~있어요!"라는 문구가 쓰여 있다. 태그라인의 언어적 소리를 포장에 묘사하는 것은 브랜드의 청각적 신호를 사람들의 마음속에 깊이 심어주는 한편 사람들을 브랜드 로고에 연결시킨다. 이는 고객이 브랜드 포장에 관심을 보이게 만들고, 브랜드에 대한 생각의 정교화를 보다 깊이 할 수 있게 만든다. 실제로 우리는 "정말 맛~~~있어요!"라는 말을 머릿속에서 지울 수가 없다.

촉각적 양상

제품 및 포장 디자인은 또한 촉각으로 사람들의 주목을 끌고 생각의 정교화를 유도하는 데 영향을 미친다.[11] 촉각은 사람의 다섯 가지 감각 중 가장 먼저 발달하며 상당히 이른 배아 발생기에 형성된다. 모든 감각적 양상 중에서 촉각을 느낄 수 있는 감각기관이 신체에 가장 넓게 분포돼 있다. 사람들은 제품을 손으로 직접 만지고 싶어 할 뿐만 아니라 그런 기회를 찾아나서는 수고도 마다하지 않는다. '웹루밍webrooming(제품 평가는 온라인으로 하지만 실제 구매는 매장을 방문해 하는 현상)'과 '쇼루밍showrooming(매장을 방문해 교감하고 제품을 평가하지만 온라인을 통해 구매하는 현상)'을 보면 알 수 있다.

　제품이나 포장을 직접 만지는 행위는 브랜드에 관한 감각적, 지각적, 고차원의 인지적 정보를 전달하며 생각의 정교화를 자극한다. 직접 접촉해서 느끼는 무게와 질감, 딱딱함 등은 하나의 육체적 감각으로 마음속에 남아있기도 하지만, 추상적이고 은유적인 느낌으로 다가오기도 한다.[12] 예를 들어, 딱딱함과 무거움은 엄격하고 안정적이라는 인식으로 이어진다. BMW 자동차의 문이 얼마나 무거운지 알고 있었는가? 제품이나 제품 포장을 만지는 행위가 사람들의 주목을 끌고 생각의 정교화를 유도하며 TOM 브랜드 상기에 미치는 영향력을 우리는 분명히 인식해야 한다.

후각적 양상

마지막으로, 제품이나 제품 포장에서 나는 향기도 우리가 브랜드에서 추론하는 의미와 브랜드를 상기할 수 있는 능력에 영향을 미친다. 향기는 향기에 연관된 기억을 떠올리게 하는 특성으로 잘 알려져 있다. 향기로 떠올려진 기억들은 깊고 강렬한 경우가 많으며 격한 감정을 불러일으킬 수도 있다. 사람들이 시각적으로 기억할 수 있는 능력은 3개월만 지나도 50퍼센트 이하로 떨어지지만, 향기를 정확하게 기억할 수 있는 능력은 12개월 후에도 65퍼센트에 이른다. 예를 들어, 만다린 오리엔탈 호텔과 리츠칼튼 호텔은 자신만의 특별한 향기를 로비와 객실에 사용한다.[13] 싱가포르 에어라인의 향기가 나는 물수건도 주목할 만하다. 향기에 대한 기억은 오랫동안 지속되며 강력한 방식으로 TOM 브랜드 상기를 용이하게 만든다.

로고, 브랜드 이름, 제품 및 포장 디자인에 대한 공동 디자인

그림 6.2는 세 가지 마케팅 활동 요소가 공동으로 TOM 브랜드 상기에 영향을 미친다는 것을 보여준다. 이들은 TOM 브랜드 상기에 대한 개별적인 기여를 넘어, 상호 작용 방식으로 TOM 브랜드 상기에 영향력을 발휘한다.

그러므로 이들은 서로 보완할 수 있도록 디자인돼야 한다. 로고와 브랜드 이름, 제품 및 포장 디자인은 보통 함께 만들어지므로(물리적으로도 인접해 있다) 본질적으로도 연관성을 지니고 있다. 이런 이유로 각 요소는 다른 요소의 상기 능력을 극대화할 수 있도록 공동으로 디자인돼야 한다.

예를 들면, 브랜드 이름의 의미 자체는 고객이 브랜드 로고와 포장 디자인에 대한 생각을 정교하게 하는 데 도움을 주며, 반대의 경우도 마찬가지다(재규어와 레드불을 생각해보라). 이 세 가지 요소의 상호 보완성은 고객이 브랜드 이름으로 형성하는 기억 연관성의 수와 힘을 늘려준다. 한 브랜드에 대한 통합적이고 안정적인 기억 재현은 결국 오랜 기간에 걸친 장기 기억을 형성한다. 이 기억 재현이 보다 강하고, 통합적이고, 안정적일수록, 브랜드를 상기할 가능성도 높다. 모튼 솔트(그림 6.1 참조)는 이 세 가지 요소를 모두 효과적으로 활용해서 TOM 브랜드 상기에 기여하는 사례를 잘 보여준다. 사람들은 브랜드 이름과 로고, 포장을 서로 연관시켜 생각한다. '귀여우면서도 아름다운' 포장 디자인과 로고, 2음절로 된 발음하기 쉬운 브랜드 이름은 모두 함께 강력한 TOM 브랜드 상기를 만들어낸다. 각각의 요소는 서로를 보강해 고객의 주목을 끌고 브랜드 이름에 대한 고객의 정교한 생각을 이끌어낸다.

❶ 세 가지 마케팅 활동 변수, 즉 브랜드 로고와 브랜드 이름, 제품 및 포장 디자인은 기업이 실행하는 판매 촉진 활동의 수준과 상관없이 TOM 브랜드 상기를 강력히 촉진하는 역할을 한다. 이들은 고객이 광고, 매장, 웹사이트, 소셜 미디어 등 다양한 맥락에서 접하는 비교적 안정적이고 내재된 제품 구성 요소들이다.

❷ 브랜드를 상기하는 힘은 근본적으로 브랜드 로고와 브랜드 이름, 제품 및 포장 디자인이 어떻게 만들어지느냐에 따라 결정된다. 브랜드 이름에 대한 상기는 이런 요소들이 사람들의 주목을 끌 때 강화되며 시각적, 언어적, 청각적, 촉각적, 후각적(향기) 양상을 통해 제시될 때 보다 강력한 상기 과정을 만들어낸다.

❸ 브랜드 로고는 시각적, 언어적, 청각적 요소를 결합할 때 가장 잘 상기된다.

❹ 브랜드 이름에 대한 상기는 이름 자체가 시각적, 언어적, 청각적으로 전달되는 방식에 영향을 받는다. 이름을 제시하는 각 방식은 브랜드의 의미와 상징에 영향을 미칠 수 있다.

❺ 제품 및 포장 디자인에 대한 상기는 이들이 시각적, 언어적, 청각적, 촉각적, 후각적으로 제시되는 방식에 영향을 받는다.

❻ 귀엽고 아름다운 디자인은 제품에 대한 강한 관심을 불러일으킨다. 하지만 귀엽고 아름다운 디자인은 제품 소유에 대한 두 가지 서로 다른 동기(양육과 자기표현)를 이끌어낸다. 가장 잘 상기될 수 있는 디자인은 귀여운 요소를 가미한 아름다운 형태, 또는 아름다운 요소를 가미한 귀여운 형태일지도 모른다.

❼ 제품 디자인, 브랜드 로고, 브랜드 이름에 대한 결정은 여러 가지 양상으로 제시돼야 하며, 이들은 브랜드에 대한 사람들의 이해와 기억을 촉진하는 과정에서 서로를 보완해야 한다.

여러분의 브랜드는 어떤가?

❶ 여러분의 브랜드 이름은 얼마나 쉽게 상기되는가? 브랜드 이름의 상기 가능성을 어떻게 개선할 수 있는가?

❷ 여러분의 브랜드 로고와 브랜드 이름, 제품 및 포장 디자인은 공동으로 브랜드 상기와 브랜드 아이덴티티를 향상시킬 수 있는가?

❸ 여러분의 브랜드 로고는 고객의 주목을 끌고, 브랜드 아이덴티티에 부합하는 의미를 자아내는가?

❹ 여러분의 브랜드 이름은 시각적, 청각적으로 고객에게 매력을 발산할 뿐만 아니라, 사람들이 브랜드 이름과 연관 지을 수 있는 특정 의미를 담고 있는가?

❺ 여러분의 제품 및 포장 디자인은 귀엽고 아름다운(우아한) 요소를 갖추고 있는가?

❻ 여러분의 브랜드 로고와 브랜드 이름, 제품 디자인이 여러분의 브랜드에 대한 TOM 상기를 촉진하는 데 상승효과를 발휘하는가?

Brand
Admiration

고객에게 사랑받는 비즈니스를 구축하는 법

3부

칭송받는 브랜드 강화와 활용

제7장
브랜드 애드머레이션 강화

:
:

세상은 변화를 멈추지 않으므로, 브랜드도 시간의 흐름에 따라
브랜드 애드머레이션을 강화하는 노력을 멈추지 말아야 한다.

서론

2007년 6월 29일, 아이폰이 처음 출시된 이후로 애플은 빈둥거리거나 성
공에 도취한 적이 없었다. 그 대신 애플 브랜드를 개선할 수 있는 방법을
끊임없이, 그리고 선제적으로 찾아 나섰다.[1] 실제로 애플은 항상 브랜드
애드머레이션을 강화하려고 노력해왔는데, 이제부터 어떻게 해왔는지 살
펴보자.

아이폰은 처음 출시됐을 때, 휴대폰의 기능에 대한 생각 자체를 재구성
했다. 그냥 전화만 하는 도구가 아니라 모바일 컴퓨터, 전화, 엔터테인먼트
시스템으로 기능하게 한 것이다. 다른 휴대폰보다 가격이 월등히 비쌌지
만, 전화와 컴퓨터, 음악을 통합함으로써 하나의 제품으로 많은 다양한 혜
택을 제공할 수 있는 기능은 전례가 없었다. 더욱 중요한 것은 애플이 거

기서 멈추지 않았다는 사실이다. 고객의 삶을 더욱 편리하고 즐겁게 만들어주는 혁신적인 전문성, 정감성 혜택을 지속적으로 제공했다. GPS 기능과 시리의 전신이라 할 수 있는 음성 제어 기능, 게임 실행에 중요한 정밀 컨트롤, 셀카와 영상통화 애플리케이션인 페이스 타임을 사용 가능하게 만든 전면 카메라, 휴대폰 분실이나 도난 시 휴대폰의 위치를 알려주는 파인드 마이 아이폰 기능, 모바일 결제 서비스인 애플 페이 등을 추가했다. 이를 포함해 수많은 혁신 기능을 갖춘 아이폰은 단순한 휴대폰이 아니었다. 아이폰이 제공하는 혜택들은 카메라와 음악 기기, 컴퓨터, 심지어 TV와 영화 같은 비디오 엔터테인먼트와 경쟁을 벌일 수 있을 만큼 충분히 강력하고 광범위했다.

이런 애플의 개선이 아무런 원칙 없이 무작위로 이루어진 것처럼 보일 수도 있다. 하지만 애플은 아이폰의 가치를 시스템적으로 향상시키겠다는 목표를 가지고 있었다. 구체적으로 보면, 애플은 혜택이나 기능을 추가하고 개선하거나 더 이상 브랜드의 가치와 맞지 않는 기능을 제거하며 '혜택을 조정'했다. 즉, 다양한 혜택의 중요성 비중을 조정했다. 예를 들면, 애플은 경쟁 기업 제품과 아이폰의 가격 차이가 거의 없을 정도로 만들었다. 가치 있는 제품이 갖춰야 할 속성인 얇은 디자인의 중요성을 강조했으며, 셀카를 가능하게 하고, 페이스 타임을 이용한 영상통화로 다른 사람과 연결되게 했으며, 휴대폰을 분실했을 때 파인드 마이 아이폰 애플리케이션을 활용해 되찾을 수 있는 기능을 중요한 혜택으로 고려하게 만들었다. 애플은 또 아이폰이 비교될 만한 준거 대상을 휴대폰에서 카메라와 다른 형태의 엔터테인먼트 기기들로 변경했다.

개요

애플의 사례는 7장에서 자세히 설명할 두 가지 아이디어를 잘 보여준다. 첫째, 기업은 칭송받는 브랜드 구축을 넘어 시간의 흐름에 따라 브랜드 애드머레이션을 강화해야 한다. 그림 1.1에 브랜드 애드머레이션 강화에 관한 쟁점들이 분명하게 드러나 있다. 브랜드 애드머레이션이 더 강해졌다는 말은 브랜드가 처음 등장했을 때보다 '더 많은 가치를 지니고 있다'는 의미다. 고객의 욕구와 경쟁 시장은 끊임없이 진화하고 있다. 칭송받는 브랜드는 지금껏 이룬 성공에 만족만 해서는 안 된다. 기업은 브랜드에 대한 사랑, 신뢰, 존중과 이에 따른 브랜드 애드머레이션이 오랫동안 지속될 수 있게 해야 한다. 하지만 불행하게도 많은 브랜드가 브랜드 애드머레이션 강화에 집중하지 않은 탓에 급격히 쇠퇴하거나 완전히 실패했다.

둘째, 기업이 마케팅 활동을 통해 브랜드 애드머레이션을 지속적으로 강화하기 위해 고려할 수 있는 다양한 가치 향상 전략이 있다. 이런 전략들은 표 7.1에 나와 있으며 7장에서 자세히 논의할 것이다. 기업은 지속적으로 자사의 브랜드를 경쟁 브랜드와 차별화시키는 한편, 자사의 브랜드를 더욱 향상시키는 일에도 집중해야 한다. 애플은 이를 위해 몇몇 전략을 사용했다. 간략하게 설명하면, (1)브랜드 혜택의 조정(추가 또는 개선 또는 제거하는 조정), (2)브랜드 혜택의 중요성(또는 유의미한 특성) 변경, (3)자사의 브랜드를 비교할 만한 준거 대상 설정이 이런 전략들에 속한다.

브랜드 애드머레이션을 강화하는 가치 향상 전략

1장에서 우리는 브랜드를 '고객과 브랜드 소유주 모두에 가치를 창출하는

표 7.1 고객의 가치 판단

링클링 브라더스에 비해 태양의 서커스가 주는 혜택	준거 대상보다 못함 -3	-2	-1	준거 대상과 같음 0	1	준거 대상보다 나음 2	3	혜택의 중요성 (비중)	소계
즐거움(정감성)						✓		0.1	0.1×2=0.2
편안함(전문성)						✓		0.2	0.2×2=0.4
재미(정감성)					✓			0.3	0.3×1=0.3
업적료(전문성)		✓						0.2	0.2×-2=-0.4
정교함(교감성)							✓	0.2	0.2×3=0.6
합계									1.1

실체(이름)'로 정의했다. 어느 누구도 구매하고 싶지 않은 브랜드는 고객이나 기업에 가치를 제공하지 못한다. 7장은 가치의 개념으로 되돌아가서 표 7.1에 나와 있는 것처럼 가치를 가치 향상 전략에 연계해 살펴본다.

브랜드 가치 판단

마케팅에 관한 수많은 연구와 컨설팅 모델들은 구매 결정이 다음과 같은 세 가지 기본 요인에 따라 이루어진다고 주장한다.

1. 브랜드가 고객에게 '의미 있는 혜택을 제공하는 여부와 정도'다. 우리가 제시하는 모델에서는 고객에게 제공하는 전문성, 정감성, 공감성이 의미 있는 혜택에 해당하며, 이는 고객이 관심을 보이고 브랜드에서 찾기를 바라는 혜택이다.
2. '혜택의 중요성'이다. 고객에 따라 어떤 특정 혜택이 다른 혜택보다 중요할 수 있다. 브랜드 선택은 고객이 바라는 중요 혜택과 브랜드의 혜택이 얼마나 일치하느냐에 달려 있다.
3. 고객이 아무것도 없는 진공 상태에서 선택하는 것은 아니라는 점이다. 구매 결정은 일반적으로 다른 대상들(이를테면, 다른 브랜드나 다른 카테고리에 속한 브랜드, 또는 구매하지 않는 것)에 비해 브랜드가 제공할 수 있는 혜택에 근거를 둔다.

요약하면, 브랜드는 더 많은 가치를 제공할 때, 즉 고객이 원하고 대체 옵션보다 더 중요한 혜택을 제공할 때 선택될 가능성이 높다.

표 7.1은 준거 브랜드(여기서는 링글링 브라더스^{Ringling Brothers})에 비해 '태양의

서커스'가 주는 혜택을 바라보는 특정 고객의 인식을 설명한다. 체크 표시를 보면 이 고객은 입장료를 제외한 모든 혜택 면에서 준거 대상(링글링 브라더스)에 비해 태양의 서커스를 더 나은 공연으로 인식한다는 사실을 알 수 있다. 이것을 보고 우리는 태양의 서커스가 링글링 브라더스보다 더 많은 혜택을 제공하므로 고객이 반드시 태양의 서커스 공연을 볼 것이라고 섣불리 결론지을지도 모른다. 하지만 우리는 고객이 모든 혜택을 똑같이 중요하게 여기는 것은 아니라는 점을 생각해야 한다. 이 특정 고객에게 가장 중요한 혜택은 상대적 중요성이 0.3인 '재미'이며 편안함, 가격, 정교함이 그 뒤를 잇는다(이들의 중요성 비중은 모두 0.2). 즐거움이 가장 덜 중요하다(비중 0.1). 우리는 소비자의 비용(시간과 노력에 관련된 비용과 감정적, 심리적, 재무적 비용)을 절감해주는 것을 혜택으로 여긴다. 시간과 노력, 돈을 덜 쓴다는 말은 브랜드가 고객의 시간과 돈, 노력을 아낄 수 있게 한다는 의미다. 이것이 바로 혜택이다. 그러므로 다른 모든 조건이 동일하다면, 가격이 높은 브랜드가 낮은 브랜드보다 더 적은 혜택을 제공하는 셈이다.

태양의 서커스와 링글링 브라더스의 공연을 놓고 이 고객이 내릴 결정은 각 브랜드가 '전문성, 정감성, 공감성 혜택에 대한 고객의 중요성 비중'에 따라 이 혜택들을 얼마나 잘 채워줄 수 있느냐에 달려 있다. 예를 들면, 이 고객은 정교함 항목에서 링글링 브라더스에 비해 태양의 서커스에 3점을 부여하고, 이 항목의 중요성 비중은 0.2이므로 이를 고려한 가중 점수는 0.6점이다(3×0.2=0.6). 이 고객은 링글링 브라더스 대신 태양의 서커스를 관람할 가능성이 크다. 링글링 브라더스에 비해 태양의 서커스가 제공하는 혜택들의 중요성 비중을 고려한 합계 점수가 양수이기 때문이다(표 7.1의 우측 하단에 있는 합계 점수 참조). 이를 달리 표현하면, 태양의 서커스가 고객이 중요하게 여기는 전문성, 정감성, 공감성 욕구를 다른 대안보다 더 많이 충족시키므로, 이 특정 고객에게는 태양의 서커스가 링글링 브라더스보다 더 많은 가치를 제공한다. 이 고객과 동일한 욕구 프로필을 지닌 다른 고객들도 마찬가지로 생각할 것이다(5장 참조).

가치 향상 전략

고객이 구매 결정을 어떻게 내리고, 다른 브랜드에 대한 한 브랜드의 상대적 가치를 어떻게 판단하는지 파악하는 일은 중요하다. 이를 통해 기업들은 브랜드 가치를 향상시키고 브랜드 애드머레이션을 강화하는 데 사용할 수 있는 다양한 가치 향상 전략을 통찰할 수 있기 때문이다.

1. 기업은 기존 혜택을 개선하거나 고객에게 전문성, 정감성, 공감성을 제공하는 새로운 혜택을 추가해 '브랜드 혜택의 중요성을 조정'할 수 있다. 또한 고객이 중요하게 여기지 않는 혜택을 제거할 수도 있다.
2. 기업은 하나 또는 그 이상의 혜택들이 지닌 '중요성 비중을 조정'할 수 있다. 이를 통해 브랜드가 강점을 지닌 혜택의 중요성 비중을 높이거나 다른 브랜드가 강점을 나타내는 혜택의 중요성 비중을 낮출 수 있고, 이 두 가지 방안을 함께 실행할 수도 있다.
3. 기업은 새로운 준거 대상을 설정하거나 기존 준거 대상을 변경해 자사의 브랜드가 비교 대상에 비해 우위를 점하거나 또는 비교 대상만큼 좋게 만들 수 있다. 준거 대상은 동일한 제품 카테고리나 다른 카테고리에 속한 브랜드, 또는 기업이 이미 판매하고 있는 기존 브랜드가 될 수 있으며, 구매를 하지 않는 경우도 포함된다.

이처럼 브랜드 애드머레이션을 강화하기 위해 기업이 선택할 수 있는 가치 향상 전략은 모두 열다섯 가지다. 구체적으로 보면, 세 가지 혜택(전문성, 정감성, 공감성)별로 다섯 가지 전략 옵션이 있다. 표 7.2에 이 열다섯 가지 전략이 나와 있다. 이런 가치 향상 전략을 적용하려면, 기업은 밑에서 논의되는 마케팅 활동들을 실행해야 한다.

브랜드 혜택을 조정하는 전략

먼저, 브랜드 혜택을 조정하는 전략을 살펴보자. 브랜드 혜택을 개선하거나 추가하거나 제거하는 전략들이다(표 7.2의 좌측 세 칼럼 참조).

전문성 혜택 개선

2001년 현대자동차는 새로운 품질 개선 계획에 따라 자사 모델의 디자인과 엔지니어링 부분을 개선했다. 또한 고객에게 10년, 16만 킬로미터 무상 보증 프로그램을 제공했다. 이 보증 프로그램은 자동차 산업계의 평균 보증 기간인 3년을 훨씬 넘는 것으로서, 고객이 자동차의 기대 수명 동안 발생할 수 있는 고가의 수리비를 거의 책임질 일이 없음을 의미했다. 이렇게 개선된 혜택들은 품질에 대한 현대자동차의 명성을 완전히 바꿔놓았다.

아마존은 프라임 멤버십 제도를 개선했다. 프라임 멤버는 무료 배송 혜택 외에도 음악과 비디오 스트리밍 서비스를 이용할 수 있다. 더 나아가 프라임 데이에는 웹사이트에서 제공하는 프라임 멤버만을 위한 특별 가격 판매 행사로 혜택을 받을 수 있다. 이런 혜택들을 제공함으로써 아마존의 프라임 멤버십은 현재 미국 전체 가정의 약 25퍼센트를 회원으로 확보하

표 7.2 브랜드 가치 향상 전략

3Es 방식	브랜드 혜택 조정			혜택의 중요성 비중 향상/축소	추가 대상 설정/변경
	개선	추가	제거		
전문성 혜택	현대자동차의 무상 보증 기간 연장 아마존의 프라임 멤버십	샘소나이트 메이시백화점 내 베스트 바이 매장	밀레	리스테린 인조이	미국독극협회 한국의 게토레이
정성성 혜택	클리블랜드 클리닉 자포스	에이지 20s	버거킹 스오치	폭스바겐	에이비스 렌터카
공감성 혜택	캐피타	스타벅스의 교육 혜택 그래비티 페이먼트	뉴발란스 러쉬, 다비다상	에르메스 버켄스탁	한국의 사랑의 온도탑

고 있으며, 2020년에는 50퍼센트에 이를 것으로 기대된다.[2]

정감성 혜택 개선

클리블랜드 클리닉Cleveland Clinic은 정감성 혜택을 개선했다. 병원 특유의 소독약 냄새는 4성급 호텔 체인에서 나는 특별한 향과 비슷하게 바뀌었다. 유명 디자이너 다이앤 본 퍼스텐버그Diane von Furstenberg가 만든 의사와 간호사의 제복은 품위를 유지하면서도 환자에게 쉽게 접근할 수 있는 편의성을 갖추었다. 직원들은 10-4 규칙을 준수해야 했다. 이는 "환자에게서 10피트(3미터) 떨어져 있을 때는 미소를 지으며 눈을 맞추고, 4피트(1.2미터) 내에 있을 때는 환자를 이름으로 부르라"는 규칙이다. 병원은 두려움을 불러일으키는 환경일 수도 있다. 그러므로 친절함, 쾌적함, 품위를 유지할 수 있는 경험은 환자의 행복과 안락함을 유지하는 데 큰 도움이 된다.

세계적인 온라인 신발·의류 판매 기업인 자포스는 전화를 걸어 문의하거나 문제를 제기하는 고객의 평생 가치가 전혀 전화를 하지 않는 고객의 가치보다 5~6배 더 높다는 사실을 깨달았다. 그래서 자포스는 고객에게 친절하고 마음을 따뜻하게 하는 서비스를 제공하기 위해 자사와 접촉할 수 있는 기회를 늘렸다. 자포스 웹사이트의 모든 페이지에 전화번호를 표시해 고객이 궁금한 점이나 문제가 있을 때 쉽게 전화할 수 있게 한 것이다. 고객이 쉽게 연락할 수 있게 하는 이 방안은 고객에게 전문성 혜택을 제공하기도 하지만, 친절한 서비스를 통해 고객의 마음을 따뜻하게 하는 정감성 혜택도 제공한다. 이와 반대로, 고객이 인터넷 검색을 하지 않는 한 고객 서비스 전화번호를 찾을 수 없는 전자 상거래 사이트들도 있다.[3]

공감성 혜택 개선

오늘날은 체인 스토어들의 대량 판매 방식이 지배하는 세상이지만, 오랜 기간에 걸쳐 품질과 원칙에 헌신하는 전통을 지닌 진정한 제품을 원하는 고객들도 있다. 캐피타 스노보드는 브랜드의 정통성을 강조함으로써 공감성 혜택을 제공하는 능력을 개선했다. 개선된 웹사이트는 꿈을 이루기 위해 '뜬눈으로 밤을 지새우며 파산 위기'를 극복했던 창업 멤버들의 헌신을 강조하며, 캐피타 브랜드의 전설과 스노보드 업계의 '괴짜 기업'으로서 초라했던 창업 이야기를 담고 있다.[4] 웹사이트는 또 책임 있는 생산에 관한 캐피타의 약속과 더 모터십The Motorship이라 불리는 신규 스노보드 공장에 관한 정보를 공유하고 있다. 이 공장은 이산화탄소를 배출하지 않으며 100퍼센트 수력 발전 전기만 사용한다.[5] 캐피타는 브랜드의 독특하고 다채로운 역사를 소개하고 사회적 책임을 다하는 생산을 강조하며 "진정한 자연 생활의 전달자"로서 보다 강력한 위치에 올랐으며, 이런 믿음을 공유하는 고객에게서 큰 반향을 불러일으키고 있다.

전문성 혜택 추가

기업은 기존 혜택에 대한 개선 이외에 새로운 혜택을 추가해 브랜드 가치를 향상시킬 수 있다. 쌤소나이트는 휴대폰으로 확인할 수 있는 가방 추적 시스템을 갖춘 새로운 여행 가방 라인, 지이오트랙GeoTrakR을 출시했다. 이 혜택은 여행자와 항공사의 가장 큰 골칫거리 중 하나인 분실 수화물 문제를 해결해준다. 최근 메이시백화점Macy's 본사는 그동안 취급하지 않았던 전자제품을 판매하기 위해 전자제품 전문 체인 스토어인 베스트 바이 매장 10개를 각 지점에 배치한다고 발표했다.[6] 이에 따라 메이시백화점 고객은 새로운 종류의 제품을 접할 수 있는 혜택을 추가로 얻었다.

정감성 혜택 추가

한국의 애경그룹이 출시한 화장품 브랜드, 에이지 20's는 TV 홈쇼핑을 통해 피부에 수분을 공급하며 부드러움을 유지해주는 이 브랜드의 장점을 시각적으로 설명했다. 홈쇼핑 방송 중 한 여성의 피부에 바른 에이지 20's의 에센스 커버 팩트에서 에센스가 떨어지는 모습을 보여주는 장면은 시각적으로 제품의 성능을 흥미롭게 설명해준다. 이 장면은 에이지 20's의 뛰어난 보습력을 강력히 증명했다. 출시 첫해인 2013년에 5만 4,867개를 판매한 이 브랜드는 2015년에 119만 9,066개로 판매량이 크게 늘었다.[7]

공감성 혜택 추가

스타벅스는 직원들의 대학 교육에 투자하는 방식으로 직원들에 대한 혜택을 추가했다. 미국 내 매장에서 일주일에 20시간 이상 근무하고, 애리조나주립대학교에 입학할 수 있는 성적과 시험 점수를 얻은 스타벅스 직원들은 누구든 이 대학 학비 지원 프로그램을 활용할 수 있다. 대학교에 등록한 직원들은 어떤 전공이든 선택할 수 있으며, 스타벅스를 관둘 때 받은 등록금을 반환하지 않아도 된다. 스타벅스는 또한 16세에서 24세에 이르는 저소득층 자녀들에게 더 많은 기회를 제공하는 새로운 계획을 시행하고 있다.[8] 사람들은 스타벅스의 사회적 의식을 갖춘 행동에서 스타벅스와 자신을 더 가깝게 느끼게 되며, 원칙과 사회적 대의명분을 내세운 기업 활동에 고마움을 표시한다. 이에 덧붙여, 스타벅스는 심지어 시간제 근무자에게도 스톡옵션과 건강보험을 제공하는 등 다른 기업에서 보기 드문 혜택을 끊임없이 추가해왔다.

신용카드 결제 처리 기업인 그래비티 페이먼트^{Gravity Payment}의 31세에 불과한 젊은 CEO는 최근 직원 120명에 대한 최저 임금을 7만 달러로 책정했다. 그는 100만 달러에 이르는 자신의 연봉을 대폭 낮춰 이 정책을 가능하게 만들었다. 이런 움직임은 저임금으로 삶을 꾸리는 데 어려움을 겪는 직원들에게 엄청난 변화를 제공했다. 또한 소득 불균형에 맞서 싸우는 CEO의 노력에 박수를 보내는 전 세계 수많은 사람에게서 높은 관심과 열광적인 지지도 이끌어냈다.

전문성을 제공하지 못하는 혜택 제거

기업은 고객에게 전문성을 제공하지 못하는 혜택을 제거할 수도 있다. 실제로, 없는 것이 더 나을 때도 있다. 기업은 이런 가치 향상 전략으로 비용을 줄일 수도 있다. 가전제품의 날로 늘어나는 기능은 종종 사용자를 혼란스럽게 한다. 밀레는 핵심적인 제품 성능과 소음 제어는 유지하면서 다른 사소한 기능을 제거함으로써 자사의 세탁기 가치를 향상시켰다. 전보다 간소해진 기능은 보다 단순하고, 사용하기 쉬우며, 수리해야 할 부품이 줄었다는 의미다. 흥미롭게도 월터 아이작슨^{Walter Issacson}이 쓴 스티브 잡스 전기를 보면, 스티브 잡스가 가장 열광한 가전제품은 밀레의 세탁기인데, 이는 이 브랜드의 우아한 디자인이 표현하는 단순함 덕분이었다고 한다.[9]

정감성을 제공하지 못하는 혜택 제거

기업은 고객에게 정감성을 제공하지 못하는 혜택을 제거할 수도 있다. 버거킹은 어린이 메뉴에서 청량음료를 뺐다. 이런 음료를 여전히 주문할 수는 있지만, 어린이를 위한 킹 주니어 메뉴에는 청량음료가 없다. 대신 무지방 우유와 100퍼센트 애플 주스, 저지방 초콜릿 우유가 들어 있다. 부모들의 마음을 사로잡을 이런 움직임 덕분에 자녀를 데리고 버거킹에 갈 가능성은 더욱 높아졌다. 스위스 시계 브랜드인 스와치는 스테인리스 스틸로 만든 고가의 시계 밴드를 없애고, 고객이 발랄하고 다채로우며 저렴한 플라스틱 시계 밴드를 선택할 수 있게 했다. 이런 움직임으로 스와치는 비용을 절감하고, 다양한 종류의 스타일과 색상을 폭넓게 제공하며, 이 브랜드를 사랑받는 패션 아이템으로 만들 수 있었다.

공감성을 제공하지 못하는 혜택 제거

뉴발란스는 운동화 라인 중에서 일부 가죽 제품을 제외시켰다. 가죽 운동화가 동물에게 해를 끼치는 제품을 사용하는 것을 반대하는 일부 고객의 신념에 어긋나기 때문이다. 이와 비슷하게, 러쉬와 더바디샵은 동물 실험을 한 제품을 판매하지 않는다. 실제로 러쉬는 동물 실험을 직접 하지 않거나 위탁하지 않는 기업의 재료들만 구매한다. 러쉬는 자사 제품을 동물이 아닌 사람에게 직접 실험한다. 동물을 이용한 제품 실험처럼 고객에게 공감성을 제공하지 못하는 혜택을 제거한 전략은 러쉬가 시장에서 돋보이고 이 브랜드의 가치를 공유하며 추종하는 고객을 확보하는 데 도움을 준다.

혜택의 중요성 비중을 조정하는 전략

표 7.2에 있는 두 번째 전략의 목적은 고객이 인지하는 특정 혜택의 중요성 비중을 조정하는 데 있다. 기업은 이 전략을 통해 고객에게 전문성이

나 정감성 또는 공감성을 제공하는 혜택 중에서 경쟁 기업보다 뛰어난 혜택의 중요성 비중을 향상시킬 수 있다. 혹은 그 반대로, 경쟁 브랜드가 더 뛰어난 혜택의 중요성 비중을 낮출 수도 있다. 때로는 특정 혜택의 중요성 비중을 조정하는 전략이 부정적인 혜택을 긍정적으로 바꾸는 경우도 생길 수 있다(뒤에서 설명할 에르메스의 사례 참조).

전문성 혜택의 중요성 비중 조정

워너램버트Warner-Lambert는 초창기에 구강 청결제 리스테린의 강하고 불쾌한 맛을 구강의 세균과 나쁜 입 냄새를 효율적으로 없애는 제품 특성으로 내세웠다. 이 과정에서 맛의 중요성 비중을 낮추고, 대신 고객이 생각하는 세균 제거의 중요성 비중을 높였다. 실제로 리스테린은 불쾌한 맛을 세균과 나쁜 입 냄새를 강력하고 효과적으로 제거하는 증거로 활용했다. 인조이Enjoy와 같은 주문형 기업on-demand company들은 아마존의 당일 배송 방식에 약간의 변화를 더한 서비스를 제공하며 아마존에 도전하고 있다.[10] 인조이는 고객이 새로운 기기를 설치하는 데 도움이 되는 전문가에게 첨단 기술 제품 배송을 맡긴다. 이 전문가는 추가 비용 없이 고객의 데이터를 예전 스마트폰에서 새로운 기기로 이전하는 데 도움을 주고, 고프로 디지털 카메라로 비디오를 찍고 편집하는 방법을 가르쳐주며, 소노스Sonos 오디오 시스템에 음악을 추가하는 방법을 설명하기도 한다. 이 전략은 고객이 애프터서비스에 부여하는 중요성 비중을 높여준다.

정감성 혜택의 중요성 비중 조정

폭스바겐 비틀의 "작은 것을 생각해보라Think Small"라는 유명한 광고 캠페인은 당시 큰 것이 더 좋다는 신조에 대항하며 작은 것을 멋진 것으로 바꿔놓았다. 다른 자동차 생산 기업들이 속도와 크기, 출력을 놓고 경쟁하는 사이에 폭스바겐은 소형 자동차의 이미지를 고급 기술과 연료 절감, 신뢰성, 친근함에 연결했다. 실제로 폭스바겐은 자사의 자동차가 시속 115킬로미터를 넘지 못한다는 사실을 "작은 것을 생각해보라" 지면 광고에서 공개적으로 밝히며 놀라울 정도로 솔직했다. 하지만 폭스바겐은 소형차인 비틀도 '미국의 거의 모든 최고속도제한법을 쉽게 위반할 수 있다'는 사실을 고객에게 함께 알렸다. 이와 같이 폭스바겐은 과도한 출력과 속도의 중요성 비중을 낮추게끔 사람들의 인식을 바꿔놓았고, 그 결과 소형차가 친근하고 멋있고 재미있는 이미지를 갖게 됐다.

공감성 혜택의 중요성 비중 조정

대부분의 고객은 주문한 뒤 제품을 받을 때까지 기다리는 시간을 좋아하지 않는다. 이런 상황이 명품 브랜드 에르메스에는 매우 힘든 문제일 수 있다. 에르메스의 켈리백이나 버킨백을 주문한 고객은 6개월 이상을 기다려야 제품을 받을 수 있기 때문이다. 하지만 에르메스는 이런 기다림의 시간을 최고의 원재료를 구하고, 핸드백을 직접 손으로 만드는 숙련된 장인에게 필요한 정밀 공구를 준비하는 기간에 연관시키며, 자칫 부정적 이미지를 줄 수 있는 이 문제를 자사에 유리한 특성으로 바꾸었다. 고객은 이렇게 희소가치가 높고 장인들이 한 땀 한 땀 정성 들여 제작한 핸드백을 소유하는 데 자부심을 느낀다. 같은 맥락에서, 독일의 샌들 브랜드인 버켄스탁은 디자인이 예쁘지는 않지만, 신발 밑창에서 느껴지는 편안함으로 1960년대부터 미국 소비자들의 주목을 끌었다. 이 샌들을 보며 히피 이미지를 떠올리거나 심지어 이 샌들이 발을 커 보이게 한다고 불평하는 소비자들도 있다. 하지만 버켄스탁은 이제 소비자가 다른 사람에게 자신이 어떤 사람인지 나타내는 상징으로 자리 잡았다. 자신이 남들에게 좋게 보이려고 편하지도 않은 신발을 신어야 한다는 중요성의 비중을 낮춘 것이다.[11]

준거 대상을 설정 또는 변경하는 전략

표 7.1에서 보았듯이, 3Es에 대한 고객의 선택과 평가는 상대적이거나 특정 상황에 영향을 받는다. 이 말은 고객이 선택할 때, 한 브랜드의 혜택을 다른 대상(준거 대상)과 비교하며 살펴본다는 의미다. 뉴욕에서 필라델피아까지 여행해야 하는 상황을 생각해보라. 여행자는 버진 에어Virgin Air가 운항하는 보잉 747기의 비즈니스 클래스를 고려하고 있다. 하지만 최종 선택은 이 방법에 대한 대안에 쉽게 영향받을 수 있다. 이를테면, (1)같은 카테고리에 속한 경쟁 브랜드(버진 에어 대 아메리칸 에어라인)와 (2)다른 카테고리에 속한 브랜드(버진 에어 대 앰트랙Amtrak 기차 또는 헤르츠Hertz 렌터카), (3)같은 브랜드 내의 다른 대안(버진 에어의 보잉 747 대 보잉 777), 또는 (4)어떤 상품도 구매하지 않는 대안을 고려할 수 있다. 고객이 선택을 위해 고려하는 준거 대상에 기업이 직접적으로 영향을 미치는 경우도 있다. 구체적으로 설명하면, 기업은 자사의 브랜드가 제공하는 최고의 가치를 가장 돋보이게 하는 준거 대상을 직접 선택할 수 있다. 이어지는 사례들은 그 방법을 설명한다.

브랜드의 전문성 강점을 돋보이게 하는 준거 대상 설정 또는 변경

1987년 미국돈육협회National Pork Board는 돼지고기를 "또 하나의 흰색 고기"로 포지셔닝했다. 이 캠페인은 소고기 지방에 대한 우려가 높아지고, 닭고기가 지방이 적은 동물성 단백질 공급원으로 큰 인기를 끌 때 시작됐다. 돼지고기를 흰색 고기로 규정하는 전략은 돼지고기가 소고기와 완전히 다르고 닭고기와 비슷하다는 사실을 강조하는 동시에 돼지고기의 전문성 혜택을 돋보이게 했다. 이 캠페인에 힘입어 1987년에서 1991년까지 돼지고기 판매는 20퍼센트 증가했다. 미국돈육협회는 현재 돼지고기가 세계에서 가장 많이 소비되는 단백질 공급원이라고 주장한다. 1990년대 초 한국에 진출한 게토레이는 다른 브랜드의 갈증 해소 음료가 아닌 생수와 비교해 판촉활동을 벌이며, 게토레이가 생수보다 빨리 신체에 수분을 공급한다고 주장했다. 게토레이는 한국에 처음 진출했을 때 어려움을 겪기는 했지만, 현재 한국은 가구당 게토레이 소비량이 가장 많은 국가 중 하나다.

브랜드의 정감성 강점을 돋보이게 하는 준거 대상 설정 또는 변경

에이비스 렌터카는 사업 초창기에 "우리는 2등입니다. 그래서 더 열심히 합니다We're #2. We try harder"라는 유명한 슬로건을 사용했다. 에이비스는 헤르츠를 뒤따르는 2등으로 포지셔닝하면서 그 뒤를 바짝 쫓고 있으며, 헤르츠를 앞서지는 못하더라도 그만큼 탁월한 서비스를 제공하기 위해 더욱 열심히 노력한다는 사실을 고객이 믿게 만들었다. 이런 움직임으로 에이비스는 고객에게 감동을 불러일으켰고, 고객은 에이비스를 비록 약자지만 진실한 기업으로 인식했다. 가슴을 따뜻하게 하는 이런 광고는 에이비스의 경쟁적 지위도 끌어올렸다. 당시 헤르츠가 확실한 업계 선두를 유지한 가운데, 많은 렌터카 기업이 경쟁하고 있었다. 이런 상황에서 에이비스는 시장에서 3등이나 4등이 아닌, 2등 브랜드로 자리매김하는 데 성공했다.

브랜드의 공감성 강점을 돋보이게 하는 준거 대상 설정 또는 변경

2000년부터 한국의 17개 주요 도시에서는 매년 겨울 사랑의 온도탑을 세우는 행사를 개최했다. 사랑의 온도탑에 표시되는 온도는 그해 목표 기금의 1퍼센트를 채울 때마다 1도씩 올라간다. 시민들은 자신이 살고 있는 도시에서 기부가 진행되는 과정을 매일 확인할 수 있다. 목표 기금이 달성되면 사랑의 온도탑은 100도에 이른다. 사랑의 온도탑을 활용해 목표 기금 달성에 성공한 사례는 매우 인상적이다. 사랑의 온도탑을 준거 대상으로 삼은 2000년 이후, 기금 모금은 매년 목표를 초과 달성했다. 이 사례의 준거 대상인 사랑의 온도탑은 표 7.2에서 사용된 여러 준거 대상과는 다른 목적으로 활용됐다. 이는 도움이 필요한 사람들에 대한 배려의 상징으로 묘사되고, 기부자들은 이런 행사에 동참하는 행동을 자랑스럽게 여긴다.

가치 향상 전략에 대한 광범위한 고려

지금까지 다양한 맥락에서 가치를 향상할 수 있는 다섯 가지 전략을 논의했다. 이런 맥락들은 구매 이전, 구매, 사용, 처분이 순환되는 거래 사이클 측면에서 보다 쉽게 이해될 수 있다. 브랜드 혜택은 사용 단계뿐만 아니라 거래 사이클의 다른 단계에서도 생각할 수 있다. 이에 덧붙여, 우리는 전문성, 정감성, 공감성 혜택을 하나하나 분리하여 생각했지만, 하나의 혜택이 전문성에만 연결되지 않고 정감성이나 공감성에도 연결될 수 있다는 점을 기억해야 한다. 실제로 고객에게 전문성, 정감성, 공감성을 동시에 제공하는 어떤 특정 브랜드 혜택을 보유하는 것은 그 영향력이 매우 크고 비용 면에서도 효율적이다. 이제 이 점에 대해서 더 자세하게 논의해보자.

거래 사이클의 각 단계별 혜택

첫째, 브랜드 관리자는 신규 브랜드를 구축하든 기존 브랜드를 강화하든 '구매 이전' 단계에서 '구매'와 '사용'을 거쳐 '처분'에 이르는 거래 사이클의 각 단계별 혜택을 고려해야 한다. 숍어드바이저[ShopAdvisor]는 데이터 분석을 통해 구매자의 선호도를 파악하고 판매자가 이 브랜드의 애플리케이션을 설치한 고객에게 개인 맞춤형 알림을 보낼 수 있게 한다. 또 고객의 현재 상황을 정확히 파악해 판매자가 구매 이전 단계에 있는 고객에게 제품 및 할인 정보를 제시할 수 있게 만들며, 판매자에게 전문성의 혜택을 제공한다. 구매 단계에서도 구매를 용이하게 하는 혜택이 발생하며, 고객이 제품을 사용(소비)하는 단계에서도 혜택이 발생한다. 예를 들어, 크리에이트어북[Create-A-Book]은 구매와 사용의 단계에서 부모와 어린 자녀에게 모두 혜택을 제공한다. 책을 구매하면 자녀와 애완동물이 책을 구성하는 이야기의 주요 인물로 등장하는데, 이는 구매 단계에서 경험하는 큰 기쁨이다. 이야기의 주인공이 된 자녀는 부모가 책을 사서 읽어줄 때(사용 단계) 흥분을 감추지 못한다. 고객이 더 이상 흥미를 느끼지 못하는 제품을 처분하려는 단계에서도 혜택이 발생할 수 있다. 초창기에 BMW는 일본 고객들에게 낡은 자동차를 무료로 픽업해주는 서비스를 제공함으로써 그들의 처분 과정을 용이하게 했다. 혜택이 제품 사용 단계에만 제한될 필요는 없다.

다수의 혜택에 관련된 혜택

둘째, 특정 혜택이 다수의 혜택에 관련될 수 있다. 2장과 5장에서 살펴본 캐터필러의 딜러 자문 그룹은 전문성 혜택(이를테면, 캐터필러와 동등한 파트너십을 의미하는 혜택)뿐만 아니라 정감성 혜택(이를테면, 마음을 따뜻하게 해주는 혜택)도 제공한다. 앞서 언급한 스타벅스의 무료 대학 교육 프로그램은 직원들에게 보다 안정된 삶을 지원하는 교육 경험을 부여하며 전문성 혜택을 제공한다. 그리고 인지적 자극을 통해 직원들에게 정감성 혜택도 제공한다. 더 나아가 이 프로그램은 직원들의 가치와 일치하는 공감성 혜택을 제공한다. 하나의 혜택이 또 다른 혜택을 제공할 때, 브랜드 가치를 구축하거나 강화하는 데 더욱 강력한 영향력을 발휘하고 비용 면에서도 더 효율적이다.

가치 향상 전략의 기본 템플릿

표 7.3은 우리가 지금까지 제시한 두 가지 요점을 통합하는 템플릿이다. 브랜드 관리자는 이 표에 있는 열두 칸 각각에 대해 표 7.2의 다섯 가지 가치 향상 전략 중 하나 또는 다수의 복합된 전략과 그 전략에 적절한 마케팅 활동을 생각해볼 수 있다. 또한 앞서 언급한 것처럼, 한 혜택이 또 다른 혜택을 제공하면 브랜드 가치를 구축하거나 향상시키며, 브랜드 애드머레이션을 강화하는 데 더욱 큰 영향력을 발휘하고 비용 면에서도 효율적이다. 만약 혜택이 브랜드의 단가를 낮추거나 최소한 높이지만 않으면, 기업에 더 많은 가치를 가져다준다. 예를 들어, 태양의 서커스는 동물 공연을 없앴다. 이 공연이 고객에게 정감성을 제공하지 못했기 때문이다. 동물 공연을 제외하는 결정은 실제로 고객의 마음을 따뜻하게 하고(정감성 혜택), 태양의 서커스가 고객의 신념을 공유한다는 믿음을 제공하며(공감성 혜택), 많은 고객의 긍정적인 반향을 불러일으켰다. 또한 이 결정으로 동물 조련사와 사료, 동물 건강관리, 동물 우리, 보험 등에 들어가는 비용을 절감할 수 있어서 공연 단가도 낮아졌다. 프로그레시브 인슈어런스Progressive Insurance도 이와 비슷한 가치 향상 전략을 사용했다. 보험 사기에 따른 비용이 한 해

표 7.3 통합적 브랜드 가치 향상 전략

거래 사이클	혜택의 형태		
	전문성 혜택	정감성 혜택	공감성 혜택
구매 이전			
구매			
사용			
처분(구매 이후)			

800억 달러를 넘어서고 이를 만회하기 위해 보험 기업들이 더 높은 보험료를 청구하는 상황에서[12], 프로그레시브는 보상 담당자를 사고 발생 2시간 이내에 사고 현장에 파견하는 방식으로 보험금 청구 과정을 변경했다. 이렇게 개선된 혜택은 보험의 도움이 필요할 때 신속하고 군더더기 없는 서비스를 원하는 고객에게 매력적이었다(전문성 혜택). 보상 담당자가 사고 현장에 출현함으로써 보험 사기에 의한 보험금 청구는 큰 폭으로 줄었고, 이 방안으로 비용을 절감한 프로그레시브는 다른 경쟁 기업들보다 낮은 보험료를 책정할 수 있었다. 마지막으로 사고 현장에서 보상 담당자가 제공하는 전문적 서비스는 사고로 인한 정신적 스트레스로 고통받는 고객의 마음을 따뜻하게 했다(정감성 혜택과 전문성 혜택).

그러므로 브랜드 관리자는 가장 효율적으로 브랜드 애드머레이션을 구축하거나 강화할 수 있는 가치 향상 전략들을 고려할 때, 표 7.3을 기본 템플릿으로 활용할 수 있다.

❶ 기업이 가치 향상 전략을 활용해 브랜드 애드머레이션을 끊임없이 강화하지 않으면 시간이 지나면서 약화될 가능성이 크다.

❷ 고객의 선택은 브랜드가 준거 대상에 비해 얼마나 많은 가치를 제공하느냐에 바탕을 둔다. 브랜드 가치를 형성하는 요소에는 브랜드가 제공하는 혜택과 그 혜택의 중요성 비중, 브랜드를 비교할 수 있는 준거 대상이 포함된다. 이와 같은 선택(가치) 공식은 브랜드가 브랜드 애드머레이션을 구축하고 시간이 지나면서 이를 강화할 수 있는 방법에 대한 중요한 정보를 제공한다.

❸ 브랜드는 다음과 같은 다수의 가치 향상 전략을 사용할 수 있다.
1) 고객에게 전문성, 정감성, 공감성을 제공하는 혜택들에 대한 조정(혜택 추가, 개선, 제거)
2) 이런 혜택들의 중요성 비중 변경(전문성, 정감성, 공감성 혜택에 대한 중요성 비중의 향상 또는 축소)
3) 브랜드를 비교할 수 있는 준거 대상 설정 또는 변경(동일 카테고리 내의 경쟁 브랜드, 다른 카테고리의 브랜드, 같은 기업 내의 다른 제품, 비구매)

❹ 기업은 거래 사이클의 특정 단계에 맞는 가치 향상 전략을 찾을 수 있다.

❺ 기업은 하나의 특정 혜택(전문성, 정감성 또는 공감성 혜택) 또는 두 가지 이상의 혜택에 맞는 가치 향상 전략을 추구할 수 있다.

여러분의 브랜드는 어떤가?

❶ 시간의 흐름에 따라 브랜드 애드머레이션을 강화할 수 있도록 브랜드 가치를 향상시켰는가?

❷ 여러분이 제공한 혜택 중 얼마나 많은 혜택이 3Es에 속하는가?

❸ 브랜드 혜택을 조정하고, 혜택의 중요성을 향상 또는 축소하고, 준거 대상을 설정 또는 변경하는 전략을 얼마나 고려했는가?

❹ 제공 혜택 중 얼마나 많은 혜택이 전문성, 정감성 그리고 공감성 혜택 중 최소한 두 가지 이상의 혜택을 향상시키는가?

❺ 여러분의 브랜드가 제공하는 혜택이 구매 이전에서 제품 처분에 이르는 네 단계 거래 사이클의 각 단계에 적용되는가?

제8장

브랜드 애드머레이션 활용:
확장과 피드백 효과

. . . . . .

칭송받는 브랜드의 활용은 브랜드 성장에 상승효과를 불러일으킨다.

서론

머나먼 은하계에 존재하는 캐릭터를 다룬 이야기로 시작한 한 영화가 전 세계 사람들의 마음과 상상력을 사로잡았다. 1977년 처음 등장한 이후 스타워즈 영화는 후편들을 잇달아 내놓았다. 하지만 스타워즈 브랜드의 성공은 영화 분야에만 한정된 것은 아니다. 스타워즈는 다른 제품 카테고리에서 수많은 미디어 엔터테인먼트 관련 상품들을 탄생시켰다. 스타워즈 만화책과 스타워즈 비디오, 스타워즈 트레이딩 카드, 스타워즈 역할극 게임 등이 여기에 속한다. 레고와 마이크로소프트, 소니와 함께 실행한 공동 브랜딩으로 레고의 스타워즈 제품 라인과 소니 플레이스테이션의 스타워즈 비디오 게임도 탄생했으며, 이들은 엄청난 인기를 끌었다. 스타워즈 브랜드를 칭송하는 사람들에게 이 브랜드와 관련 없는 삶의 영역은 거의 없다.

개요

기업은 칭송받는 브랜드를 활용할 때, 기업과 고객에 대한 브랜드 가치를 향상시킬 수 있는 기회를 잡을 수 있다. 즉, 기업은 기존 브랜드 이름(스타워즈)을 신규 제품이나 서비스(스타워즈 후속편, 만화책, 게임, 시리얼, 의류, 토스터 등)에 활용해 시장 기반을 확장하고 새로운 수익원을 창출할 수 있다. 스타워즈 이름을 신규 제품이나 서비스에 확장하는 방안은 우리가 말하는 피드백 효과를 만들어냄으로써 스타워즈 브랜드가 고객들에 대한 브랜드 아이덴티티(브랜드의 역할과 상징)를 강화하고 확장할 수 있게 만든다. 이렇게 강화되고 확장된 브랜드 아이덴티티는 고객들이 이 브랜드를 보다 자주 접하고 더 많이 사용하게 만들며, 이는 브랜드와 자신의 연관성을 더 강하게 하고, 더욱 강력한 TOM 브랜드 상기를 이끌어내며, 브랜드 애드머레이션을 더욱 강화하는 결과로 이어진다. 브랜드 활용이 브랜드 애드머레이션을 고조시키고 기업에 이득이 되는 재무적 혜택을 달성할 수도 있지만, 때로는 기존 브랜드 이름으로 신규 시장에 진출하는 방안이 기존 브랜드와 신규 제품이나 서비스에 모두 해를 끼칠 수도 있다. 신규 제품이나 서비스가 실패할 수도 있고 아니면 브랜드의 상징성에 혼돈을 일으킬 수도 있다. 이런 경우, 피드백 효과는 긍정적이 아니라 부정적이며, 브랜드 의미를 강화하고 확장하는 것이 아니라 약화시킨다. 8장과 9장에서는 기업이 칭송받는 브랜드를 활용할 때 왜, 언제, 어떻게 혜택을 받거나 손해를 볼 수 있는지 살펴본다.

칭송받는 브랜드를 활용하는 이유

칭송받는 브랜드를 활용한다는 말은 무슨 의미일까? 브랜드가 기존의 이름을 신규 제품이나 서비스에 사용하는 것을 브랜드 이름의 활용이라고 한다. 근본적으로 브랜드는 기존의 이름을 신규 시장으로 진출하기 위한 도약판으로 활용한다. 예를 들면, 알리바바가 알리바바 클라우드 컴퓨팅이라는 이름으로 신규 시장에 진출하는 형태다. 브랜드가 더 많이 칭송받을수록, 이 도약판은 신규 시장에서 신속한 성공을 이루는 데 보다 큰 영향력을 발휘한다. 이제 칭송받는 브랜드를 활용함으로써 나타나는 두 가지 뚜렷한 이점인 '확장 효과extension effect'와 '피드백 효과feedback effect에 대해 살펴보자.

확장 효과

신규 시장 진출은 보다 많은 수익을 올리고 성장할 수 있는 기회를 제공한다. 기업이 새로운 상품이나 서비스에 모 브랜드parent brand를 활용하면, 그렇지 않을 때보다 적은 시간과 비용으로 수익 창출과 성장을 효율적으로 달성할 수 있다. 예를 들어, 고객이 알리바바의 포털 사이트를 사용하기 쉽고 안전하며 신뢰할 수 있다고 인식하면, 알리바바 클라우드 컴퓨팅에 대해서도 무의식적으로 동일하거나 비슷한 생각을 할 것이다. 알리바바가 무슨 일을 하는지 잘 아는 고객은 알리바바 클라우드 컴퓨팅이 무엇을 할지 더 쉽게 이해할 수 있다. 이 말은 알리바바가 신규 서비스의 정체성을 알리바바 이름을 사용하지 않을 때보다 더 적은 마케팅 예산으로 신속히 알릴 수 있다는 뜻이다.[1] 가치 사슬 내의 협력 기업들도 알리바바의 이름을 이미 잘 알고 신뢰하므로 유통과 소매 판매 비용도 낮아질 수 있다. 우

표 8.1 **칭송받는 브랜드를 활용하는 이유**

확장 효과: 모 브랜드가 확장에 미치는 효과	
기업 가치 향상	효율적인 수익 창출과 성장의 기회
고객의 이해 향상	확장 제품의 혜택에 대한 고객의 신속한 이해
피드백 효과: 확장이 모 브랜드에 미치는 효과	
브랜드의 의미 강화	브랜드가 상징하는 것에 대한 보다 깊은 이해
브랜드의 의미 확대	브랜드가 상징하는 것에 대한 보다 폭넓은 이해
브랜드와 자신의 연관성 추가	고객과 브랜드를 연결 지을 수 있는 보다 많은 기회
TOM 브랜드 상기 강화	고객이 브랜드를 기억할 수 있는 보다 많은 기회

리는 수익 창출과 성장을 효율적으로 이룰 수 있는 이런 기회를 '확장 효과'라 부른다(표 8.1 참조).

피드백 효과

칭송받는 브랜드 활용은 긍정적인 확장 효과를 일으켜 신규 제품이나 서비스가 성공할 가능성을 높여줄 뿐만 아니라, 새로운 제품이나 서비스가 모 브랜드에 대한 고객의 이해와 칭송에 피드백을 일으키며 영향을 줄 수 있다.[2] 신규 제품이 브랜드 아이덴티티에 대한 고객의 이해를 '강화'하는 동시에, 아이덴티티에 새로운 연관성을 추가시켜 더 확대된 의미로서 이해할 때 긍정적인 피드백 효과가 나타난다(표 8.1 참조). 예를 들어, 캐터필러가 제설차를 제품 라인에 추가하는 것은 무거운 물건을 옮길 수 있는 강력한 기계라는 캐터필러의 브랜드 아이덴티티를 강화해줄 것이다. 이런 확장은 캐터필러가 땅을 파는 일뿐만 아니라 눈을 치우는 데도 유용하다는 이미지를 고객에게 심어주며, 캐터필러가 연관될 수 있는 맥락들에 대한 고객의 이해를 확대할 수 있다. 다른 예를 들면, 알리바바의 클라우드 컴퓨팅 확장은 "원하는 것을 원하는 때에 얻을 수 있다"는 알리바바의 개념을 더욱 강화할 수 있고, 또한 알리바바 브랜드의 의미를 확대 해석할 수 있다. 즉, 고객은 알리바바가 물건을 거래하는 일에만 관련된 것이 아니라 정보 접근과 관리에도 연관된다는 사실을 이해하게 된다.

성공적인 확장으로 브랜드 아이덴티티를 강화하고 확대하는 피드백 효과는 모 브랜드에 대한 고객의 칭송을 강화하는 결과도 만들어낸다. 이 효과는 브랜드 애드머레이션을 구성하는 주요 요소, 즉 '브랜드와 자신의 연관성'과 'TOM 브랜드 상기'를 강화함으로써 이런 결과를 만들어낸다(표 8.1 참조). 8장 첫머리에 언급한 사례로 돌아가면, 스타워즈 브랜드를 붙인 신규 제품은 고객에게 스타워즈와 상호 작용할 수 있는 기회를 더 많이 제공하며 브랜드와 자신의 새로운 연관성을 구축한다. 브랜드 이름이 이제 하나 이상의 제품들과 연계됨에 따라 스타워즈 브랜드를 붙인 제품들(이를테면, 스타워즈 토스터)을 접하는 고객은 이 브랜드에 연계된 다른 제품들(이를테면, 스타워즈 영화)도 떠올리게 된다. 즉, 각 제품은 나머지 다른 제품의 TOM 브랜드 상기를 강화할 수 있다. 보다 강해진 브랜드와 자신의 연관성, TOM 브랜드 상기는 결과적으로 브랜드 애드머레이션을 더욱 강화시킨다.

부정적인 피드백 효과

피드백 효과는 긍정적일 수도 있지만 부정적일 수도 있다. 신규 제품이나 서비스에 기존 브랜드 이름을 활용하는 방안이 고객의 모 브랜드 아이덴티티에 대한 이해를 강화하는 것이 아니라 약화시키고, 고객이 브랜드의 상징성을 혼돈하게 만드는 경우도 있다.[3] 예를 들어, 야마하 이름을 모터사이클에 사용한다고 해서 야마하 브랜드 악기들의 이미지가 더 강화되는 것 같지는 않다. 오히려 야마하를 칭송받는 악기 브랜드로 강화하는 데 어려움을 겪을지도 모른다. 우리는 이렇게 기존 브랜드의 아이덴티티를 강화하거나 유지하는 데 실패하는 현상을 '브랜드 희석brand dilution'이라 부른다. 이것이 바로 기업이 긍정적인 피드백 효과를 실현할 수 있도록 브랜드 활용 방안을 전략적으로 생각해야 하는 중요한 이유다.

8장의 나머지 부분과 9장에서 우리는 확장과 피드백의 효과를 계속 논의한다.

브랜드 활용 방안: 제품과 브랜드의 확장 전략

기업은 브랜드를 어떻게 확장할 수 있을까? 기존 브랜드의 이름을 여러 다양한 형태로 활용할 수 있는데, 그중 하나인 직접 확장direct extension을 8장에서 살펴본다(다른 방법들은 10장에서 논의한다). 다른 형태들과 마찬가지로 직접 확장하는 브랜딩은 제품 확장과 브랜드 확장의 두 가지 서로 다른 방식으로 적용될 수 있다. 제품 확장은 기업이 동일한 제품 카테고리에 속하지만 새롭게 변형된 제품에 모 브랜드를 사용하는 방식이다.[4] 브랜드 확장은 기업이 모 브랜드의 기존 제품 카테고리가 아닌 다른 제품 카테고리에 속하는 제품에 모 브랜드를 사용하는 것이다.

표 8.2 제품 확장을 통한 브랜드 이름 활용

제품 확장 전략의 형태	정의	사례	강화	확대
새로운 성능 혜택	'새로운 혜택'을 제공하도록 기존 제품을 변형	• 저칼로리 게토레이 • 보잉이 보다 조용하고 연료 효율성이 높은 비행기 출시	제품 카테고리에 대한 브랜드의 연관성	브랜드가 제공하는 혜택(브랜드를 사용하는 이유: 이를테면 무가당, 저칼로리 등등)
새로운 상황 적용	'새로운 상황'에 사용할 수 있도록 기존 제품을 변형	• 특별한 지형에 사용하는 존 디어의 트랙터 • 보건 의료, 보험, 화학, 산업 기계 분야 등을 위한 SAP 소프트웨어		브랜드가 제공하는 혜택(브랜드를 사용하는 이유: 이를테면 포도농장에서 사용할 수 있는 존 디어 트랙터)
새로운 사용 방식	'새로운 제품 용도나 사용 방식을 제공하도록 기존 제품을 변형	자동차 기업(테슬라, BMW 등)의 자율주행 자동차		브랜드가 제공하는 혜택(브랜드를 사용하는 이유: 이를테면 직접 운전을 하지 않고도 목적지에 이를 수 있는 편안함과 휴식)

제품 확장 전략

긍정적인 확장 효과와 피드백 효과를 달성할 수 있는 세 가지 제품 확장 전략을 살펴보자(표 8.2 참조). 긍정적 확장의 관점에서 보면, 각 전략은 (1) 기존 고객이 이 브랜드를 더 자주 사용하도록 독려하고, (2)고객이 경쟁 브랜드로 옮기지 못하게 하고, (3)이 브랜드를 사용한 적 없는 신규 고객을 끌어들이는 데 도움을 준다. 또한 긍정적 피드백의 관점에서 각 전략은 (4)브랜드 아이덴티티와 그 위상을 제품 카테고리 내에서 강화하는 한편, (5)브랜드에 대한 고객의 이해를 확대한다. 그리고 (6)이 각각의 전략은 고객이 브랜드와 상호 접촉할 수 있는 기회를 더 많이 제공하며, 브랜드와 고객 자신의 연관성과 TOM 브랜드 상기를 강화한다.

새로운 성능 혜택을 통한 확장

이 전략은 고객에게 브랜드가 제공하는 제품이나 서비스를 구입해야 하는 이유 또는 전보다도 더 많이 구입해야 할 새로운 이유를 제공함으로써 브랜드 아이덴티티를 강화하고 확대한다. 이는 기존 고객에게 적용되는 이야기다. 더욱 중요한 점은 이 브랜드를 현재 사용하지 않는 고객에게도 적용될 수 있다는 사실이다. 저칼로리 게토레이가 이 전략을 잘 설명해준다. 이 경우의 새로운 혜택은 분명하다. 즉, 더 낮은 칼로리 섭취다. 칼로리 섭취를 줄이고 싶은 기존 고객도 이 제품을 선택할 수 있다. 하지만 이 신제품은 칼로리 때문에 지금까지 오리지널 게토레이 음료를 구매하지 않았던 새로운 고객의 흥미를 끌 가능성이 가장 크다. 긍정적인 피드백 효과도 기대할 수 있다. 예를 들어, 게토레이가 스포츠 음료의 범위를 확장하고 있으므로, 이 전략은 스포츠 음료로서의(낮은 칼로리 함량이 아니라) 브랜드 아이덴티티를 강화한다. 고객은 또한 낮은 칼로리와 탄수화물에 관한 정보를 게토레이와 연관된 기억에 추가하고, 이에 따라 이 브랜드와의 연관성이 확대된다. 더 나아가 제품의 두 가지 종류를 인지하고 이들 중에서 선택하는 상황은 고객에게 게토레이 브랜드와의 연관성을 더욱 높이고 TOM 브랜드 상기를 강화시킨다. 그 결과, 게토레이의 브랜드 애드머레이션이 강화된다.

B2B 환경에서 일어날 수 있는 상황을 살펴보자. 보잉은 항공사의 비용을 절감하는 데 도움을 주는 저연비 항공기를 제작할 수 있다. 또한 보다 조용하고 넓은 항공기를 만들어 고객의 항공기 탑승 경험을 향상할 수도 있다. 보잉이 항공기를 변형하는 일은 항공기를 구매하려고 계획하는 기업들에 새로운 보잉 항공기를 구매할 동기를 부여할 수 있다. 두 종류의 비행기 중에서 하나를 선택하거나 이 비행기들을 각각 다른 사용 상황에 맞게 선택하는 것, 이 두 가지 경우가 브랜드 연관성과 TOM 브랜드 상기를 강화시켜 보잉에 대한 브랜드 애드머레이션을 강화할 수 있는 기회를 항공사들에 제공한다. 이런 확장 전략은 이전에 보잉 항공기를 구입하지는 않았지만 고객의 항공기 탑승 경험을 업그레이드하려는 항공사들에도 적용될 수 있다.

새로운 상황 적용을 통한 확장

이 전략의 경우, 기업은 새로운 사용 상황에 적용되는 제품 확장을 시도한다. 이런 방식의 확장은 고객이 이 브랜드 제품을 사용할 수 있는 '장소'와 '시간'에 영향을 미친다. 1989년 닌텐도 엔터테인먼트 시스템이 북미 시장에 처음 진출했을 때, 사람들은 집에서만 닌텐도 게임을 할 수 있었다(게임용 콘솔 박스가 반드시 TV에 연결돼야 했기 때문이다). 하지만 1989년 7월, 북미 시장에 출시된 닌텐도 게임보이는 TV 없이도 어디서나 게임을 즐길 수 있고, 심지어 이동하면서도 게임을 할 수 있는 특성 덕분에 곧바로 히트 상품으로 떠올랐다. 이와 같은 제품 확장 전략은 사람들이 게임을 즐길 수 있는 '시간'과 닌텐도 제품을 사용할 수 있는 '장소'에 큰 영향을 미쳤다. 더 나아가 닌텐도 게임보이는 이동하면서도 게임을 즐기고 싶어 하는 완전히 새로운 고객 그룹의 마음을 사로잡았다. 이 전략은 분명히 닌텐도 게임기의 브랜드 아이덴티티를 강화했을 뿐만 아니라, 닌텐도와 연관된 고객의 기억도 확대했다. 고객의 기억에 닌텐도는 '휴대할 수 있는 게임기', '이동하면서도 즐길 수 있는 엔터테인먼트 시스템'이라는 특성을 추가했기 때문이다. 이런 확장에 힘입어 고객은 버스를 기다리거나 휴가 중이거나 '언제'든, 또 집에 있는 푹신한 소파에서나 비행기 안에서나 '어디서'든 이 브랜드를 접할 수 있게 되었다. 때문에 이 전략은 고객에게 브랜드와 연결되고 브랜드를 보다 자주 상기할 수 있는 기회를 제공하게 되어, 브랜드 애드머레이션의 결정적 두 가지 요소를 강화시킨다.

험한 지형에 적합한 존 디어^{John Deere}의 4륜구동 트랙터는 사용자들이 좁은 공간(고객이 브랜드를 사용할 수 있는 장소 확장)과 극심한 추위나 빙판길, 진흙길 같은 어려운 상황에서도 쉽게 운전할 수 있게 한다. 이로써 존 디어는 고객이 이 브랜드를 사용할 수 있는 시간과 장소를 확대했다. 또한 포도농장을 소유한 고객처럼 특별한 트랙터를 사용해야 하는 신규 고객들도 불러 모을 수 있었다. 그와 반대로 우주항공과 방위, 자동차, 은행, 화학, 소비재 산업 등 SAP의 전문화된 소프트웨어 솔루션을 사용할 수 있는 수많은 산업을 생각해보라. 새로운 상황 적용을 통한 확장은 브랜드가 시장 경계를 넓히는 데 도움을 주며, 기업이 신규 시장을 확보하는 데도 도움이 된다. 또한 존 디어의 확장처럼 긍정적인 피드백 효과를 유발하기도 한다.

새로운 사용 방식을 통한 확장

이 전략은 브랜드 사용 '방식'을 변경함으로써 고객이 브랜드를 새로운 방식으로 사용할 수 있게 한다. 고객에게 브랜드의 새로운 사용 방식을 제공하는 전략은 시장 판도를 바꿀 가능성이 있으므로, 신규 고객을 불러 모으고 기존 고객의 브랜드 사용 빈도를 높이는 데 매우 효과적이다. 예를 들면, 머지않은 미래에 우리는 자동차 산업계에 지각 변동을 일으킬 새로운 사용 방식을 목격할 가능성이 있다. 바로 승객과 화물을 수송하는 자율주행 승용차와 트럭이다. 자율주행 자동차가 수송 수단으로서의 자동차 브랜드 아이덴티티를 강화하는 한편, 이 자동차가 할 수 있는 일에 관한 고객의 기억을 크게 확대할 수도 있다. 이를테면, 사람이나 화물을 A 지점에서 B 지점으로 단순히 이동시키는 수단을 훨씬 넘어서는 차원에서의 기억의 확대다.

복합 전략

하나의 제품 확장 전략을 사용한다고 해서 다른 전략을 사용하지 못하는 것은 아니다. 오히려 여러 전략을 복합적으로 사용하는 것이 기업의 신규 제품이나 서비스가 시장 전체를 다룰 수 있는 가능성을 높일 수 있다. 즉, 기업은 제품에 대한 고객들의 서로 다른 욕구를 충족시킴으로써 그 제품 카테고리를 지배할 수 있다. 이런 전략들은 또한 기업이 R&D와 생산, 프로모션에 필요한 고정비용을 분산시켜 보다 많은 수익을 올릴 수 있게 해준다. 그리고 경쟁 기업이 시장에 진출하는 것을 미리 막는 데도 도움을 줄 수 있다.

　캐터필러의 제품 확장을 생각해보라. 고객은 캐터필러의 제품 확장이 유난히 가볍고 연료 효율성이 좋은 로더^{loader}(짐을 적재하는 기계)나 불도저와 같은 새로운 '성능과 혜택(연료비용 절감과 정부가 설정한 환경 기준 충족 등)'을 갖춘 제품을 제공한다는 이유로 캐터필러 브랜드를 사용할 수도 있다. 또는 제품 확장이 제품을 사용할 수 있는 시기(여름, 겨울 등)와 장소(지하, 가파른 산 등)에 영향을 받지 않는 새로운 사용 기회를 제공하므로 캐터필러 제품을 이용하기도 한다. 마지막으로, 원격으로 조정할 수 있는 로더와 불도저처럼 새로운 사용 방식을 통한 제품 확장은 고객에게 이 브랜드를 다른 방식으로 사용할 수 있는 기회를 제공한다. 이런 확장은 제품 카테고리에 대한 고객과의 연관성을 강화할 뿐만 아니라, 캐터필러에 연관된 혜택들(사용 이유와 시기, 장소, 방식)을 확대하며, 이를 통해 브랜드에 관한 새로운 기억을 만들어낸다. 또한 브랜드 애드머레이션의 핵심 요소인 브랜드와 자신의 연관성과 TOM 브랜드 상기를 강화함으로써 브랜드 애드머레이션에 영향을 미친다.

브랜드 확장 전략

브랜드 확장 전략을 활용하는 기업은 현재 경쟁하는 제품 카테고리가 아닌 다른 카테고리에서 신규 제품이나 서비스를 출시한다. 우리는 이런 전략을 다섯 가지로 정의한다(표 8.3 참조). 각 전략은 기업의 '효율적 성장'에 도움을 주며, (1)고객이 브랜드 아이덴티티와 연결된 '핵심 혜택을 강화'하고, (2)브랜드의 의미를 다양한 제품 카테고리에 연결시켜서 '확대'한다.

표 8.3 브랜드 확장을 통한 브랜드 이름 활용

브랜드 확장 전략의 형태	정의	사례	강화	확대
공동 소비에 바탕을 둔 확장	브랜드의 3Cs 혜택을 향상하기 위해 두 브랜드와 함께 사용하는 확장	• 구글의 지메일과 구글 캘린더 • 헬로 키티 잔는감자 이름	브랜드의 전문성이나 정감성 또는 공감성 혜택	브랜드 사용 방식이나 함께 사용되는 제품들에 적합한 제품 카테고리
교차 소비에 바탕을 둔 확장	두 브랜드와 동일한 혜택을 다른 사용 상황에서 제공하는 확장	• 캘로그의 시리얼과 아침식사 대용 시리얼 바 • 삼성의 갤럭시폰과 탭톱 • 레드불의 에너지 음료와 초콜릿	브랜드의 전문성이나 정감성 또는 공감성 혜택	언제 또는 어디서 사용될 수 있느냐에 적합한 제품 카테고리
대체에 바탕을 둔 확장	기존 제품을 대체하고 기술적 노후화에 대한 대비책 옵션으로서 역할 하는 확장	IBM의 컴퓨터와 IT 아웃소싱 서비스	브랜드의 전문성이나 정감성 또는 공감성 혜택	브랜드의 사용 이유에 적합한 제품 카테고리
특성에 바탕을 둔 확장	높이 평가받는 제품의 특성을 공유하는 확장	롤스로이스 항공기 엔진으로 확장한 롤스로이스 자동차(엔진)	제품의 핵심 특성	두 브랜드의 핵심 특성에 잘 어울리는 제품 카테고리
브랜드 콘셉트에 바탕을 둔 확장	브랜드가 확장 이전보다 더 폭넓게 이미를 상징할 수 있게 만드는 확장	• 커피숍, 노트북, 그림 등으로 확장한 고스틀리 음반 기업 • 비디오, 음악 등으로 확장한 아마존	브랜드 콘셉트 또는 이미지	두 브랜드의 콘셉트나 이미지에 잘 어울리는 제품 카테고리

브랜드 확장은 제품 확장과 반대되는 방식으로 모 브랜드를 강화하고 확대한다는 사실에 주목하라. 제품 확장은 제품 카테고리와 브랜드의 연관성을 강화하고 이에 관련된 혜택을 확대하는 반면, 브랜드 확장은 브랜드의 혜택을 강화하고 브랜드에 관련된 제품 카테고리와 그 혜택을 확대한다. 이제 각 전략을 살펴보자.

공동 소비에 바탕을 둔 확장

이 전략으로 제공하는 신규 제품이나 서비스는 모 브랜드 제품과 '함께' 사용할 수 있는 형태로 만들어진다. 이런 제품이나 서비스는 서로의 사용 경험을 더 만족스럽게 하여 긍정적인 확장과 피드백 효과를 만들어낸다. 이를테면, 도리토스 소스는 도리토스 칩스와 함께 사용할 때 더 맛있게 인식된다. 인텔 프로세서는 인텔의 칩셋과 함께 사용할 때 더 빠르고 확실하며 보다 에너지 효율적인 것으로 인식된다. 크게 칭송받는 브랜드의 공동 소비를 바탕으로 한 브랜드 확장은 고객에게 쉽게 수용될 수 있으며 보다 높은 가격을 붙일 수도 있다. 이 전략으로 프로모션 비용도 줄일 수 있다. 함께 사용하는 제품들은 동일한 고객에게 한꺼번에 프로모션할 수 있기 때문이다.

공동 소비에 바탕을 둔 확장은 모 브랜드의 특정 혜택이나 혜택들에 대한 의미와 중요성을 제고시켜 긍정적인 피드백 효과를 이끌어낸다. 예를 들어, 구글의 지메일과 구글 캘린더는 함께 사용될 때 서로의 유용성을 강화하고 더 큰 효과를 발휘하며 구글과 연관된 '전문성 혜택'을 강화한다. B2C와 B2B 시장에서 이러한 확장 전략은 제품과 제품 사용에 필요한 제반 서비스(보수, 유지관리)를 제공하여 고객의 욕구를 총체적으로 충족시키는 방법으로 사용되기도 한다. 공동 소비를 바탕으로 한 브랜드 확장은 또한 특정 브랜드의 '정감성 혜택'에 연관된 고객의 기억을 향상시킬 수 있다. 예를 들면, 고객은 헬로 키티 시트를 깐 침대에서 헬로 키티 이불을 덮고 플러시천으로 만든 헬로 키티 장난감 인형을 안고 잠들 때 기분이 좋아지고 편안한 느낌을 받는다.[5] 스티글Stiegl 맥주는 곡선 형태로 된 특유의 필스너 전용잔으로 마시면 더 맛있다. 사람들은 스타벅스 커피를 유명한 인어 로고가 새겨진 스타벅스의 소장용 커피잔으로 마시는 게 더 맛있다고 생각한다. 할리 데이비슨 모터사이클과 이 브랜드 이름이 붙은 헬멧, 재킷 등의 제품을 함께 사용하는 고객은 할리 오너스 그룹의 구성원이라는 자신의 지위를 상징적으로 나타내고, 이를 통해 할리 데이비슨 브랜드의 '공감성 혜택'이 더욱 커지므로 뿌듯함을 느낀다. 할리 데이비슨 모터사이클을 타며 가와사키Kawasaki 헬멧을 쓸 경우 같은 효과가 생기는 것은 아니다. 이에 덧붙여, 공동 소비에 바탕을 둔 확장은 모 브랜드에서 연상되는 기억들을 확대한다. 모 브랜드가 공동 사용으로 새롭게 확장된 제품 카테고리와 연관되어 있기 때문이다.

공동 소비를 바탕으로 한 브랜드 확장의 피드백 효과는 두 제품을 함께 사용할 때마다 상승한다. 앞서 언급한 대로, 공동 소비는 3Es를 강화하는 효과로 브랜드에 대한 개인적인 연관성을 더욱 깊게 만든다. 브랜드에서 연상되는 기억의 수와 강도도 분명히 강해지며, TOM 브랜드 상기를 향상시킨다. 이런 형태의 브랜드 확장은 브랜드와 고객 사이의 연관성과 TOM 브랜드 상기를 향상시킴으로써 브랜드를 이전보다 더욱 칭송받는 브랜드로 만들 수 있다.

고객이 동일한 브랜드의 두 가지 제품을 함께 사용하는 데 익숙해지고,

한 제품을 사용하는 것이 다른 제품의 사용 경험을 더 만족스럽게 한다는 사실을 믿게 되면 다른 대체품을 사용하기가 더 어려워진다. 이는 심리적 관성을 만들어내고, 이 때문에 고객은 다른 브랜드로 바꿀 생각을 하지 못한다. 애플의 맥, 아이팟, 아이패드, 아이폰 등으로 구성된 생태계를 보며, 이 기기들을 통해 데이터를 저장하고 공유하고 또 다른 일을 하는 것이 얼마나 쉬운지 생각해보라. 또한 헬로 키티 장난감과 이불을 함께 사용하고 싶은 고객이나 할리 데이비슨 헬멧과 재킷을 함께 사용하려는 고객을 생각해보라. 이들에게는 이와 같은 생태계를 제공하지 않는 다른 브랜드로 바꾸는 행동이 좀처럼 일어나지 않을 것이다. 그러므로 공동 소비에 바탕을 둔 브랜드 확장은 매우 강력한 '브랜드 고착^{brand lock-in}' 현상을 만들어낸다.

교대 소비에 바탕을 둔 확장

이 전략에서는 신규 제품이나 서비스가 모 브랜드와 마찬가지로 일반적인 욕구를 충족시키지만, 모 브랜드 제품과 번갈아 사용될 수 있다. 번갈아 사용하는 이유는 무엇일까? 일반적으로 교대해서 사용하는 방식이 다양성이나 편리함을 제공하고, 상황에 따라 다른 제품을 번갈아 사용하는 방식이 더 의미가 있기 때문일 것이다. 예를 들어, 아침식사로 항상 시리얼만 먹게 된다면 사람들은 싫증이 날 수도 있다. 이럴 때는 켈로그 시리얼과 켈로그의 아침식사 대용 샌드위치나 시리얼 바를 번갈아 먹는 것이 보다 많은 다양성을 제공하며 브랜드에 대한 피로감을 방지할 수 있다. 더 나아가 고객은 켈로그의 시리얼 바를 집이든 사무실이든, 또는 이동 중에도 어디서나 먹을 수 있다는 이유로 더 편리하게 생각할지도 모른다. 하지만 집에서는 켈로그의 아침식사 대용 샌드위치나 시리얼을 더 선호할 수도 있다.

중요한 점은 이 전략이 경쟁 브랜드보다 먼저 신규 제품을 출시해, 기존고객이 경쟁 대안으로 옮기지 못하게 할 수 있다는 데 있다. 그렇게 하지 않으면 기존 브랜드가 제공하지 않는 다양한 편리성을 경쟁 브랜드가 먼저 제공할지도 모른다. 이 전략은 신규 고객에게도 매력적이다. 모 브랜드(켈로그의 기존 제품)와 확장된 브랜드(켈로그의 아침식사 대용 시리얼 바)는 공동 소비를 바탕으로 한 제품들처럼 함께 사용되지는 않지만 강력한 확장 효과를 일으킨다. 또한 이들이 모두 모 브랜드 이름을 붙인 제품들이므로 확장으로 인한 강력한 피드백 효과도 만들어낼 수 있다. 아침식사 대용 시리얼 바와 샌드위치 카테고리로 확장하는 방식은 아침식사에 대한 켈로그의 핵심 기억을 '강화'한다. 켈로그의 아이덴티티도 시리얼에서 아침식사 대용 시리얼 바와 샌드위치로 상당히 폭넓게 '확대'된다. 시간이 지나면서 고객들은 켈로그를 아침식사 대용 시리얼이나 시리얼 바뿐만 아니라, 아침식사용 음식 전체와 연관 지어 상기할 것이다. 이런 형태의 브랜드 확장은 브랜드와 자신의 연관성과 TOM 브랜드 상기를 더 강화해 결과적으로 더 높게 칭송받는 브랜드가 될 수 있게 한다.

삼성의 초경량 랩톱 컴퓨터와 번갈아 쓸 수 있는 대형 화면을 갖춘 삼성의 갤럭시폰을 생각해보라. 고객은 두 제품을 모두 구입할 수도 있지만, 어느 상황에서는 랩톱을 사용하는 것이 더 적합하고(이를테면, 화려한 프레젠테이션 자료를 만들 때), 또 다른 상황에서는 갤럭시폰을 사용하는 것이 더 적합할 수 있다(걸으면서 음악을 들을 때). 레드불의 플리거스초코라데Fliegerschokolade(일명 조종사의 초콜릿)가 또 다른 사례다. 이 제품도 레드불 음료처럼 카페인 각성 효과를 내긴 하지만 카페인을 공급하는 방식이 다르다. 두 제품 모두 동일한 혜택을 제공하기 때문에 고객은 두 제품을 동시에 소비하는 것이 아니라 둘 중 하나만 소비할 가능성이 크다.[6]

대체에 바탕을 둔 확장

이 전략에 의한 브랜드 확장은 고객이 브랜드의 기존 제품을 더 이상 선호 하지 않는 경우에 대한 '대비책 옵션fallback option'의 역할을 한다. 이 전략은 기존 제품의 노후화를 대비하는 기술 중심의 시장에서 흔히 볼 수 있다.[7] 많은 브랜드가 실패한 이유는 기업이 이 옵션을 고려하지 않았거나 활용 하지 않았기 때문이다. 예를 들어, 코닥은 자발적으로 디지털 사진 시장에 진출하지 않은 탓에 디지털 카메라가 시장의 성격 자체를 바꿔놓았을 때 위기에 빠졌다. 소니는 자사의 콤팩트디스크(CD) 매출 때문에 MP3 기술을 외면한 탓에 쇠락의 길을 걷게 되었다. 이후 소니는 애플 아이팟의 엄청난 성공을 속수무책으로 지켜볼 수밖에 없었다. 제록스는 개인용 컴퓨터(PC) 와 워드프로세서, 이더넷Ethernet(여러 대의 컴퓨터로 네트워크를 구축하는 시스템) 등 을 발명하고도 자사의 프린터와 복사기 부문 매출을 잠식할 수도 있다는 두려움 때문에 이 발명품들을 상업화하지 못했다.

앞서 설명한 다른 브랜드 확장 전략과 마찬가지로, 대체에 바탕을 둔 확장은 상당수의 '기존 고객'을 끌어들일 수 있으며 기존 제품을 사용하 지 않던 '신규 고객'도 많이 끌어들일 수 있어서 효율적으로 성장할 수 있 다. 이 확장 전략은 또 강력한 피드백 효과도 불러일으킨다. 개선된 대체품 은 고객이 그 브랜드에서 연상하는 긍정적인 기억을 강화한다. 이 전략이 성공하면, 브랜드에 연관된 기억을 확대하고, 모 브랜드에 활기를 불어넣으며 시간이 지나도 모 브랜드가 고객과 계속 연관성을 지닐 수 있게 한다. 이와 같은 강화와 확대 과정을 거치며 대체품은 브랜드와 자신의 연관성, 그리고 TOM 브랜드 상기를 향상시켜 모 브랜드의 힘을 증강하고 브랜드 애드머레이션을 강화한다.

특성에 바탕을 둔 확장

이 전략은 널리 알려져 있고 높이 평가되는 모 브랜드의 특성과 연관성이 있고, 이런 특성을 중요하게 여기는 신규 제품 카테고리에 활용한다.[8] 제품의 특성은 제품의 구체적인 속성이다. 롤스로이스 자동차가 자사의 브랜드 이름을 항공기 엔진에 확장했을 때, 항공사들은 곧바로 롤스로이스의 신뢰할 수 있는 고성능 자동차 엔진의 특성을 항공기 엔진에 전이시켰다. 다르게 표현하면, 하나의 특성(믿을 수 있는 고품질의 자동차 엔진)을 만들어내는 브랜드의 전문성이 확장된 카테고리에서 매우 중요했으므로, 항공사들은 롤스로이스 엔진의 특성을 긍정적으로 평가했다. 제품 확장은 기업이 제품 카테고리를 소유(지배)하게 하는 반면, 특성을 바탕으로 한 브랜드 확장은 기업이 모 브랜드를 대표하는 특성 자체(엔진의 신뢰성과 품질 등)를 소유할 수 있게 한다.[9] 암 앤 해머Arm&Hammer가 브랜드 확장으로 출시한 치약과 세제, 상처 세척용 식염수를 포함한 여러 제품(9장 참조)은 모두 암 앤 해머의 탈취와 세척 특성을 그대로 활용하지만, 완전히 새로운 제품 카테고리에 속해 있다.

브랜드 이름과 제품 특성 사이의 강력한 연관성은 기업이 브랜드 이름을 효율적으로 다른 제품 카테고리로 성장시키고 확대할 수 있게 만들어, 브랜드의 고객 기반을 이런 특성들이 동일하게 중요한 다른 제품 분야로 크게 확대시킨다. 이런 연관성은 또한 브랜드의 특성(롤스로이스의 신뢰할 수 있는 고품질 엔진)에서 연상되는 고객의 기억을 강화하고 확대(항공기에도 사용할 수 있는 롤스로이스 엔진)하는 데 도움을 준다. 롤스로이스의 특성 확대는 항공기 생산 기업과 전 세계 항공사와 같은 완전히 새로운 고객 기반의 문을 열었다. 롤스로이스는 고급 자동차 비즈니스 수익을 엄청나게 앞지를 만큼 항공기 시장에서 크게 성공했다. 실제로 롤스로이스는 이제 세계에서 두 번째로 큰 항공기 엔진 생산 기업이다. 만약 롤스로이스가 계속 자동차만 생산했다면 얼마나 많은 성장 기회와 이익을 잃게 되었을지 상상해보라. 롤스로이스는 브랜드 이름을 브랜드 특성과 현재와 다른 제품 카테고리에 연계함으로써 고객이 브랜드와 보다 많은 연관성을 지닐 수 있게 만들고, 브랜드의 핵심 특성을 활용하는 모범 사례로 알려져 있다. 사람들이 어떤 특성을 생각할 때, 머릿속에서 가장 먼저 떠오르는 브랜드가 된 것이다. 예를 들어, 세척과 탈취를 생각하면 암 앤 해머가 제일 먼저 생각나는 식이다.

브랜드 콘셉트에 바탕을 둔 확장

이 전략을 활용하는 기업은 잘 알려져 있고 높이 평가받는 브랜드 아이덴티티 콘셉트를 고객이 똑같이 중요하게 여기는 다른 제품 카테고리로 확대한다. 브랜드 콘셉트는 에르메스와 럭셔리, 또는 헬로 키티와 귀여움처럼 브랜드 아이덴티티를 반영하는 추상적 의미를 말한다. 콘셉트는 이 콘셉트의 핵심 성격을 공유하는 특성들의 집합에서 나타난다. 예를 들면, 고객은 특정 브랜드가 높은 가격과 비싸 보이는 디자인, 우아한 매장, 전문적인 서비스에 관련된다는 이유로 이 브랜드를 고급으로 여길 수 있다. 이런 추상적인 연관성은 모 브랜드가 다른 제품 카테고리로 확대하려 할 때 선택의 폭을 넓혀준다. 이것이 가능한 이유는 고객이 확장된 제품을 보다 포괄적인 모 브랜드 이름 속에 자연적으로 포함시키기 때문이다. 예를 들면, 말안장을 만드는 기업으로 시작해 가방과 지갑 등의 가죽 제품으로 확장하고, 이후 스카프, 시계, 향수, 보석 등의 다양한 제품으로 확장한 에르메스는 고품질의 수제 명품이라는 콘셉트와 브랜드의 연관성을 계속 유지해왔다. 이런 제품들은 또한 하이패션과 우아함, 상류층 라이프스타일 이미지를 전달한다. 공동 소비에 바탕을 둔 브랜드 확장과 달리, 콘셉트를 바탕으로 확장된 제품들은 함께 사용하지 않아도 된다.

특히, 콘셉트를 바탕으로 한 확장은 모 브랜드의 어떤 특성에 대한 관련성을 가질 필요가 없다. 이를테면, 선글라스와 양복이 동일한 특성을 지니지 않더라도 사람들은 아르마니의 선글라스와 양복을 수용할 수 있다. 티파니, 롤렉스, 샤넬처럼 특정 라이프스타일을 의미하는 명품 또는 패션 브랜드와 특정 그룹의 멤버십을 상징하는 브랜드들은 모두 콘셉트를 바탕으로 한 확장을 통해 효율적으로 성장하며 강력한 피드백 효과를 만들어낼 수 있다.

고스틀리 인터내셔널Ghostly International은 콘셉트에 바탕을 둔 확장 전략을 활용한 브랜드의 좋은 사례다. 고스틀리는 소규모 음반 회사로 시작하여 전 세계 음악가들과 모든 음악 장르를 아우르는 글로벌 뮤직 플랫폼으로 성장하는 데 성공했다. 이 기업은 음반 외에도 노트북과 커피콩, 갤러리 수준의 그림, 메신저 가방 등을 판매한다. 그 이유는 무엇일까? 고스틀리는 자유분방하고 자신만의 스타일을 고집하는 힙스터 라이프스타일을 추구하는 브랜드로서, "기호를 중시하는 문화적 소비자"를 위한 "멋진 제품을 결정하는 자"라는 아이덴티티를 먼저 구축한 뒤 이를 확고히 하려고 하기 때문이다. 이 브랜드의 고객들은 가죽 지갑이든, 메신저 가방이든, 각 제품을 뒷받침하는 독특하며 장인 정신이 담긴 이야기의 아주 상세한 부분까지 공유한다. 이 브랜드는 스스로 음악을 파는 매장이 아니라, 같은 생각을 지닌 고객들의 공동체로 묘사한다. 이런 다양한 제품을 조심스럽게 발굴함으로써 고스틀리는 유래를 소중히 여기는 고객들과 관계를 구축할 수 있다. 이런 제품들은 고스틀리의 힙스터 아이덴티티를 강화하고, 고객에게 고스틀리 브랜드를 자신의 정체성과 연결시킬 수 있는 기회를 더 많이 제공한다. 더 나아가 고스틀리가 판매하는 각 제품은 다른 고스틀리 제품을 떠올리는 인출 단서[retrieval cue], 즉 기억의 실마리와 같은 역할을 한다.

위에서 언급한 사례들은 한 제품(고스틀리 음반)의 공감성 혜택(라이프스타일, 그룹 멤버십 배지 등)을 다른 제품들(힙스터 아이덴티티를 전달하는 다른 카테고리)에 활용하는 추상적이고 상징적인 브랜드 콘셉트를 반영한다. 그런데 이런 추상적인 브랜드 콘셉트는 전문성 혜택을 반영할 수도 있다. 예를 들면, 아마존은 오로지 책만 판매하던 비즈니스를 모든 형태의 제품 카테고리로 확대하며 "편리하고 폭 넓은 쇼핑"을 핵심 콘셉트로 구축했다. 이 콘셉트는 편리한 쇼핑 아이덴티티를 만들어내는 아마존의 다양한 제품군뿐만 아니라, 이런 아이덴티티와 일치하는 제품 검색 기능(제품, 속성, 가격대, 사용 후기별로 검색할 수 있는 기능), 손쉬운 결제 방식, 매끄러운 반품 과정 등 아마존이 제공하는 전문성 혜택을 통해 활성화된다.

추상적인 콘셉트는 또한 정감성 혜택을 반영할 수 있다. 영화에 몰입할 수 있는 경험을 제공하는 기술로 널리 알려진 아이맥스는 사운드 시스템과 방음 시스템, TV, 헤드폰의 개발처럼 몰입형 사운드 경험에 관련된 다른 분야로 아이맥스 이름을 확장할 수 있다. 고객들은 이를 통해 집에서나 이동 중에도 편안하게 몰입 경험을 할 수 있다.

핵심 요점

❶ 기존의 칭송받는 브랜드를 활용하여 제품이나 브랜드를 확장하는 전략은 최소한의 시간과 자원으로 수익을 창출할 수 있는 새롭고 효율적인 기회를 제공하며 강력한 '확장 효과'를 낳는다.

❷ 성공적 확장은 긍정적인 '피드백 효과'를 통해 브랜드 애드머레이션을 강화한다. 이는 모 브랜드의 의미를 강화하고 확대하며, 결과적으로 브랜드 애드머레이션의 핵심 요소들인 브랜드와 자신의 연관성, TOM 브랜드 상기를 더욱 강력히 구축한다.

❸ 표 8.2에서 설명한 세 가지 제품 확장 전략은 고객이 그 브랜드를 제품 카테고리와 연결하여 생각하는 것을 강화한다. 또한 고객이 그 브랜드와 관련된 혜택들을 확대하여 생각하게 한다.

❹ 표 8.3에서 설명한 다섯 가지 브랜드 확장 전략은 브랜드 아이덴티티에 대한 고객의 이해를 강화한다. 또한 모 브랜드와 고객의 연관성을 제품의 욕구나 특성 또는 콘셉트와 관련이 있는 다른 제품 카테고리까지 확대시킨다.

여러분의 브랜드는 어떤가?

❶ 어떤 제품 확장 전략과 브랜드 확장 전략을 사용하는가?

❷ 현재 활용하는 제품과 브랜드의 확장 전략은 강력한 확장 효과와 피드백 효과를 모두 내고 있는가?

❸ 여러분의 (높이 칭송받는) 브랜드의 영향력을 활용하기 위해 어떤 형태의 제품 확장과 브랜드 확장을 할 수 있는가?

제9장

브랜드 애드머레이션 활용: 실행에 관한 쟁점

⋮

여러분의 브랜드는 내일 무엇을 대변하는 브랜드가 될 것인가?

서론

고객이 브랜드를 더욱 자주 접하게 만드는 브랜드 활용 전략은 브랜드 애드머레이션을 강화하는 긍정적인 피드백 효과를 만들어낸다(8장 참조). 이런 연결 기회를 확대하지 않으면 브랜드의 효율적 성장과 고객의 브랜드 애드머레이션 강화는 제한된다. 하지만 긍정적인 피드백과 확장의 효과는 항상 실현될 수 있을까? 기업은 제품과 브랜드의 확장 전략을 사용할지, 또 사용한다면 어떤 전략을 사용할지 결정하기 전에 무엇을 고려해야 할까? 이를 놓고 다음 사례를 생각해보자. 전 세계 고객들의 열렬한 사랑을 한 몸에 받고 있는 헬로 키티는 최근 홍콩에서 병원을 개설했다. 일회용 반창고부터 저울에 이르는 모든 물건에 나비넥타이를 맨 귀여운 아기 고양이 이미지가 붙어 있는 병원이다. 처음에는 이런 움직임이 아주 이상해 보일지도 모른다. 귀여운 장난감들이 건강과 무슨 관련이 있을까? 이 장난감들은 차갑고 소독약 냄새로 가득한 환경과 의사, 그리고 병원의 전형적인 전문성 이미지와 크게 상관없어 보인다. 고객은 헬로 키티가 이처럼 전혀 다른 서비스 부문으로 확장될 만한 전문성을 갖추고 있는지 의아해한다. 헬로 키티는 빅^{Bic} 언더웨어와 젤 오$^{Jell-O}$ 콜라, 지포^{Zippo} 골프공처럼 낮은 적합성으로 확장에 실패한 사례들에서 나타나는 브랜드 희석의 희생양이 될 것인가?

하지만 다시 생각해보면, 헬로 키티 브랜드와 병원을 결합시키는 전략은 적절한 방안일 수도 있다. 헬로 키티는 기분을 좋게 만들고 마음을 따뜻하게 하는 디자인으로 사람들에게 큰 기쁨을 선사한다. 병원에서 연민과 공감, 마음이 따뜻해지는 혜택을 원하지 않는 사람이 있을까? 병원을 찾는 사람들은 몸이 아프고 걱정에 싸인 환자들이다. 병원을 따뜻한 느낌의 헬로 키티 브랜드와 결합하면 환자에게 안정감과 편안함을 줄 수도 있다. 게다가 헬로 키티가 주는 이런 따뜻한 혜택들은 대부분의 병원에서 흔히 볼 수 있는 것은 아니다. 헬로 키티 이름을 건강에 관련된 맥락에서 사용하는 방식은 전혀 예상하지 못한 터라 강력한 구전효과를 일으킬 수도 있다. 이에 덧붙여, 헬로 키티가 병원 분야에서 성공하면 건강과 웰빙에 관련된 다른 카테고리(이를테면, 헬로 키티의 스트레스 예방 이불, 바디 마사지 도구, 스파 용품 등)로 확장할 수 있는 보다 유리한 위치에 오를 수도 있다. 그렇다면 헬로 키티가 병원으로 확장한 것은 좋은 전략이었을까? 이를 어떻게 증명할 수 있을까? 9장에서 우리는 기업이 언제(어떤 상황에서) 제품과 브랜드의 확장을 고려해야 하는지 설명하며 이 문제를 다룬다.

개요

8장에서는 칭송받는 브랜드가 제품과 브랜드의 확장을 활용해 효율적인 성장(확장 효과)을 달성하고, 브랜드에서 연상되는 기억을 보다 강력하고 폭넓게 만들 수 있다(피드백 효과)는 점을 설명했다. 하지만 모든 브랜드 활용 전략이 성공하는 것은 아니다. 확장 전략이 원하는 효과를 만들어내지 못하는 경우가 자주 발생한다. 그러므로 브랜드 관리자는 '언제' 이런 전략을 활용해야 하는지 이해할 필요가 있다. 9장에서 우리는 제품과 브랜드를 확장하는 특정 전략들의 성공에 영향을 미치는 요소들을 살펴본다. 많은 연구 결과에 따르면, 확장이 성공하려면 어떤 방식으로든 모 브랜드와의 적합성이 중요하다고 한다. 하지만 헬로 키티와 병원처럼 낮은 적합성을 지닌 확장이 때로는 더 크게 성공할 수도 있다. 우리는 언제, 왜 이런 현상이 발생하는지 설명한다. 마지막으로 제품과 브랜드의 확장 전략들을 시간에 따라 어떤 순서로 시도해야 하는지 살펴본다.

제품과 브랜드의 확장은 언제 성공할 가능성이 가장 높은가?

확장과 피드백의 효과를 극대화하려는 기업은 다음에 설명하는 가이드라인을 반드시 고려해야 한다.

기업에 대한 고려 사항

기업이 어떤 제품 확장이나 브랜드 확장 전략을 사용하든 다음과 같은 사항들을 고려해야 한다.

브랜드 애드머레이션의 정도

모 브랜드가 강력한 신뢰와 사랑, 존중을 바탕으로 이미 칭송받고 있는 경우에는 확장 전략을 활용하는 것이 비용도 적게 들고 시간 면에서도 효율적이다. 브랜드가 칭송받지 못하면 고객은 확장된 제품의 혜택을 믿지 못한다. 모 브랜드의 브랜드 애드머레이션 정도가 약하면 확장 전략을 쓰지 않는 편이 더 낫다. 대신, 신규 제품에 모 브랜드와 다른 이름을 붙여야 한다. 덜 칭송받는 브랜드가 브랜드 확장에 성공하는 경우도 있지만, 칭송받는 브랜드의 확장만큼 높은 효율성을 만들어내지는 못한다.

확장 제품의 차별화

확장은 3Es를 활용해 모 브랜드와 의미 있는 차별화를 이루어야 한다. 무엇보다도 먼저, 확장된 제품을 구입해야 할 '이유'를 고객이 이해할 수 있어야 한다. 그렇지 않으면 고객이 확장 제품을 구입해야 할 이유가 없다. 다이어트 콜라는 설탕이 들어있지 않기 때문에 일반 콜라와 다르다. 머스크 해운^{Maersk}의 트리플 E 선적 서비스는 더 많은 선적 용량을 제공하고 이산화탄소 배출량을 줄이므로 다른 선적 옵션들과 차별화된다. 확장 제품의 차별화는 제품 확장에서 특히 중요하다. 확장 제품과 모 브랜드 사이에 상당한 차별성이 없으면, 7장에서 설명한 가치 향상 전략을 활용해 모 브랜드를 성장시키는 방안이 더 낫다(이를테면, 18가지 종류의 샴푸를 판매할 필요가 정말 있을까?).

확장에 따른 자기 잠식 현상

확장에 따른 모 브랜드의 자기 잠식 현상을 최소화하기 위해서는 페덱스의 항공과 해상 운송 서비스가 서로 다른 고객 그룹을 충족시키는 사례처럼 타깃 시장을 뚜렷이 구별해야 한다. 이 일반적인 가이드라인에 대한 예외 상황은 (1)교대 소비를 바탕으로 한 확장으로 고객의 다양성 욕구를 충족시키려 하는 경우 또는 (2)모 브랜드에 활력을 불어넣기 위해 대체에 바탕을 둔 확장을 시도하는 경우다. 예를 들면, 다양한 형태의 아침식사 대용 시리얼은 고객이 경쟁 브랜드로 바꾸지 않고도 다양성을 추구할 수 있게 해준다. 또 다른 예로 인텔은 오래된 제품을 퇴출시키고 인텔 브랜드가 새롭게 인식되도록 클라우드 컴퓨팅 서비스를 도입해 반도체 기반의 인텔 데이터 센터 제품들을 잠식할 수도 있을 것이다.

자원

모든 확장에는 기업의 재능과 시간, 자금의 투자가 필요하다. 그러므로 확장의 성공적인 개발과 마케팅을 위해 필요한 재무적, 시간적, 인적 자원에 대한 정확한 평가가 중요하다. 자원을 너무 적게 배분하면 확장 제품의 성공을 방해할 뿐만 아니라 모 브랜드까지 약화시키는 위험에 처할 수 있다. 일본 전자 제품 기업인 샤프가 재무적 어려움을 겪는 부분적인 이유는 제품과 브랜드의 급격한 확장 때문이다.

경쟁 기업에 대한 고려 사항

브랜드 관리자는 제품과 브랜드의 확장을 시도할 때 경쟁 기업에 대해 다음과 같은 사항들을 고려해야 한다.

확장 제품의 독특한 혜택

브랜드가 확장 제품 카테고리에서 경쟁 브랜드가 제공하지 않거나 할 수 없는 독특하고 의미 있는 혜택들(3Es)을 제공할 때 확장 효과와 피드백 효과가 가장 크다. 모든 신제품과 마찬가지로, 확장 제품도 경쟁 제품과 차별화하며 고객에게 가치를 제공해야 한다(5장과 7장 참조). 애플의 아이폰은 이렇게 중요한 새로운 혜택들을 시장에 선보이며 '스마트폰'이라는 새로운 휴대폰 카테고리를 만들어냈다. 이런 형태의 확장은 고객이 확장 제품 카테고리를 생각하는 방식과 제품이 제공할 수 있는 또는 제공해야 하는 혜택에 변화를 준다는 점에서 최고라 할 수 있다. 반면, 애플 시계에 대한 시장의 반응은 신통치 않았다. 아마도 애플 시계가 스마트워치 카테고리에서 고객들의 좋은 반향을 불러일으킬 만큼 충분히 독특한 3Es를 제공하지 못했기 때문일 것이다.

시장 내 경쟁 상태

기업은 확장 카테고리에 있는 기존의 경쟁 기업과 잠재적 경쟁자의 수와 세력을 고려해야 한다.[1] 예를 들어, 페덱스와 DHL, UPS, 심지어 해상 운송 기업인 머스크도 자체 배송 서비스를 계획하고 있는 아마존과 알리바바 같은 전자상거래 기업의 움직임을 주의 깊게 살펴봐야 한다.

고객에 대한 고려 사항

고객에 대한 몇몇 고려 사항도 기업이 제품과 브랜드의 확장을 시도해야 할지 결정하는 데 영향을 미친다.

시장 규모

장기적인 관점에서 보면, 브랜드의 성장으로 늘어난 수익이 브랜드의 성장을 위해 추가된 단가보다 높을 때만 확장을 실행해야 한다. 기업은 현재와 미래의 잠재적 고객의 규모가 어떻게 변할지, 고객이 어느 정도 확장을 수용할지 확인해야 한다. 대규모 시장은 브랜드 확장의 관점에서 매력적일 수 있지만, 기업은 미래의 시장 규모를 고려하며 근시안적 자세에서 벗어나야 한다. 세계에서 가장 큰 전자제품 OEM 생산 기업인 폭스콘Foxconn은 아웃소싱 시장의 규모가 크지 않았던 시기에 컴퓨터 부품 비즈니스를 시작했다. 현재 이 기업은 애플과 소니, 닌텐도, 마이크로소프트 등과 같은 브랜드의 공급자로서 세계에서 판매되는 모든 가전제품의 40퍼센트를 생산하고 있다.

모 브랜드와 확장 제품의 적합성 인지

마지막으로 모 브랜드와 확장 제품 사이에 의미 있는 연관성을 갖춰야 한다. 세계 최초로 볼펜을 양산한 기업 빅의 태블릿 컴퓨터용 스타일러스 펜이나 향수, 언더웨어를 고객들이 이해할 수 있을까? 고객들은 모 브랜드(빅)와 확장 제품(언더웨어) 사이에서 의미 있는 연관성을 보지 못하면 시원찮은 반응을 보인다.[2] 그러므로 어떤 형태로든 모 브랜드와 확장 제품 사이의 연관성 또는 적합성을 고객이 발견할 수 있어야 한다. 적합성에 대해서는 뒤에서 좀 더 자세히 설명하겠다.

제품 및 브랜드의 확장 전략별 고려 사항

브랜드의 성장을 위해 특정한 제품 및 브랜드 확장 전략을 선택하기 전에 다음과 같은 사항들을 고려해야 한다.

제품 확장

제품 확장 전략의 목적은 모 브랜드가 경쟁하고 있는 제품 카테고리를 대변하고 지배하게 만드는 데 있다. 이 목적을 달성하기 위해 브랜드 관리자는 카테고리 내에 있는 고객의 다양한 욕구를 충족할 수 있는 성능 혜택과 새로운 상황 적용, 새로운 사용 방식을 제공하는 제품들을 시장에 내놓아야 한다. 예를 들면, SAP는 자동차와 금융, 보건 의료, 운송 산업별로 특화된 소프트웨어를 제공한다. 이와 같은 제품 확장은 사용자들이 필요로 하는 상황과 시간, 방식에 꼭 맞는 솔루션과 기능성을 제공한다. 고객은 비즈니스 소프트웨어 제품 카테고리를 생각할 때 일반적으로 SAP 브랜드를 가장 먼저 떠올린다.

공동 소비에 바탕을 둔 브랜드 확장

공동 소비에 바탕을 둔 브랜드 확장 제품은 모 브랜드 제품의 소비 경험을 분명히 향상시킨다. 브랜드의 오리지널 제품을 보완하여 고객에게 제공하는 혜택을 강화한다. 이 브랜드 확장의 목적은 고객의 '특정 욕구 카테고리(아침식사, 효율성 등)를 대변하고 지배하는 데' 있다. 앤트 제미마Aunt Jemima 팬케이크와 시럽은 상호 보완적이며, 이 브랜드를 고객의 아침식사 욕구에 더욱 적합한 제품으로 만들어준다. 다른 예로, B2B 시장에서 인간과 기계의 안전하고 효율적인 상호 작용에 도움을 주는 쿠카Kuka의 산업용 로봇과 지능형 로봇 소프트웨어를 생각해보라. 이 경우, 확장된 제품(소프트웨어)은 오리지널 제품을 보다 안전하고 편리하고 효율적으로 사용할 수 있게 하며, 산업용 로봇 시장을 크게 성장시키는 데 도움을 준다. 또 다른 예로 스탈Stahl의 산업용 건조기와 소음기를 들 수 있다. 이 제품들을 함께 사용하면 소음을 줄이고 보다 쾌적한 환경을 만들 수 있다. 한 브랜드를 동급 제품들 중에서 최고로 여기는 고객의 수가 상당하지 않는 한, 그 브랜드의 공동 소비에 바탕을 둔 확장으로 얻을 수 있는 확장 및 피드백 효과는 그리 크지 않다. 그저 그런 브랜드의 확장으로 고객의 소비 경험이 향상될 것이라고 기대하기는 어렵다.

교대 소비에 바탕을 둔 브랜드 확장

교대 소비에 바탕을 둔 브랜드 확장은 고객이 브랜드의 다양한 버전을 오랫동안 교대로 사용하며 자신의 욕구를 충족시킬 수 있게 한다. 이 전략은 공동 소비에 바탕을 둔 확장과는 다른 방식으로 고객의 특정 욕구를 대변하고 지배하려 할 때 가장 적합하다. 이 전략을 제대로 적용할 수 있는 유일한 경우는 브랜드 확장이 모 브랜드의 혜택을 다른 사용 상황에서 확실히 제공할 수 있을 때다. 시스코Cisco의 데이터센터 솔루션과 클라우드 서비스 솔루션은 상호 교차로 사용될 수 있고, 이에 따라 시스코는 비즈니스 고객의 데이터 저장 욕구에 대한 원스톱 솔루션 기업으로 자리매김할 수 있었다. 이는 또한 비즈니스 고객에게 신뢰할 만한 파트너(시스코)에서 만든 다양한 데이터 저장 솔루션을 사용할 수 있는 유연성을 제공한다.

대체에 바탕을 둔 브랜드 확장

대체에 바탕을 둔 브랜드 확장은 앞서 설명한 두 가지 브랜드 확장(공동 소비와 교대 소비)과 다른 방식으로 고객의 특정 욕구를 대변하고 지배하려고 한다. 포르쉐 컨설팅 아카데미는 변화와 탁월한 운영을 이끌어갈 기업 내부의 컨설팅 팀을 효과적으로 구축할 수 있는 방법을 조언한다. 이 아카데미는 고객이 앞으로 포르쉐 컨설팅을 포함한 외부 컨설팅 기업을 통하지 않고 자체적으로 컨설팅 업무를 수행할 수 있게 만드는 서비스를 제공한다. 이런 전략은 통합 또는 급격한 변화가 이루어지는 시장에도 적합하다. 인터넷과 위성, 전자제품, 자동차 등을 판매하는 기업들은 예전에는 상상조차 할 수 없었던 방식으로 경쟁을 펼치고 있다. 대체에 바탕을 둔 확장을 고려하는 기업은 자사가 속한 시장을 거시적인 관점에서 바라보며 근시안적 마케팅 방안을 피해야 한다.

특성에 바탕을 둔 브랜드 확장

제품 특성에 바탕을 둔 확장 전략에서 브랜드의 목표는 그 특성을 대변하고 지배하려는 데 있다. 이 확장 전략은 기업이 어떤 특성으로 잘 알려져 있고, 그 특성에 관한 특허 기술을 보유하고 있을 때 유리하다. 기업은 이런 특성을 다른 카테고리에 활용함으로써 자사의 투자를 여러 제품에 분산시켜 회수할 수 있다. 이 전략을 활용하는 기업은 또한 모 브랜드 제품 카테고리의 시장 상황(성장률, 경쟁 상태 등)에 크게 좌우되지 않을 수 있다.

예를 들어, 듀퐁Dupont의 케블라Kevlar 브랜드는 강력하고 가벼우며 보호 기능이 뛰어난 섬유 원단을 공급한다. 이 원단은 방탄 제품(방탄조끼)과 상처 방지 제품(산업용 장갑 등의 신체 보호 장구), 발 보호 제품(신발과 양말), 도난 방지 제품(케이블 자물쇠), 누수 방지 제품 등에 사용된다. 기업은 완전히 다른 성격의 신규 시장으로 확장하는 전략으로 자사의 고객 기반을 큰 폭으로 확대할 수 있다.

브랜드 콘셉트에 바탕을 둔 브랜드 확장

브랜드 콘셉트에 바탕을 둔 확장의 기본 목적은 특정 콘셉트나 아이디어를 대변하고 지배하려는 데 있다. 이 전략은 칭송받는 브랜드의 아이덴티티(또는 의미)를 일반화시켰을 때 가장 의미가 있다. 랄프 로렌·나이키·레드불처럼 칭송받는 라이프스타일 브랜드와 티파니·롤렉스 같은 명품 브랜드, 베르사체·마이클 코어스 같은 패션 브랜드, 할리 데이비슨이나 스타워즈처럼 그룹 멤버십을 상징하는 브랜드, 마샤 스튜어트 같은 인테리어 브랜드는 그들의 특이한 아이덴티티를 다른 제품 쪽으로 일반화시켰다. 이 전략의 영향력은 일반화된 콘셉트로 확장한 제품 카테고리가 계속 성장할 때 더욱 커진다.

적합성에 대한 고려 사항

앞서 우리는 브랜드 확장이 어떤 방식으로든 모 브랜드의 아이덴티티가 갖고 있는 의미와 적합성을 지닐 때 성공할 가능성이 높다는 사실을 제시했다. 적합성이 높다는 말은 고객이 모 브랜드와 확장 제품을 잇는 연결고리를 발견할 수 있다는 뜻이며, 낮은 적합성은 그 반대의 의미다. 볼펜으로 유명한 빅은 언더웨어가 아니라 태블릿용 스타일러스 펜으로 확장하는 게 더 쉬웠을지 모른다. 볼펜과 스타일러스 펜은 비슷한 형태와 기능을 지니고 있지만, 언더웨어와의 연관성은 그리 분명하지 않기 때문이다. 높은 적합성은 모 브랜드에 대한 느낌과 기억 연상을 확장 제품으로 보다 수월하게 전이해줄 수 있다. 이런 기억 연상과 느낌을 확장 제품에 쉽게 전이한다는 사실이 바로 긍정적인 피드백 효과를 만들어내는 요소다.[3]

적합성이 낮다는 말은 확장 제품이 모 브랜드와 일관성이 없거나 반대된다는 뜻은 아니다.[4] 벤틀리와 프라다 같은 고가의 명품 브랜드가 동일한 제품 카테고리의 저가 시장에 진출하거나, 이들 브랜드 이름을 붙인 값싼 선글라스나 향수, 여행 가방을 만들어주기 바라는 사람은 아무도 없다. 낮은 적합성은 고객이 모 브랜드와 확장 제품 사이의 연관성을 쉽게 찾아낼 수 없다는 뜻이다. 8장에서 설명한 제품 및 브랜드 확장 전략들은 모두 모 브랜드와 적합성을 지니고 있으며, 어떤 방식으로 이런 전략들이 적합한지는 이어서 설명하겠다.

제품 카테고리 적합성

제품 확장에서 높은 적합성은 새롭게 제공하는 제품이나 서비스가 '제품 카테고리에 적합하다'는 뜻이다. 모 브랜드와 동일한 카테고리에서 새로운 성능 혜택과 적용, 사용 방식을 제공하는 제품 확장은 카테고리가 같기 때문에 높은 적합성을 지닌다. 인텔의 랩톱용 프로세서와 스마트폰용 프로세서는 모두 프로세서의 형태다. 확장된 각 제품의 구체적인 혜택(3Es)이 서로 다르고, 목표로 하는 시장 세그먼트도 다르지만, 제품 카테고리는 프로세서로 동일하다.

사용 적합성

공동 소비에 바탕을 둔 브랜드 확장은 높은 '사용 적합성'을 바탕으로 한다. 함께 소비하는 제품들은 완전히 다른 제품 카테고리에 속하거나 전혀 다른 특성을 지닐 수도 있다. 에어버스의 항공기는 물리적 제품이지만, 에어버스의 항공 운항 서비스는 솔루션을 제공하는 서비스 형태다. 이들은 각각 서로 다른 전문성과 노하우를 요구한다. 항공기 제작과 효율적인 항공 운항 서비스는 크게 다르기 때문이다. 하지만 항공기와 항공 운항 서비스는 일반적으로 함께 사용되므로 이들 사이에는 높은 사용 적합성이 존재한다.

혜택 적합성

교대 소비나 대체에 바탕을 둔 브랜드 확장은 강력한 '혜택 적합성'을 지니고 있으며, 이는 모 브랜드와 확장된 브랜드가 고객의 동일한 욕구를 충족시킨다는 의미다. 예를 들면, 레드불 에너지 음료와 레드불 초콜릿은 둘 다 에너지를 끌어올리는 제품이다. 그런데 이 제품들의 사용 적합성은 높지 않다. 두 제품을 함께 사용하려는 사람이 거의 없기 때문이다.

특성 적합성

특성을 바탕으로 한 확장은 높은 '특성 적합성'에 바탕을 둔다. 특성은 이 특성을 활용하는 모든 카테고리에 중요한 요소다. 케블라의 신체 보호 장구와 장갑, 케이블, 신발 등은 케블라가 제공하는 원단의 보호 기능과 꿰뚫기 어려운 특성을 공유하므로 높은 특성 적합성을 지니고 있다.

브랜드 콘셉트 적합성

콘셉트 적합성이 높은 모 브랜드와 확장된 브랜드는 동일한 아이덴티티를 공유한다. 고급스럽고 세련된 아이덴티티의 샤넬은 핸드백과 정장 신발, 양복에 적합하지만, 운동화와 배낭, 운동복에는 어울리지 않는다. 반대로 스포츠 아이덴티티를 지닌 나이키는 운동화와 배낭, 운동복에 적합하지만, 핸드백과 높은 굽의 구두, 양복에는 맞지 않는다. 전문적인 투자 관리라는 아이덴티티를 소유한 골드만삭스는 투자 자문과 주식 거래에 적합하지만, 영화와 음악, 데이트 주선 웹사이트와는 전혀 어울리지 않는다.

높은 적합성이 항상 필요한가?

낮은 적합성에 바탕을 둔 브랜드 확장이 기업에 이득을 줄 수 있을까? 버진 트레인Virgin Trains과 버진 액티브 짐Virgin Active Gyms처럼 관련이 없을 것 같은 비즈니스에 자사의 브랜드 이름을 사용하는 버진 그룹을 생각해보라. 헬로 키티의 헬로 키티 건강 클리닉 설립이 모 브랜드의 영향력을 희석시킬까? 아니면 증강시킬까? 적합성이 낮은 브랜드 확장이 강력하고 긍정적인 확장 및 피드백 효과를 얻을 수 있을까? 최근의 일부 연구 결과에 따르면, 이 질문에 대한 답은 '예'라고 한다.

우리는 낮은 적합성의 브랜드 확장이 긍정적인 확장 효과를 내고, 심지어 높은 적합성의 브랜드 확장보다 더 긍정적인 효과를 만들어내는 경우를 볼 수 있지만, 이는 표 9.1에 나와 있는 조건에서만 가능하다. 구체적으로 설명하면, 모 브랜드가 반드시 칭송받는 브랜드여야 하며, 확장된 카테고리에서 제공하는 혜택들이 혁신적이어야 한다.

강력한 브랜드 애드머레이션

칭송받는 브랜드는 높은 명성과 신뢰성을 바탕으로 낮은 적합성의 브랜드 확장을 시도할 수 있다. 브랜드가 크게 칭송받지 못하면 고객은 이 브랜드의 확장 제품이 제공할 혜택은 고사하고 기존 제품의 혜택(3Es)조차 확신하지 못한다.

표 9.1 적합성이 낮은 브랜드 확장의 전략적 활용

낮은 적합성의 확장을 사용할 수 있는 조건	작용 방식	기대 효과	
		확장 효과	피드백 효과
• 칭송받는 브랜드 • 확장 제품의 혁신적인 혜택 제공	• 고객에게 놀라움을 전한다. • 고객이 모 브랜드와 확장 사이의 연관성에 대해 호기심을 보인다. • 고객에게 확장 제품이 주는 혁신적인 혜택에 대해 깊이 생각할 수 있는 동기를 부여한다.	• 고객이 낮은 적합성의 확장을 높은 적합성의 확장만큼 좋아한다.	• 더욱 강력한 모 브랜드 아이덴티티 • 모 브랜드 아이덴티티 확장 • 브랜드 애드머레이션 강화(브랜드와 자신의 연관성 및 TOM 브랜드 상기 강화) • 적합성이 낮은 다른 확장(미래의 성장 기회)들에 대한 수용성 향상

높은 적합성의 브랜드 확장에 비해 낮은 적합성으로 확장된 브랜드를 프로모션하는 데 더 많은 비용이 들 수도 있다. 이렇게 적합성이 낮은 확장 제품을 시장에 내놓는 이유가 대체 무엇인지 의아해할 고객에게 기업은 확장 자체에 관한 설명부터 해야 하기 때문이다. 하지만 이런 프로모션 비용은 낮은 적합성의 확장이 고객들에게 주는 정보 처리상의 이점 등으로 상쇄할 수 있다. 구체적으로 설명하면, 칭송받는 브랜드가 낮은 적합성의 브랜드 확장을 하면 고객은 생각지도 못한 확장에 놀란다. 이런 의외성은 고객으로 하여금 무엇이 모 브랜드(헬로 키티)와 모 브랜드의 확장(헬로 키티 건강 클리닉)을 연결시키는지 더 깊이 생각하게 만든다. 이렇게 깊이 생각하는 과정은 분명 기업의 소통 노력이 미치는 영향력을 향상시키며, 고객이 모 브랜드와 브랜드 확장의 의미 있는 연결성(이를테면, 배려, 부드러움, 동정심 등)을 파악하는 데 도움을 준다. 낮은 적합성에는 또 다른 이점이 있다.

칭송받는 브랜드와 낮은 적합성의 확장은 놀라움을 선사하므로 사람들의 기억에 남고 눈에 띌 수 있다. 고객들은 이런 의외의 브랜드 확장에 놀란 나머지 다른 사람들에게 알리고 이 확장이 왜 이치에 맞는지 이야기할 수도 있다.

확장된 카테고리에서 제공하는 혁신적인 혜택

우리의 연구 결과를 보면, 낮은 적합성의 확장이 확장된 카테고리에서 '혁신적인 혜택을 제공할 때만' 모 브랜드에 미치는 피드백 효과가 긍정적이다. 헬로 키티 클리닉이 다른 일반 병원들과 비슷하다면 사람들은 헬로 키티 클리닉에 별 의미를 갖지 못할 것이다. 하지만 플러시천으로 된 편안한 헬로 키티 의자와 귀여운 헬로 키티 담요와 베개, 헬로 키티 유니폼을 착용하고 미소 짓는 직원들을 갖춘 헬로 키티 클리닉은 독특하고 뚜렷이 구별되는 경험을 만들어낸다. 우리는 브랜드가 확장된 카테고리에서 혁신적인 혜택을 제공하면 적합성이 낮더라도 크게 칭송받는 모 브랜드의 아이덴티티를 희석시키지 않는다는 흥미로운 사실을 발견했다. 오히려 브랜드에서 연상되는 핵심 이미지(마음을 따뜻하게 해주는 헬로 키티)를 강화한다.

더욱 중요한 것은 확장 카테고리에서 제공하는 혜택이 혁신적이면 낮은 적합성의 확장이 칭송받는 브랜드의 '아이덴티티를 확대'할 수 있다는 점이다. 적합성이 낮은 확장은 놀랄 만큼 의외이지만, 고객은 결국 낮은 적합성의 확장과 모 브랜드의 연결성을 찾아낼 수 있으므로, 모 브랜드가 상징하는 것에 대한 고객의 인식은 새로운 확장 제품과 혜택으로까지 확대된다.[5] 예를 들면, 헬로 키티 브랜드의 건강 클리닉 확장을 두고 고객은 헬로 키티로부터 그저 귀여운 장난감과 액세서리 이미지만 떠올리지는 않는다.

편안함과 배려와 같은 보다 폭넓은 혜택과 연관 지을 수 있다.

이렇게 확대된 브랜드 인식은 브랜드와 자신의 연관성을 추가로 구축하고 TOM 브랜드 상기를 강화할 수 있는 기회를 제공하며, 이는 더욱 강력한 브랜드 애드머레이션으로 이어진다. 또한 확대된 아이덴티티에 적합한 또 다른 브랜드 확장을 고객이 더욱 쉽게 받아들일 수 있게 만든다. 예를 들어, 헬로 키티의 건강 클리닉 확장은 편안함과 배려에 관련된 보다 광범위한 잠재적 확장 카테고리들을 이 브랜드에 열어준다. 이처럼 새롭게 확장할 때마다 기업은 다음에 확장할 제품 카테고리를 보다 쉽게 조정할 수 있다. 고객은 헬로 키티에 대한 인식을 이제 더 이상 좁은 의미의 맥락이나 카테고리로 제한하지 않는다. 그 대신 확대된 브랜드 아이덴티티와 관련이 있는 어떤 제품이라도 수용할 수 있다.

우리의 연구 결과를 보면, 고객은 칭송받는 브랜드의 적합성이 낮은 확장을 높은 적합성의 확장만큼 좋아하지만, 그 이유는 다르다. 적합성이 높은 확장과 모 브랜드 사이의 연관성은 명백하고 쉽게 수용된다. 하지만 적합성이 높은 카테고리로 확장하는 것은 고객이 그 브랜드를 보다 깊이 생각하도록 동기를 부여하는 심리적 호기심이나 의외성을 만들어내지는 못한다. 반대로 낮은 적합성의 확장은 놀라움을 불러일으키며, 고객이 모 브랜드와 브랜드 확장 사이에서 연관성을 찾아내게 만든다. 연관성을 찾아내는 행동은 처음에 미로처럼 보였던 곳에서 출구를 발견하는 것과 마찬가지이므로 즐거움을 선사한다. 이 연관성은 또한 브랜드에 새로운 의미를 부여하고, 고객에게는 모 브랜드를 좋아할 이유를 더 많이 제공한다.

기업은 적합성이 낮은 확장을 자주 사용할 수는 없다. 확장된 카테고리에서 혁신적인 혜택을 제공해야 하고 또한 칭송받는 브랜드가 되어야만 이런 확장 효과를 발휘할 수 있기 때문이다. 칭송받지 못하는 브랜드는 확장된 제품의 혜택들이 혁신적이라 하더라도 낮은 적합성의 확장 전략을 사용하지 말아야 한다. 대신 적합성이 높은 카테고리로 확장하는 방안이 훨씬 더 효과적이다.

시간의 흐름에 따라 최상의 확장 및 피드백 효과를 달성하는 방법

많은 기업이 한 가지가 아닌 여러 가지 형태의 제품 확장과 브랜드 확장 전략을 시도한다. 그렇다면 브랜드를 진화시키는 과정에서 기업은 어떤 형태의 확장을 먼저 시도하고, 어떤 것을 나중에 해야 할까? 여기서 문제는 시간이 흐르면서 제품과 브랜드의 확장 전략이 얼마나 다양해야 하는가이다.[6] 제품과 브랜드의 확장은 가능한 한 가장 효율적인 방법(확장 효과)으로 기존 고객을 유지하고 새로운 고객을 불러 모으는 데 목적을 둔다. 그리고 이에 못지않게 모 브랜드에 대해 고객이 알고 있고 연상하는 내용에 확장이 미치는 영향(피드백 효과)도 중요하다.

확장 순서에 대한 고려 사항

어떤 형태의 확장을 먼저 시도하는 것이 좋은가? 지금부터 이 쟁점들을 논의해보자.

브랜드의 가치 향상이 최우선이다

제품과 브랜드의 확장은 모 브랜드가 칭송받을 때 가장 강력한 확장 및 피드백 효과를 만들어낸다. 그러므로 브랜드 관리자는 제품이나 브랜드의 확장을 선택하기 전에 3장에서 6장까지 나와 있는 아이디어들에 따라 자사의 브랜드에 대한 신뢰와 사랑, 존중을 최대한으로 구축해야 한다. 또한 7장에서 설명한 가치 향상 전략을 바탕으로 고객에 대한 브랜드 가치를 계속 향상시켜야 한다. 브랜드 관리자는 제품이나 브랜드의 확장 전략을 사용하기 전에 시간과 노력을 투자해 기존 브랜드가 고객에게 분명히 가치를 향상할 수 있도록 해야 한다. 경쟁이 치열한 시장일수록 특히 더 그렇다.

추천 방안 1: 제품 및 브랜드 확장에 앞서 브랜드 애드머레이션을 구축하고 강화하는 데 먼저 투자하라.

브랜드 확장 전에 제품 확장을 하라

제품 확장은 현재 속한 카테고리에서 모 브랜드의 위상을 더욱 공고히 하며, 고객이 모 브랜드의 카테고리에서 이 브랜드를 신뢰하고 사랑하며 존중해야 할 이유를 추가로 제공한다. 기업은 제품 확장 없이는 효율적인 성장을 이루어주는 생산과 R&D, 유통 등의 운영 자원을 활용할 수 없다. 또한 기업은 기존 제품 카테고리에서의 견고한 시장 점유율을 바탕으로 이후 다른 카테고리에서 이 브랜드를 자산으로 활용할 수 있는 유리한 위치에 올라설 수 있다. 이를 달성하려면, (1)기존 고객이 제품을 더 많이, 더 자주 소비하도록 독려하고, (2)경쟁 브랜드 사용자들을 끌어들이며, 더욱 중요한 점으로 (3)이 제품의 사용을 고려한 적이 없는 다른 세그먼트에 속한 고객들의 욕구를 충족시키는 다양한 제품을 개발해 비 사용자를 브랜드 사용자로 전환시킬 수 있는 제품 확장을 해야 한다.

추천 방안 2: 브랜드 확장에 앞서 기존 제품 카테고리에 속한 고객과 칭송받는 브랜드 사이에 연관성을 강화해주는 제품 확장을 먼저 하라. 기존 카테고리에서 구축한 고객들의 강력한 믿음은 새로운 카테고리에서 시도하는 브랜드 확장이 나아갈 길을 탄탄하게 해준다.

제품 확장 후에 브랜드 확장을 하라

칭송받는 브랜드가 기존 카테고리에서 잘 알려져 있고 믿을 만하면, 이 브랜드는 새로운 카테고리로 확장할 수 있는 견고한 위치에 있다. 하지만 여기서 다섯 가지 브랜드 확장 전략 중 어떤 것을 시도해야 할까? 우리는 공동 소비나 교대 소비, 또는 대체를 바탕으로 한 전략 중 하나를 사용할 것을 추천한다. 이 전략들은 기업이 모 브랜드 제품에 관련된 사람들의 특정 욕구 카테고리를 지배할 수 있게 해준다. 또한 모 브랜드의 기존 고객층과 운영 자원(생산, R&D, 유통 등)을 활용할 수 있어 효율적인 성장을 쉽게 이룰 수 있다. 더 나아가 이 전략들은 브랜드에서 연상되는 핵심 기억들을 강화하며, 이들을 다른 제품 카테고리에 연결시켜 더욱 확장한다. 이 마지막 현상은 브랜드가 하나의 제품 카테고리뿐만 아니라 여러 제품 카테고리에 걸쳐 있는 고객들의 특정 소비 욕구를 충족시킬 수 있다는 명성을 얻는 데 도움을 준다.

추천 방안 3: 제품 확장을 통해 크게 칭송받는 브랜드를 개발한 뒤, 기존 제품의 소비에 관련된 사용자들의 욕구를 충족시킬 다른 제품 카테고리로의 브랜드 확장에 집중하라.

궁극적 목표는 특성 또는 브랜드 콘셉트를 바탕으로 한 전략이다

마지막으로 칭송받는 브랜드가 어떤 일반적인 욕구를 잘 다룬다고 알려져 있으면, 기업은 특성 또는 브랜드 콘셉트를 바탕으로 한 전략을 시도할 수 있는 보다 확실한 위치에 있다. 여기서 목표는 효율적 성장을 이루는 한편, 브랜드에 관련된 기억 연상을 희석시키는 것이 아니라 확대하는 데 있다. 이를 달성하려면 브랜드의 우월한 특성과 관련이 있는 새로운 시장으로 브랜드를 확장해야 한다. 장식용 작은 조각상과 보석류의 납유리 명품 세공으로 잘 알려진 스와로브스키는 브랜드 이름을 쌍안경, 소총용 망원 조준기, 망원경과 같은 고가의 광학 장비로 확장했다. 이런 특성을 바탕으로 한 확장으로 스와로브스키는 효율적 성장을 이룰 수 있다(확장 효과). 더 나아가 스와로브스키 브랜드에서 연상되는 핵심 기억(정밀 유리 세공)은 희석이 아니라 강화된다. 새로운 기억 연상도 스와로브스키 이름에 더해지고, 이는 브랜드 아이덴티티를 확대시킨다. 기업은 이와 비슷한 형태로 콘셉트에 바탕을 둔 확장도 시도할 수 있다. 샤넬, 버진, 나이키 등의 브랜드는 콘셉트를 바탕으로 한 확장 전략으로 이와 유사한 확장 및 피드백 효과를 달성했다.

> 추천 방안 4: 궁극적 목표는 특성 또는 브랜드 콘셉트에 바탕을 둔 전략으로 브랜드를 다양한 카테고리로 확장하는 것이다. 이 전략들은 브랜드가 효율적으로 성장하는 한편, 브랜드에 관한 기억 연상을 강화하고 확대할 수 있게 한다.

물론 기업은 이 책에서 추천하는 확장 순서를 맹목적으로 따라서는 안

된다. 앞서 언급한 대로 기업과 경쟁 기업, 고객에 대한 고려 사항들도 확장 전략 선택에 영향을 미친다. 이를테면, 경쟁은 없고 고객의 수요가 강력한 경우처럼 확장 기회가 아무리 좋더라도 이를 추구하는 데 필요한 자원을 확보하지 못한 기업은 이런 기회를 활용할 수 없다.

예시적인 브랜드 진화(전략적 성장 경로) 지도

앞서 추천한 네 가지 방안은 일반적으로 몇몇 기업이 성공적으로 활용한 브랜드 진화 과정과 일치한다. 예를 들면, 나이키는 나이키 신발을 개선하고 다양한 시장 욕구에 맞는 가치 향상 전략들을 먼저 개발했다(그림 9.1 참조). 제품 개선을 위해 에어쿠션 기능과 향상된 발목 보호 기능, 고객 맞춤형 패턴들을 추가했다. 그런 뒤, 나이키는 자사의 브랜드 이름을 달리기용 운동화에서 다른 스포츠 종목 운동화로 확장했다. 미식축구와 야구, 골프 등을 위한 나이키 운동화는 이 브랜드에 연계된 연상을 확대했다. 이런 움직임은 나이키의 달리기용 운동화로서의 핵심 브랜드 아이덴티티(여기서 "그냥 시도하라!"는 나이키의 태그라인은 "마라톤을 하라" 또는 "달리기를 시작하라"와 같은 의미다)를 강화하고, 이 아이덴티티를 모든 스포츠 종목의 운동화 브랜드(여기서는 나이키의 동일한 태그라인이 "미식축구 연습을 하라" 또는 "다른 종목을 연습하라"와 같은 의미다)로 확대했다.

　나이키의 스포츠용 운동화로 확대하는 제품 확장은 스포츠에 관련된 다른 카테고리로 브랜드 이름을 확장할 수 있는 기회를 열었다. 다양한 스포츠에서 사용하는 나이키의 장비와 의류는 나이키의 스포츠 아이덴티티를 강화할 뿐만 아니라, 운동화를 넘어 스포츠를 하는 사람들의 '욕구'에 연관된 다른 카테고리와 나이키의 관련성을 확대했다. 캐주얼 의류와 여

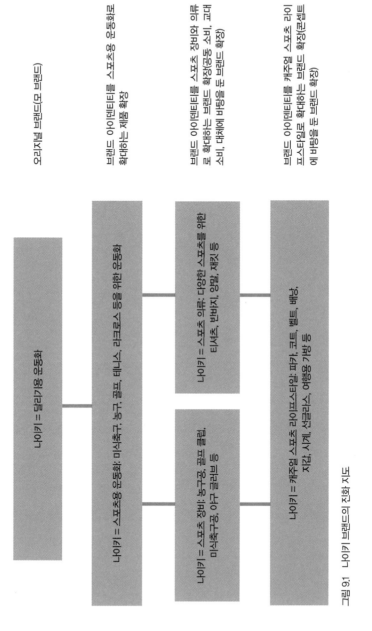

오리지널 브랜드(모 브랜드)

나이키 = 달리기용 운동화

브랜드 아이덴티티를 스포츠용 운동화로 확대하는 제품 확장

나이키 = 스포츠용 운동화: 미식축구, 농구, 골프, 테니스, 라크로스 등을 위한 운동화

브랜드 아이덴티티를 스포츠 장비와 의류로 확대하는 브랜드 확장(공동 소비, 교대 소비, 대체에 바탕을 둔 브랜드 확장)

나이키 = 스포츠 장비: 농구공, 골프 클럽, 미식축구공, 야구 글러브 등

나이키 = 스포츠 의류: 다양한 스포츠를 위한 티셔츠, 반바지, 양말, 재킷 등

브랜드 아이덴티티를 캐주얼 스포츠 라이프스타일로 확대하는 브랜드 확장(콘셉트에 바탕을 둔 브랜드 확장)

나이키 = 캐주얼 스포츠 라이프스타일: 파카, 코트, 벨트, 배낭, 지갑, 시계, 선글라스, 여행용 가방 등

그림 9.1 나이키 브랜드의 진화 지도

행 가방, 액세서리(벨트, 시계, 선글라스) 등으로 이어진 확장은 나이키에 관한 기억 연상을 더욱 확대하며, 나이키를 스포츠 장비와 의류 등에 집중하는 기업에서 캐주얼 의류와 활동적인 라이프스타일 아이덴티티를 강조하는 스포츠 라이프스타일 브랜드로 바꿔놓았다. 여기서 나이키의 전반적인 콘셉트를 캐주얼한 스포츠 라이프 브랜드로 확대한 전략이 바로 콘셉트를 바탕으로 한 확장이었다. 현재 나이키는 달리기용 운동화의 성장에 좌우되는 그런 기업이 아니다. 이런 확장들 덕분에 나이키 브랜드는 다양한 카테고리에서 연관성을 지니고 성공할 수 있었으며, 위험을 분산할 수 있는 기회도 확보했다.

다른 브랜드의 진화와 성장 과정을 상세히 살펴보자. 암 앤 해머는 가치 향상 전략을 활용해 자사의 베이킹 소다를 사용해야 할 또 다른 강력한 이유를 제공했다(이를테면, 냉장고 탈취용). 이런 움직임은 암 앤 해머에 탈취가 필요한 다른 상황으로 확장할 수 있는 능력을 부여했다. 예를 들면, 냉장고와 냉동고 탈취제 프리지 앤 프리저Fridge-n-Freezer와 화장실 탈취제 프레쉬 앤 내추럴Fresh-n-Natural 등이 이런 확장으로 탄생한 제품들이다. 이들은 브랜드 아이덴티티를 확대하고, 암 앤 해머를 단순히 베이킹 소다를 판매하는 상표가 아니라 강력한 탈취를 연상시키는 브랜드로 바꿔놓았다. 흥미로운 점은 나이키와 달리 암 앤 해머는 베이킹과 탈취 욕구에 연관된 공동 소비나 교대 소비, 또는 대체에 바탕을 둔 확장 전략을 거치지 않았다는 것이다. 대신 애완동물 용품(강아지용 패드와 물티슈 등)과 개인 용품(코 세정제, 치약, 땀 억제제 등), 섬유 관리 용품(섬유 유연제, 강력 세제 등) 등의 분야에서 특성을 바탕으로 한 다양한 확장 제품을 곧바로 출시하며, 브랜드 아이덴티티를 탈취에서 '클리닝'으로 더욱 확대했다.[7]

암 앤 해머는 이런 확장들을 통해 자사의 브랜드가 고객의 가정에 있는 생명체(고객 자신과 애완동물)와 비생명체(냉장고, 의류 등)에 모두 적합하다는 점을 증명했다. 이 확장들에 관련된 애정과 사랑은[8] 결국 암 앤 해머가 브랜드 이름을 폭넓게 활용하는 데 도움을 준다. 현재 암 앤 해머는 베이킹 소다만 판매하던 그저 그런 기업을 훨씬 뛰어넘는 위치에 올라있다. 암 앤 해머의 아이덴티티는 일반적인 "홈 케어"를 넘어서는 콘셉트로 진화하고 있다. 암 앤 해머의 사례는 특성을 바탕으로 한 일련의 확장들이 브랜드 아이덴티티를 콘셉트에 바탕을 둔 보다 추상적인 아이덴티티로 바꿔놓을 수 있다는 사실을 보여준다.

우리는 브랜드 관리자가 도달하려는 브랜드의 궁극적인 목표를 고려한 뒤 이러한 목표를 실현할 제품 및 브랜드 확장 전략들을 파악하고 실행할 것을 권유한다. 이 마지막 요점을 통해 우리는 시간에 따른 브랜드 진화 지도에 관한 또 다른 추천 방안을 제시한다.

추천 방안 5: 제품 및 브랜드 확장 전략을 개발할 때 기업은 브랜드의 현재 아이덴티티가 무엇이고, 시간이 지나면서 어떤 아이덴티티를 효율적이고 효과적으로 갖고 가야 할지를 검토하며, 브랜드의 '최종 단계'를 염두에 두고 시작하는 것이 좋다.

브랜드는 먼저 시장에서 경쟁적 가치를 향상시킨 뒤, 제품 확장으로 시장을 지배하는 목표를 삼는 순차적 방식으로 활용돼야 한다. 그러고 나서 오리지널 브랜드에 대한 공동 소비, 교대 소비, 대체가 일어나는 다른 제품 카테고리로 확장할 수 있다. 마지막으로 브랜드는 특성이나 콘셉트를 바탕으로 하는 또 다른 제품 카테고리로 확장할 수 있다. 기업이 제품 및 브랜드 확장에 사용할 전략적이고 진화적인 과정을 고려할 때, 브랜드 애드머레이션은 지속적으로 성장하고 강화될 수 있다.

❶ 효율적 성장과 강력한 피드백 효과로 이득을 보려면, 먼저 브랜드 애드머레이션을 구축한(3~6장) 뒤 가치 향상 전략으로 이를 강화해야 한다.

❷ 제품 확장으로 모 브랜드에서 연상되는 기억을 강화하고, 브랜드 아이덴티티를 확대하며, TOM 브랜드 상기를 강화할 수 있다.

❸ 공동 소비와 교대 소비, 대체에 바탕을 둔 확장은 특정 욕구에 대한 브랜드의 연관성을 높인다.

❹ 특성에 바탕을 둔 확장은 제품이나 서비스의 특성을 다양한 시장과 카테고리에 걸쳐 전달하는 과정에서 브랜드의 연관성을 높인다.

❺ 브랜드 콘셉트에 바탕을 둔 확장은 콘셉트 자체가 관련 있는 다양한 시장과 카테고리에서 브랜드의 연관성을 높인다.

❻ 제품 및 브랜드 확장은 높은 적합성(카테고리, 특성, 사용, 혜택, 콘셉트에 관한 적합성)을 지닌 카테고리에서 보다 강력한 확장 효과와 피드백 효과를 만들어낸다. 하지만 가장 강력한 피드백 효과는 칭송받는 브랜드가 적합성이 낮은 카테고리에서 혁신적인 혜택을 제공할 때 일어난다.

❼ 제품 및 브랜드의 확장 전략을 개발할 때는 브랜드의 마지막 단계 또는 최종 목표를 생각하라. 브랜드의 현재 아이덴티티뿐만 아니라 미래의 궁극적인 아이덴티티도 함께 고려하라.

여러분의 브랜드는 어떤가?

❶ 여러분의 조직에서는 제품 및 브랜드 확장을 어떻게 활용하는가?

❷ 낮은 적합성의 확장을 얼마나 고려했는가?

❸ 브랜드의 장기적인 성장을 위해 전략적 브랜드 진화 지도(성장 과정)를 얼마나 생각했는가?

제10장

브랜드 구성
디자인

.
.
.
.

기업을 구성하는 브랜드들은 앙상블을 이루는 한 부분이다.
각 브랜드는 전체 이미지에 어울려야 한다.

서론

고급 식품점 체인인 홀 푸드 마켓Whole Foods Market은 전 세계에서 큰 성공을
거두었다. 하지만 이 기업은 유기농 식품의 인기가 높아지는데도 불구하고
저성장 문제에 직면해 있다. 현재 홀 푸드는 자사의 마켓을 이용하지 않는
사람들을 불러 모으기 위해 '365 바이 홀 푸드 마켓365 by Whole Foods Market'이라
는 좀 더 저렴한 식품점 체인을 도입했다. 신규 체인은 저가의 자연 식품을
원하는 젊은 고객들이 타깃이다. 이를 위해 홀 푸드는 365 체인의 운영비
를 줄여야 한다. 홀 푸드는 또한 365 체인이 유행을 선도하고, 매력적이며,
첨단 기술을 중시하는 아이덴티티를 구축하기를 바란다. 그렇다면 새로운
브랜드 이름을 365로 정한 홀 푸드의 결정은 훌륭한 아이디어일까?

구글은 구글 스칼라, 구글 파이낸스, 구글 맵, 구글 이미지 등 구글 이

름을 붙인 다양한 서비스를 제공한다. 또한 다른 비즈니스(구글 애드워즈)와 소비자(구글 크롬), 스타트업 벤처기업들을 위한 서비스(구글 벤처)에도 구글 브랜드를 사용한다. 하지만 구글에는 생명공학 기업 칼리코Calico와 스마트 홈 제품을 만드는 네스트Nest처럼 구글 이름을 사용하지 않는 브랜드도 있다. 구글은 최근 이들을 재정비하며, 구글 브랜드는 이제 모든 사항을 홀딩 컴퍼니 알파벳Alphabet에서 관리한다고 발표했다. 시장은 이 발표에 긍정적으로 반응했고, 구글 주가는 5퍼센트 상승했다.[1] 이는 구글에 장기적으로 좋은 결정일까? 그것을 어떻게 알 수 있을까?

개요

10장 첫머리에 소개한 사례들은 '브랜드 구성 디자인brand architecture design'이라는 개념과 관련이 있으며, 우리는 이를 최상의 재무적 혜택과 자산 구축 및 조직상의 혜택을 확보하기 위한 기업 브랜드 포트폴리오의 계층적 표현으로 정의한다.

　10장에서 우리는 브랜드 구성 디자인의 정의와 혜택을 논의한다. 건축가가 빌딩을 설계할 때 전체 구성 요소가 오랫동안 강한 구조를 갖추도록 고려하듯이, 브랜드 관리자도 기업의 전체 브랜드가 함께 가치를 지속적으로 유지하는 강한 브랜드 구성을 디자인해야 한다. 브랜드 구성 디자인에 관한 결정은 고객과 투자자를 포함한 이해관계자들이 기업을 어떻게 인식하는가에 영향을 미친다. 또한 기업과 기업의 목표에 대한 직원들의 이해와 브랜드 가치를 최종 고객에게 전달하는 그들의 역할에도 영향을 준다.

　브랜드 구성 디자인에서 가장 중요한 사항은 기업이 각 브랜드의 개별적 그리고 브랜드들 간의 전체적 아이덴티티의 방향을 설정하는 데 지침이 되는 포괄적인 전략적 초점을 먼저 가져야 한다는 것이다. 이런 전략적 초점은 기업의 비즈니스 목적과 사명을 고객이 이해하는 데 도움을 준다. 또한 기업이 자산 구축 및 조직상의 혜택을 확보하는 데도 도움이 된다. 하지만 불행하게도 브랜드 구성 디자인에서 핵심적인 역할을 하는 브랜드 네이밍brand naming(브랜드 이름 결정)은 사전 계획 없이 임기응변식으로 이루어지는 경우가 많다. 일반적으로 신규 제품의 시장 진출 기회와 성장 가능성 같은 기준들을 더 깊이 생각하는 반면, 신규 브랜드가 기업 전체 브랜드 조합에 미칠 영향은 거의 생각하지 않는다. 그 이유들 중 하나는 브랜드 구성 디자인에 대한 개념이 확실하지 않기 때문이다. 이 장에서 그 의미를 명확히 할 수 있기를 바란다. 다음 사항들에 대해서는 특히 더 그렇다.

- 기업이 브랜드 구성을 디자인할 때 고려해야 할 주요 브랜드 네이밍 옵션 확인
- 브랜드 관리자가 기업의 다양한 브랜딩 결정을 효과적으로 수용할 수 있는 브랜드 구성 디자인 방법에 대한 설명
- 기업이 브랜드 구성을 디자인할 때 고려해야 할 주요 재무적 기준과 자산 구축 및 조직상의 기준에 대한 상세한 설명

브랜드 구성 디자인의 브랜드 네이밍 옵션

우리는 1장에서 '브랜드 이름'은 고객이 브랜드가 무엇을 상징하는지, 다른 브랜드와 어떻게 다른지 파악하는 데 도움을 준다고 했다. 신규 브랜드에

어떤 이름을 붙일지 고려할 때는 브랜드 네이밍 옵션에 대한 분류 체계를 갖는 것이 도움이 된다. 이상적으로는, 이런 유형 분류 체계를 활용한 브랜딩 옵션들은 기업이 선택할 수 있는 일련의 브랜드 네이밍 옵션들도 된다. 또한 이 유형 분류 체계는 신규 브랜드가 기업의 기존 브랜드들과 어떻게 연관되는지 명확히 보여줄 수 있다. 표 10.1이 이런 유형들을 보여준다.

이 유형들은 넓은 의미에서 세 가지 브랜드 네이밍 옵션, 즉 (1)확장 브랜딩extension branding, (2)제휴 브랜딩association branding, (3)독자 브랜딩individual branding을 포함한다(표 10.1 참조). 이 세 가지 유형은 모 브랜드 이름과의 유사성에 따라 구분된다. 확장 브랜딩에서 신규 제품이나 서비스의 이름은 모 브랜드와 밀접한 연관성을 지닌다. 독자 브랜딩의 신규 브랜드 이름은 모 브랜드와 가장 멀리 떨어져 있어 연관성이 없다. 제휴 브랜딩은 앞서 이야기한 두 가지를 절충한 옵션이다.[2] 두 번째로 주목해야 할 사항은 세 가지 브랜드 네이밍 유형별로 서로 다른 옵션들이 있다는 사실이다(표 10.1 참조). 확장 브랜딩에는 직접 브랜딩과 연계 브랜딩 옵션이 있으며, 제휴 브랜딩에는 하위 브랜딩과 보증 브랜딩, 간접 브랜딩, 공동 브랜딩이 포함된다. 독자 브랜딩에는 단어 또는 문장에 바탕을 두는 두 가지 옵션이 있다.

마지막으로 주목해야 할 사항은 각 옵션이 변경자modifier를 포함하거나, 포함하지 않을 수도 있다는 점이다. 변경자는 선택한 브랜딩 옵션에 정보를 더해주는 서술어로서 여덟 가지 브랜딩 옵션에 모두 포함돼 있다. 이어지는 글에서 이 브랜딩 옵션들의 의미와 중요성에 대해 설명하겠다.

확장 브랜딩

기업이 고려할 수 있는 두 가지 확장 브랜딩 옵션은 (1)직접 확장 브랜딩

표 10.1 브랜드 네이밍 옵션의 유형

브랜딩 옵션	확장 브랜딩		제휴 브랜딩				독자 브랜딩	
	직접	연계	하위 브랜딩	보증 브랜딩	간접 브랜딩	공동 브랜딩	단어 중심	문장 중심
변경자	변경자 사용 / 변경자 미사용	변경자 사용 / 변경자 미사용	변경자 사용 / 변경자 미사용	변경자 사용 / 변경자 미사용	변경자 사용 / 변경자 미사용	변경자 사용 / 변경자 미사용	변경자 사용 / 변경자 미사용	변경자 사용 / 변경자 미사용

과 (2)연계 확장 브랜딩이다.

직접 확장 브랜딩

'직접 확장 브랜딩'을 선택하는 기업은 모 브랜드의 이름을 신규 비즈니스나 제품에 사용한다. 예를 들면, 구글은 일반적인 인터넷 검색 엔진부터 지도(구글 맵), 학술 자료 검색(구글 스칼라), 쇼핑(구글 쇼핑)으로 사업 영역을 넓힐 때 직접 확장 브랜딩 방식을 활용했다. 확장 브랜딩에서는 모 브랜드(구글)가 구글 맵 등 신규 브랜드의 아이덴티티 형성에 결정적인 역할을 한다. 8장에서 이런 직접 확장 브랜딩 옵션을 집중적으로 다루었다.

연계 확장 브랜딩

'연계 확장 브랜딩'에서는 모 브랜드 이름의 '핵심 요소'를 활용해 신규 제품의 이름을 만든다. 예를 들어, 맥포테이토와 맥카페는 맥도날드 브랜드 이름의 핵심인 '맥'을 포함하고 있다. 세계에서 가장 가치 있는 기술 스타트업으로 평가받는 중국 전자 기업 샤오미는 모 브랜드 이름의 핵심인

'미'를 사용해 미 헤드폰, 미유아이7(소프트웨어 플랫폼), 미4i(스마트폰) 등의 신규 제품 이름을 만들었다. 알리바바는 이 브랜딩 옵션을 자사의 온라인 결제 시스템(알리페이)과 온라인 소매 서비스(알리익스프레스)에 활용했다.

8장과 9장에서 언급했듯이, 브랜드 애드머레이션까지는 아니더라도 신규 브랜드가 인지도를 구축하는 데도 시간과 자원이 필요하다. 기존 브랜드(모 브랜드)의 이름을 신규 비즈니스나 제품에 활용하는 방식은 고객이 모 브랜드에 대해 알고 있는 지식과 경험을 신규 브랜드로 이전할 수 있게 해준다. 고객은 이런 연상을 자연스럽게 떠올린다. 그 결과, 기업은 완전히 새로운 브랜드 이름을 만드는 경우와 비교할 때 확장 브랜딩을 선택하는 방식이 신규 제품에 대한 연상을 더 적은 비용으로 만들어낼 수 있다. 긍정적인 확장 및 피드백 효과를 가장 용이하게 실현할 수 있다.

하지만 모 브랜드의 영향력이 희석될 수도 있기 때문에 확장 브랜딩에 위험 요소가 전혀 없는 것은 아니다. 모 브랜드와 확장 사이에 의미 있는 연관성이 없으면 고객은 브랜드의 의미에 대해 혼란스러워할 수도 있으며, 이는 브랜드 아이덴티티가 손상되는 결과로 이어질 수 있다. 브랜드가 시장에서 제시한 약속을 실행하지 못하는 확장도 모 브랜드의 명성에 역효과를 낳으며 오점을 남길 수 있다. 더 나아가 고객은 확장 브랜드에 연관된 잘못을 모 브랜드에도 해당하는 전반적 현상으로 해석할 수 있다. 하지만 확장에 관한 의사 결정을 9장에서 제시한 방식대로 성실히 집행하면, 긍정적인 확장 및 피드백 효과가 브랜드 희석의 위험보다 훨씬 더 크다.

제휴 브랜딩

제휴 브랜딩 방식으로 탄생한 신규 제품은 확장 브랜딩에 의한 제품보다 모 브랜드와의 연관성이 약하다. 그러므로 이 옵션을 선택하는 기업은 신규 브랜드의 형편없는 성과 때문에 모 브랜드에 미칠 악영향의 위험성을 낮출 수는 있으나, 강력한 확장 및 피드백 효과의 잠재성을 충분히 살리지 못하는 약점이 있다. 표 10.1에 나와 있는 네 가지 제휴 브랜딩 옵션을 자세히 살펴보자.

하위 브랜딩

'하위 브랜딩'은 모 브랜드 이름에 새로운 브랜드 이름을 추가하는 방식이다. 여기서 모 브랜드는 홀딩 컴퍼니, 기업 본사, 전략적 사업 단위[SBU, strategic business unit] 또는 특정 제품일 수 있다. 이 방식을 선택하는 기업은 모 브랜드가 지닌 신뢰성과 럭셔리 이미지 등의 혜택을 활용하는 동시에 하위 브랜드만의 독특한 이름과 아이덴티티를 개발할 수 있다. 하위 브랜드는 모 브랜드와 뚜렷이 구분되지만, 여전히 모 브랜드에 소속된 구성원이다. 마이크로소프트와 마이크로소프트 엑스박스[Xbox]를 생각해보라(표 10.2 참조). 하위 브랜드인 엑스박스는 마이크로소프트에 비해 젊고 참신한 이미지를 지니고 있어 젊은 게임 사용자들에게 더 인기가 많다. 토요타 프리우스[Prius]는 토요타 하면 자연스럽게 떠오르는 품질을 활용하는 한편, 연비 효율성과 친환경과 같은 새로운 연상을 추가했다. 하위 브랜드가 자체적으로 아이덴티티를 지니고 있으므로 확장 및 피드백 효과는 확장 브랜딩으로 실현할 수 있는 것보다 다소 약하다.

하위 브랜딩은 모 브랜드의 특징과 연상을 신규 제품에 곧바로 전이시키지 않으며 동시에 신규 브랜드를 모 브랜드와 어느 정도 차별화해야 할 때 성공 가능성이 높다. 포르쉐 자동차의 박스터[Boxter], 카이엔[Cayenne], 마칸

표 10.2 다양한 브랜딩 옵션의 정의와 사례

확장 브랜딩	정의	신규 기업이나 전략적 사업 단위(SBU) 또는 신규 제품을 시장에 진출시키기 위해 홀딩 컴퍼니와 기업 본사 또는 기존 제품 등과 동일한 브랜드 이름을 활용한다.
	사례	버진 애틀랜틱, 버진 머니, 버진 북스, 버진 할러데이즈, 버진 와인; 오라클 클라우드, 오라클 모바일, 오라클 데이터베이스; 머스크 라인, 머스크 오일, 머스크 드릴링; 미 헤드폰, 미 4i; 알리페이, 알리익스프레스; 캣 파이낸셜, 캣 렌탈 스토어; 맥포테이토, 맥카페.
하위 브랜딩	정의	신규 브랜드가 모 브랜드의 특별 버전이 될 수 있도록 신규 브랜드 이름을 기존 브랜드 이름에 추가한다.
	사례	토요타 프리우스, 토요타 코롤라, 토요타 캠리; 마이크로소프트 엑스박스, 마이크로소프트 루미아, 마이크로소프트 홀로렌즈; 인텔 제온, 인텔 아톰, 인텔 쿼크.
보증 브랜딩	정의	모 브랜드의 보증으로 신규 브랜드를 지원한다.
	사례	코트야드 바이 메리어트; 디즈니 제공 〈겨울왕국〉, 〈빅 히어로 6〉 등 엔터테인먼트 상품; 폴로 바이 랄프 로렌; 캐터필러 소속 기업 솔라 터빈과 터보막.
간접 브랜딩	정의	잘 알려진 모 브랜드와 신규 브랜드를 간접적으로 연관시킨다(이를테면, 포장이나 광고 또는 다른 마케팅 형태에 모 브랜드가 표시되지만 눈에 잘 띄지는 않는다).
	사례	제너럴 밀스의 위티스와 치리오스 시리얼 등을 포함한 여러 제품들; 바스프의 노바실, 루카로틴, 루트렐, 루프로 그레인, 아마실 NA 등.
공동 브랜딩	정의	잘 알려진 두 브랜드를 합쳐서 각 브랜드의 강점을 활용하는 신규 브랜드로 만든다.
	사례	아디다스 포르쉐 디자인 운동화; 고디바 슬림패스트 케이크 믹스(가상 브랜드); 디즈니 픽사.
독자 브랜딩	정의	모 브랜드와 상관없이 독립적이고 뚜렷이 구분되는 신규 브랜드를 도입한다.
	사례	렉서스; 이노선트 드링크스; 아파치 헬리콥터; ESPN; 타오바오; 아이 캔트 빌리브 이츠 낫 버터; 베드 베스 앤 비욘드

Macan을 예로 들어보자. 포르쉐 모 브랜드는 포르쉐에 대한 고객들의 신뢰와 사랑, 존중을 유지하는 한편, SUV 시장과 저가 시장 등에서 신규 비즈니스를 효율적으로 구축하고 싶어 한다. 하지만 포르쉐는 신규 비즈니스가 모 브랜드와 너무 밀접히 연관되는 것을 원하지 않는다. 모 브랜드가 고성능 스포츠카 레이싱으로 잘 알려져 있기 때문이다. 하위 브랜딩은 신규 브랜드가 모 브랜드와는 다른 그리고 모 브랜드의 특별 버전이라는 것을 나타낸다. 하위 브랜드에는 또 다른 혜택들이 있다. 기업은 하위 브랜드를 통해 광고와 프로모션, 유통에서 비용 효율성을 이룰 수 있다. 또한 모 브랜드에 관련된 고객층의 욕구와 다른 형태의 욕구를 원하는 특정 신규 고객 그룹을 타깃으로 삼을 수 있다.

하위 브랜딩 옵션에서 모 브랜드의 이름은 항상 먼저 등장해 신규 제품이 여전히 모 브랜드와 그 아이덴티티에 밀접히 연관돼 있으며 모 브랜드에 종속되어 있다는 점을 나타낸다. 때문에 기업이 하위 브랜드의 아이덴티티를 지속적으로 프로모션하지 않는 한, 하위 브랜드가 자체적으로 독립된 아이덴티티를 형성하기 어렵다. 예를 들어, 포드의 많은 하위 브랜드 중 하나인 포드 토러스Taurus는 수십 년 전 중형차 시장에서 최고의 브랜드였다. 오늘날 토러스의 아이덴티티와 다른 포드 브랜드들과의 차별성은 명확하지 않다. 포드가 가진 너무나 많은 하위 브랜드가 이 현상을 더욱 악화시키고 있다. 뒤에서 설명하겠지만 모 브랜드와의 차별화가 주목적이라면 다른 브랜드 네이밍 옵션이 더 나을지도 모른다. 그래도 한정된 수의 하위 브랜드를 적절히 관리할 수만 있으면, 하위 브랜딩 옵션은 신규 제품(이를테면, 토요타 캠리, 혼다 어코드 등)의 수요를 끌어올리는 동력이 될 수 있다.

보증 브랜딩

'보증 브랜딩'은 확실히 자리 잡은 모 브랜드가 새로운 비즈니스나 제품을 시장에 소개하는 방식이다. 코트야드 바이 메리어트^{Courtyard by Marriott}와 '디즈니 제공^{Disney Presents}'이라는 문구로 시작하는 브랜드 이름, 폴로 바이 랄프 로렌^{Polo by Ralph Lauren}, 캐터필러 소속 기업 솔라 터빈^{Solar Turbines-A Caterpillar Company} 등이 보증 브랜딩의 예다(표 10.2 참조). 여기서 모 브랜드는 신규 제품을 보증하고 지원하는 역할을 한다. 보증 브랜딩은 고품질의 강력한 브랜드가 신규 제품을 뒷받침하고 있다는 사실을 고객에게 확인시켜준다. 보증인 역할을 하는 모 브랜드는 이를 통해 신뢰성과 정통성을 신규 제품에 부여하는 한편, 보증된 브랜드가 모 브랜드와 상관없이 독립적으로 운영될 수 있게 한다. 〈겨울왕국〉이나 〈빅 히어로 6〉 같은 영화들은 디즈니 이름으로 보증하지 않았다면 그렇게 큰 성공을 거두지 못했을 것이다.

보증 브랜딩과 하위 브랜딩은 두 가지 중요한 방식에서 다르다. 첫째, 보증 브랜딩에서는 신규 브랜드가 모 브랜드의 지원을 받으므로 '강력한 확장 효과에 중점'을 둔다. 하지만 모 브랜드에 대한 피드백 효과는 하위 브랜딩의 경우보다 약하다. 둘째, 신규 브랜드가 모 브랜드의 신뢰성의 혜택을 받으면서도 모 브랜드와 차별화된 자체의 고유한 아이덴티티를 가지려고 할 경우에는 보증 브랜딩이 하위 브랜딩보다 더 적합하다.

때로는 기업이 신규 '제품 카테고리'를 보증하며 보증 브랜딩처럼 보이는 방식을 사용하는 경우도 있다. 예를 들면, 독일 브랜드 치보^{Tchibo}는 자사의 요가 운동복 상의와 레깅스 제품 라인을 '액티브 바이 치보^{Active by Tchibo}'로, 아동용 의류 라인을 '키즈 바이 치보^{Kids by Tchibo}'로 부른다. 이들은 보증 브랜딩이 아니다. 왜냐하면 '액티브' 또는 '키즈'는 하나의 브랜드 이름이 아니라 제품 카테고리를 일컫는 용어이기 때문이다. 이 이름들은 단순 확장 브랜딩의 변형된 형태로 보는 것이 더 적절하다.

간접 브랜딩

'간접 브랜딩'을 통해 제공하는 새로운 비즈니스나 제품은 모 브랜드에 간접적인 형태로만 연계된다. 간접 브랜딩과 보증 브랜딩은 둘 다 모 브랜드와 다른 브랜드 이름을 사용한다. 하지만 간접 브랜딩에서는 모 브랜드가 눈에 잘 띄지 않으며 직접적으로 지원하는 강도가 약하다.

예를 들어, 위티스Wheaties와 치리오스Cheerios는 오랫동안 시리얼을 생산해온 제너럴 밀스General Mills를 모 브랜드로 둔 덕분에 혜택을 얻는다. 하지만 제너럴 밀스의 이름은 이 제품들의 이름에서 찾아볼 수 없다. 단지 눈에 잘 띄지 않는 제품 포장지 한쪽 구석에서 볼 수 있을 뿐이다. 세계를 선도하는 가장 혁신적인 화학 기업 중 하나인 바스프BASF는 자사의 브랜드인 노바실Novasil, 루카로틴Lucarotin, 루트렐Lutrell, 아마실Amasil에 간접 브랜딩 방식을 사용한다. 이 브랜드들은 소를 비롯한 모든 되새김질 동물에 대한 영양을 공급하는 것을 목적으로 삼고 있는데, 모 브랜드의 이름 바스프를 간접적인 방식으로만 활용한다.

간접 브랜딩은 모 브랜드와 신규 브랜드 이름이 위치상 많이 떨어져 있기 때문에 보증 브랜딩보다 확장 및 피드백 효과가 약하다. 이 옵션은 기업이 신규 비즈니스에 기존 브랜드와 다른 독특한 아이덴티티를 개발하고 싶을 때 적절하다. 모 브랜드는 보증 브랜딩처럼 어느 정도의 신뢰성을 제공하며 지원하지만, 가장 눈에 띄는 것은 신규 브랜드 이름이다.

그렇다고 해서 모 브랜드가 간접 브랜딩에서 신규 브랜드에 신뢰성과

정통성 또는 품질 보증을 제공하는 강력한 역할을 할 수 없다는 말은 아니다. 예를 들면, 한국의 풀무원은 간접 브랜딩을 통해 크게 성공한 사례다(2장 참조). 또한 사람들이 다양한 건강관리 제품들을 대변하는 모 브랜드인 바이엘Bayer을 얼마나 신뢰하고 가치 있게 여기는지 생각해보라. 기업이 광고 등으로 모 브랜드 이름을 어떻게 프로모션하느냐에 따라, 고객은 신규 브랜드에서 모 브랜드 이름이 눈에 확연히 띄지 않더라도 모 브랜드 이름을 강력하고 확실한 품질 보증의 표시로 여길 수 있다.

공동 브랜딩

제휴 브랜딩의 네 번째 유형은 '공동 브랜딩'이다. 여기서는 동일한 기업 또는 서로 다른 기업에 속한 두 개의 브랜드가 함께 신규 비즈니스나 제품 또는 기업을 형성한다(표 10.2 참조). 아디다스 포르쉐 디자인 운동화, 타이드 2X 울트라 위드 페브리즈 프레쉬니스Tide 2X Ultra with Febreze Freshness 세제, 디즈니 픽사 등이 이 방식에 속하는 사례. 이 브랜딩 방식의 목적은 신규 비즈니스 또는 제품이 각 브랜드의 강점을 보유하거나, 한 브랜드의 약점을 다른 브랜드가 보완했음을 고객에게 전달하는 데 있다. 가상 사례로 고디바 슬림패스트Godiva SlimFast 케이크 믹스를 생각해보라.[3] 고디바는 고가의 진한 초콜릿으로 알려져 있으며, 이 브랜드에서 낮은 칼로리를 떠올리는 사람들은 거의 없다. 그런데 슬림패스트는 비록 맛은 별로지만, 저칼로리 음식으로 알려져 있다. 고디바 슬림패스트 케이크 믹스 제품처럼 함께 사용하면, 고디바와 슬림패스트는 서로 각 브랜드의 약점을 보완할 수 있다.

공동 브랜딩은 두 개의 브랜드가 관련된다는 측면에서 보증 브랜딩과 어느 정도 비슷하다. 하지만 보증 브랜딩에서는 어느 브랜드가 보증하고,

보증받는지가 명확하다. 이와 달리 공동 브랜딩은 각 브랜드가 서로 보증하는 방식이다. 또한 보증 브랜딩에서 보증받는 브랜드는 새로운 이름을 가진다. 공동 브랜딩에서는 이미 존재하는 브랜드 이름을 모두 사용한다. 고디바 슬림패스트 케이크 믹스는 보증 브랜딩 형태를 취하고 있지만, 실제로는 공동 브랜딩 사례에 속한다. 고디바와 슬림패스트는 각자 이미 잘 알려져 있고 확실히 자리 잡은 브랜드들이기 때문이다.

공동 브랜딩의 한 가지 불리한 면은 각 브랜드에서 연상되는 이미지를 혼합하기 때문에 고객이 공동 브랜드의 아이덴티티를 이해하는 데 어려움을 겪을 수도 있다는 점이다. 두 브랜드가 서로 강화하거나 보완하는 아이덴티티를 지니고 있지 않으면, 고객은 이들이 왜, 어떻게 관련되는지 또는 신규 제품이나 기업이 무엇을 상징하는지 이해하지 못할 수도 있다.

공동 브랜딩은 공동 브랜드 제품에 도움을 주는 확장 효과를 만들어낸다.[4] 또한 피드백 효과도 나타난다. 하지만 피드백 효과로 어느 브랜드가 더 많은 혜택을 얻는지 명확하지 않을 때가 종종 있다. 이를테면, 저칼로리의 맛있는 초콜릿으로 인지될 경우 고디바가 슬림패스트와 같이 사용된 공동 브랜드로 더 많은 혜택을 받을까? 아니면 침이 고이게 만드는 풍부한 맛을 내는 저칼로리 케이크 믹스의 이미지로 슬림패스트에 더 많은 혜택이 돌아갈까? 두 브랜드의 영향력의 차이가 클 때는 영향력이 약한 브랜드가 피드백 효과로 더 많은 혜택을 본다.[5] 다른 브랜딩 옵션들과 마찬가지로, 공동 브랜딩을 사용한 제품은 고객이 기대하고 있는 제품의 성능을 제대로 제공해주어야 한다. 그렇지 못하면 확장 효과는 제한될 수밖에 없고, 모 브랜드에 미치는 피드백 효과는 부정적일 가능성이 크다.

독자 브랜딩

마지막 브랜딩 옵션은 '독자 브랜딩'이다. 이 옵션을 사용하는 신규 브랜드는 모 브랜드와 전혀 관련성이 없다. 독자 브랜딩의 목표는 모 브랜드 이름과 상관없는 독특하고 유일한 이름과 아이덴티티를 지닌 신규 비즈니스 또는 제품을 만들어내는 데 있다(표 10.2 참조). 예를 들면, 렉서스를 모 브랜드 토요타의 제품으로 알게 하는 마케팅 활동은 전혀 찾을 수 없다. 또한 민간 항공기를 만드는 보잉이 전투용 헬리콥터 아파치를 생산한다는 사실을 아는 소비자들은 그리 많지 않다.

이 브랜딩 옵션은 신규 제품에서 어떤 확장 효과도 만들어내지 않는다. 그러므로 마케팅 자원에 제한이 없을 경우에 특히 유용한 방식이다. 이 옵션은 피드백 효과도 전혀 없으므로, 기업이 신규 제품과의 연관성 때문에 생길 수 있는 모 브랜드의 희석 가능성을 피하고 싶을 때 좋다. 예를 들면, 벤 앤 제리Ben&Jerry 아이스크림은 다국적 소비재 생산 기업인 유니레버가 소유한 브랜드다. 버몬트주에서 두 남자가 수제 아이스크림을 만드는 이미지가 연상되는 브랜드를 다국적 기업의 이미지와 연관시키는 방식은 분명 벤 앤 제리에 도움이 안 될 것이다. 더 나아가 벤 앤 제리의 아이덴티티가 유니레버의 아이덴티티에 반드시 도움이 되는 것도 아니다. 독자 브랜딩 옵션은 좋지 않은 일이 일어나더라도 기업 전체에 부정적인 결과를 초래할 가능성도 낮다. 모 브랜드와 신규 브랜드 사이에 연관성이 없기 때문이다.[6] 대부분의 소비자가 모르는 사실이지만 버거킹은 레스토랑 브랜드 인터내셔널Restaurant Brands International이 소유한 브랜드다. 버거킹이 위기에 빠지더라도 레스토랑 브랜드 인터내셔널에 부정적 영향을 미칠 일은 없다.

독자 브랜딩 옵션은 기업이 모 브랜드와 관련 없는 새로운 제품 카테고리로 다각화하려 할 때도 적합한 방식이다. 특히 신규 브랜드가 독자적으로 제품군을 개발하고 브랜드 확장을 할 수 있을 때 더욱 그렇다.[7] 비즈니스 고객을 위한 온라인 쇼핑 플랫폼은 알리바바의 B2B 마켓플레이스로 이름 붙이는 한편, 소매 고객들을 위한 온라인 쇼핑 플랫폼에는 타오바오 Taobao라는 다른 브랜드를 사용하는 알리바바의 방식을 생각해보라.

단어 중심과 문장 중심의 독자 브랜딩

독자 브랜딩 옵션을 사용하는 기업은 특정 단어나 문장을 브랜드 이름에 활용할 수 있다. 단어 중심의 브랜드 이름이 문장 중심의 이름보다 훨씬 더 일반적이지만, 아이덴티티의 관점에서 볼 때 문장 중심의 브랜드 이름이 잠재적 가능성이 더 높다. 아이 캔트 빌리브 이츠 낫 버터I Can't Believe It's Not Butter(이게 버터가 아니라니 믿을 수 없어요), 베드 베스 앤 비욘드Bed Bath&Beyond, 푸드 슈드 테이스트 굿Food Should Taste Good(음식은 당연히 맛이 좋아야죠) 등이 문장을 중심으로 한 브랜드 이름의 예다. 이런 이름들은 흔치 않고 브랜드의 혜택을 상세히 표현하므로 단어 중심의 브랜드 이름보다 브랜드 인지와 상기, 우호적 브랜드 속성을 더 쉽게 만들어낼 수 있다. 그러므로 적은 비용으로도 브랜드 혜택을 널리 알릴 수 있다. 문장 중심의 브랜드 이름은 미래의 브랜드 확장으로 이어질 수도 있다. 예를 들면, 유니레버의 아이 캔트 빌리브 이츠 낫 버터는 아이 캔트 빌리브 이츠 낫 밀크 또는 아이 캔트 빌리브 이츠 낫 햄버거와 같은 유사한 문구를 만들어 다른 제품 카테고리로 쉽게 확장할 수 있으며, 확장 효과와 피드백 효과를 모두 충분히 활용할 수 있다.

변경자

기업은 새로운 브랜드 이름으로 제품을 차별화할 수 있지만, 변경자를 활용해 차별화할 수도 있다. 변경자는 신규 비즈니스나 제품의 혜택, 새로운 용도, 상급 또는 업데이트된 모델, 새로운 타깃 시장 등의 속성을 나타내는 서술어를 뜻한다. 보잉의 707, 717, 747과 조니워커의 블루 라벨, 레드 라벨 스카치위스키가 변경자를 활용한 예다. 고디바 초콜릿에는 골드 컬렉션이 있고, 휴고 보스에는 오렌지 라인이 있다. 이런 변경자들은 법적으로 보호받지는 못하지만, 이처럼 서술적 또는 상징적인 라벨을 통해 다른 브랜드들과 차별화시킴으로써 비용 측면에서 효율적이다. 또한 표 10.1에서 설명한 여덟 가지 브랜딩 옵션에 모두 사용할 수 있다. 이를테면, 변경자는 포르쉐 '911'과 같은 확장 브랜딩, 토요타 코롤라 'L', 닌텐도 슈퍼마리오 브라더스 '2' 등의 하위 브랜딩, 디즈니 제공 '토이 스토리 3'과 같은 보증 브랜딩, 캐터필러 고어텍스 '안전화' 등의 공동 브랜딩에 활용할 수 있다.

브랜드 구성의 구조 디자인

표 10.1에는 기업이 신규 비즈니스나 제품을 도입할 때 고려할 수 있는 브랜딩 옵션이 모두 나와 있지만, 효과적인 브랜드 구성 디자인은 '기업에 속한 브랜드들이 수직적 비즈니스 계층의 여러 단계에서 어떻게 서로 연결되어 있는가'를 구체적으로 명시해야 한다. 표 10.3에 나와 있는 것처럼, 브랜드 이름 결정은 SBU 단계와 카테고리 단계를 거쳐 하위 제품의 단계에 이르기까지 수직적 비즈니스 계층의 모든 단계에서 일어난다. 그러므로 브랜드 구성 디자인 부분은 표 10.3에 있는 브랜딩 옵션 여덟 가시와 변경자

사용 및 미사용의 두 가지 경우, 수직적 비즈니스 계층 다섯 단계를 반영한 8×2×5 형태의 행렬로 묘사할 수 있다.

표 10.3에 나온 브랜드 구성 디자인 모델은 여러 목적으로 활용할 수 있다. 첫째, 기업은 이를 통해 '기업의 기존 브랜드 구성'을 나타낼 수 있다.[8] 토요타에는 토요타 파이낸셜 코퍼레이션^{Toyota Financial Corporation}이라는 SBU(전략적 사업 단위)가 있다. 이는 변경자를 활용한 직접적인 확장 브랜딩의 사례다(표 10.4 참조). 동일한 수직적 비즈니스 계층 단계(SBU)에서 토요타는 변경자를 사용하지 않는 독자 브랜딩 옵션(렉서스)도 채택한다. 표 10.4에 나온 방식대로 기업 활동을 지도로 만들면, 기업에 속한 브랜드들의 영역과 이들의 상관관계를 명확히 할 수 있다. 예를 들면, 독자 브랜드로 렉서스를 추가하는 방안은 토요타가 브랜드 포트폴리오를 다각화하며 고급 자동차 시장에 진입하는 한편, 중저가 시장에서 토요타의 적절한 가격 이미지를 유지하는 데 도움을 준다. 토요타 파이낸셜 서비스 도입은 자동차 구입 과정을 쉽게 만든다. 또한 딜러를 통해 구매와 금융 방식을 결정하는 토요타 구매자들을 토요타 파이낸셜 고객으로 확보할 수 있다. DC 타코마^{DC Tacoma}는 토요타의 타코마 트럭과 DC 신발 브랜드를 합친 공동 브랜드다.

둘째, 브랜드 구성 디자인 모델은 기업의 기존 브랜드 구성을 개선할 수 있는지 재평가하는 데 사용할 수 있다. 기업은 끊임없이 변하는 시장 상황과 비즈니스 기회에 선제적으로 대응해야 하므로 기존의 브랜드 구성을 개선해야 할 경우가 자주 생긴다. 셋째, 이 모델은 가능한 모든 브랜딩 옵션을 포함하고 있으므로 브랜드 관리자가 새로운 기회가 생길 때마다 신규 비즈니스나 제품에 어떤 이름을 붙일지 깊이 생각하는 데 도움을 준다. 이어지는 글에서는 신규 제품의 이름을 결정하는 기준과 방법을 구체적으

표 10.3 브랜드 구성의 구조

브랜딩 옵션	확장 브랜딩		제휴 브랜딩				독자 브랜딩	
	직접	연계	하위 브랜딩	보증 브랜딩	간접 브랜딩	공동 브랜딩	단어 중심	문장 중심
변경자	명명자 미사용 명명자 사용	명명자 미사용 명명자 사용	명명자 미사용 명명자 사용	명명자 미사용 명명자 사용	명명자 미사용 명명자 사용	명명자 미사용 명명자 사용	명명자 미사용 명명자 사용	명명자 미사용 명명자 사용
SBU								
제품 카테고리								
제품 라인								
제품								
하위 제품								

수직적 배치 가능성

로 검토한다. 이 기준과 방법은 기업의 기존 브랜드 구성을 재평가하는 경우에도 사용될 수 있다.

브랜드 구성에서 브랜딩 옵션을 선택하는 기준

기업은 브랜드 구성의 일부로 새로운 비즈니스나 제품을 도입할 때 기존 브랜드와 신규 브랜드의 연관성을 고려해야 한다. 기업이 수직적 비즈니스 계층의 단계에 상관없이 어떤 브랜딩 옵션을 사용할지 결정하는 데 도움을 주는 세 가지 기준이 있다.

브랜드 활용 혜택

첫 번째 기준은 피드백 및 확장 효과다. 다른 모든 요소가 동일하다면, 확장 브랜딩의 효과가 가장 크며, 그 다음으로 제휴 브랜딩과 독자 브랜딩의 순서로 이어진다. IBM이 클라우드 컴퓨팅으로 확장한 것은 확장을 통한 효율적 성장을 강화했으며, 동시에 IBM을 이전보다 더욱 혁신적인 최첨단 이미지로 보이게 만드는 강력한 피드백 효과를 일으켰다. 한 옵션에서 생기는 확장과 피드백 효과의 강도가 동일하지 않으므로, 이들을 분리해서 평가해야 한다는 점을 주목하라. 이를테면, 코트야드 바이 메리어트 같은 보증 브랜딩은 신규 브랜드인 코트야드에 강력한 확장 효과를 주지만, 모 브랜드인 메리어트에 미치는 피드백 효과는 상대적으로 약하다.

자산 구축 혜택

두 번째 기준은 각 브랜딩 옵션이 기업 자산을 얼마나 잘 구축해주는가

표 10.4 토요타 자동차 브랜드 구성의 구조

브랜딩 요인	확장 브랜딩		제품 브랜딩				독자 브랜딩	
	직접	연계	하위 브랜딩	보증 브랜딩	간접 브랜딩	공동 브랜딩	단어 중심	문장 중심
변경자	브랜딩자 미사용 / 브랜딩자 사용	브랜딩자 미사용 / 브랜딩자 사용	브랜딩자 미사용 / 브랜딩자 사용	브랜딩자 미사용 / 브랜딩자 사용	브랜딩자 미사용 / 브랜딩자 사용	브랜딩자 미사용 / 브랜딩자 사용	브랜딩자 미사용 / 브랜딩자 사용	브랜딩자 미사용 / 브랜딩자 사용
SBU	토요타 파이낸셜 서비스						렉서스	
제품 카테고리			토요타 코롤라				렉서스 호버보드	
제품 라인							렉서스 NX	
제품			토요타 코롤라 LE			DC 타코마	렉서스 NX 하이브리드	
하위 제품			토요타 코롤라 LE Eco					

수직적 브랜드 조직 계층

다. 브랜드를 확장하는 기업은 앞으로 육성하고 활용할 수 있는 완전히 새로운 브랜드를 만들 기회를 놓친다. 이 기준이 중요한 경우에는 독자 브랜딩과 간접 브랜딩 옵션을 추천한다. 완전히 새로운 브랜드(타오바오)에 투자하고 이를 구축하려는 알리바바의 결정은 이런 이유에서 의미가 있다.

조직상의 혜택

세 번째 기준은 브랜딩 옵션 결정에 따른 조직상의 혜택과 관련이 있다. 어떤 브랜딩 옵션을 선택하느냐에 따라 직원들은 누가, 어떤 업무를, 왜 담당하는지 명확히 이해할 수도 있고 혼돈스러워할 수도 있다. 브랜딩 옵션들은 직원들이 비즈니스의 서로 다른 부분이 어떻게 기업 전체의 수익성과 성장에 기여하는지 이해하는 데 영향을 미칠 수 있다. 또한 브랜드 관리자가 자신과 기업 내 다른 브랜드 관리자의 역할을 보완관계로 볼지 아니면 경쟁관계로 볼지 결정하는 데도 영향을 미친다. 그러므로 브랜딩 옵션은 기업 내 자산과 정보를 공유하는 방식을 좌우하며, 기업의 문화와 운영 방식에도 영향을 준다.

예를 들면, 기업이 확장 브랜딩이 아니라 독자 브랜딩 옵션을 사용할 때, 직원들은 누가, 어떤 업무를, 왜 하는지 보다 더 잘 이해할 수 있다. 독자 브랜딩에서 브랜드 관리자는 고유의 아이덴티티와 문화를 갖춘 별도의 브랜드를 운영 및 관리할 수 있다. 이 경우, 누가 브랜드의 성과를 책임지는지 명확하다. 확장 브랜딩이나 제휴 브랜딩 옵션에서는 브랜드 관리자 역할의 명확성과 성과에 대한 분별력이 그렇게 분명하지 않다.

하지만 독자 브랜딩은 다른 조직상의 문제를 일으킬 수 있다. 기업이 다수의 브랜드를 보유하면 저마다 고유한 아이덴티티를 지닌 각 브랜드는 소통이 원활하지 않고 브랜드 전체에 조화가 결여될 수 있다. 독자 브랜딩에서는 각 브랜드가 자원과 고객을 놓고 경쟁을 벌일 수도 있다. 예를 들어, 렉서스의 브랜드 관리자는 아발론 하이브리드 XLE 프리미엄과 같은 토요타의 다른 고성능 모델의 고객을 빼앗아 자신의 고객으로 만드는 일을 행복해할 수도 있다. 토요타 아발론과 토요타 캠리의 경우처럼 하위 브랜딩에서도 그 정도는 약하지만 비슷한 현상이 일어날 수 있다. 그러므로 독자 브랜딩은 역할과 책임 면에서 다른 옵션들보다 명확하지만, 조직 간의 갈등과 경쟁을 더 많이 일으키고, 높은 비용이 발생하며, 자원과 중요한 정보를 공유하려는 의지를 약화시켜 효율성을 떨어뜨릴 가능성이 매우 크다.

지금까지 설명한 세 가지 기준은 서로 모순되는 관계에 있다. 즉, 한 혜택을 추구하면 다른 혜택을 추구하기가 더 어려워진다. 그렇다면 기업은 브랜딩 옵션을 결정하기에 앞서 각 기준의 중요도를 평가해야 하는데, 이는 수직적 비즈니스 계층의 단계와 신규 비즈니스나 제품의 속성에 따라 달라질 수 있다. 예를 들어, 브랜딩 옵션 결정이 하위 제품이 아니라 SBU에 관련될 때는 조직상의 혜택이 더 중요하다. 자산 구축 혜택은 신규 비즈니스나 제품이 기업의 기존 비즈니스나 제품과 많이 다를 때 더 중요하다. 신규 제품과 기존 제품이 유사할 때는 조직상의 혜택이 더 중요할 가능성이 높다. 혜택들의 중요도가 이렇게 다르므로 기업은 종종 브랜드 구성에서 혼합된 브랜딩 옵션을 활용한다. 예를 들면, 구글은 구글 파이버, 구글 X처럼 변경자를 사용하는 확장 브랜딩을 사용했다. 하지만 구글의 브랜드 구성에는 안드로이드, 칼리코, 네스트, 유튜브 등과 같은 독자 브랜딩도 포함돼 있으며, 이를 통해 구글은 새로운 자산을 구축한다.

이와 같은 기준들은 인수합병을 결정할 때도 활용될 수 있다. 이런 결정에는 일반적으로 브랜드 이름을 변경하는 문제가 포함돼 있기 때문이다. 예를 들어, 1980년대 말 디지털 이큅먼트 코퍼레이션^{DEC, Digital Equipment Corporation}은 세계에서 두 번째로 큰 컴퓨터 기업이었다(1위는 IBM). 1998년 DEC를 인수한 컴팩^{Compaq}은 DEC 이름을 사용하지 않았다. 2002년 컴팩을 인수한 휴렛팩커드^{HP, Hewlett-Packard}는 컴팩 이름을 HP로 대체했다. 인수된 기업의 브랜드 이름을 인수한 기업의 브랜드로 대체하는 방안은 하나의 기업과 하나의 조직 문화처럼 강력한 조직상의 혜택을 가져올 수 있는 반면, 인수된 브랜드의 가치를 잃는 결과로 이어질 수도 있다. 이에 대한 대처 방안으로 공동 브랜딩이나 간접 브랜딩을 고려할 수 있다. 브랜딩 옵션에 대한 최종 결정은 표 10.5에 나온 기준의 중요성에 달려 있다.

10장의 서론에서 홀 푸드가 365 체인을 출범하며 활용한 브랜딩 옵션을 소개했다. 이 결정에 따른 잠재적 효과를 평가하기 위해 앞서 언급한 세 가지 기준을 활용할 수 있다. 두 브랜드 모두 기존 브랜드이므로 이 브랜딩 결정은 공동 브랜딩에 속한다. 이 공동 브랜딩 전략은 분명 홀 푸드의 명성으로 인한 혜택을 제공하는 한편 약점인 높은 가격을 보완한다. 또한 운영비 절감 효과도 크지만, 모 브랜드의 명성을 통한 확장 효과도 강력해 보인다. 물론 이 공동 브랜드 체인 스토어가 얼마나 성공할지는 홀 푸드 마켓 고객에 대한 365 체인의 잠재적 잠식 가능성에 달려 있다. 공동 브랜드는 모 브랜드인 홀 푸드가 자연 식품 콘셉트를 유지하면서 가격 적정성과 가격 대비 높은 가치라는 기억 연상을 그 이름에 추가시킴으로써 피드백 효과도 크다. 그러므로 확장 효과와 피드백 효과 둘 다 강력해 보인다. 비록 이 새로운 체인 스토어의 최종 성공 여부가 다른 많은 요인에 달려 있기는 하지만, 홀 푸드가 선택한 브랜딩 옵션은 적절한 결정으로 보

표 10.5 브랜드 구성의 평가 기준

브랜딩 옵션		확장 브랜딩		제휴 브랜딩				독자 브랜딩		중요도
		직접	연계	하위 브랜딩	보증 브랜딩	간접 브랜딩	공동 브랜딩	단어 중심	문장 중심	
변경자		긍정적 부정적 / 긍정적 미치 부정적	긍정적 부정적 / 긍정적 미치 부정적	긍정적 부정적 / 긍정적 미치 부정적	긍정적 부정적 / 긍정적 미치 부정적	긍정적 부정적 / 긍정적 미치 부정적	긍정적 부정적 / 긍정적 미치 부정적	긍정적 부정적 / 긍정적 미치 부정적	긍정적 부정적 / 긍정적 미치 부정적	
혜택										
브랜드 활용	확장 효과									
	피드백 효과									
자산 구축										
조직상	관리 책임									
	공유 자원 활용									

인다(365가 이미 존재하는 브랜드이므로 이 사례에서 자산 구축 기준은 적용되지 않는다).

이 장의 첫머리에서 구글이 알파벳 홀딩 컴퍼니를 통해 조직을 재편성한 사례도 소개했다. 이 조직 재편성은 웹 검색과 다른 인터넷 관련 비즈니스가 구글의 여러 운영 부문 중 하나에 불과하다는 사실을 알려주고 있다. 다른 운영 부문으로 생명공학(칼리코)과 스마트 홈 제품(네스트)을 들 수 있다. 구글의 이런 조직 구성 방안은 장기적 성장을 추구하는 데 적절한 옵션으로 보인다. 하지만 구글은 칼리코와 네스트 같은 독자 브랜드들의 자체 제품과 브랜드 확장을 통해 확장 및 피드백 효과를 구축하는 방법도 고려해야 한다. 기업 브랜드 구성의 구조는 외부 환경의 변화를 감안해 주기적으로 평가돼야 한다. 예를 들어, 한 브랜드가 부정적인 시장 반응으로 어려움을 겪는다면 기업은 브랜드 이름 변경이 적절한 방안인지 검토해야 한다. 하지만 이름 변경은 문제를 단순히 감추는 것에 불과할 뿐만 아니라, 새로운 이름을 알리기 위한 엄청난 비용이 발생할 수도 있다. 우리는 (1)기존 브랜드에 본질적인 법적 문제가 있고, (2)브랜드 이름 변경이 기업에 명백한 혜택을 제공하는 경우에만 브랜드 이름 변경을 추천한다. 필립 모리스 컴퍼니Philip Morris Companies가 알트리아Altria로 기업명을 변경한 것은 첫 번째 기준을 감안할 때 의미 있는 방안이었다. 담배 제품과의 깊은 연관성 때문에 필립 모리스는 담배와 상관없는 제품 포트폴리오를 이 이름으로 마케팅하는 데 많은 어려움을 겪었다. 앤더슨 컨설팅Andersen Consulting이 액센츄어Accenture로 이름을 바꾼 것은 엔론Enron 스캔들이 발생했을 당시의 엔론과의 연관성 때문에 발생하는 손해를 줄이는 데 도움을 줬다. 그러나 장기적인 관점에서 액센츄어로 이름을 변경한 것이 얼마나 분명한 혜택을 기업에 가져다주었는지는 계속 논란의 대상이 될 수 있다.

❶ 확장 브랜딩은 강력한 확장 및 피드백 효과를 만들어낼 수 있다. 하지만 이를 통해 모 브랜드의 희석 가능성도 커지므로 기업은 조심스럽게 접근해야 한다.

❷ 하위 브랜딩은 모 브랜드의 에쿼티를 이용하는 동시에 하위 브랜드만의 독특한 브랜드 아이덴티티를 구축한다. 효과적 관리를 통해 모 브랜드와 하위 브랜드 둘 다 신규 비즈니스나 제품의 수요를 이끌어낼 수 있다.

❸ 보증 브랜딩은 신규 브랜드에 정통성과 신뢰성을 제공하며, 보증받은 브랜드가 모 브랜드와 상관없이 독립적으로 운영할 수 있게 한다.

❹ 간접 브랜딩은 기업이 모 브랜드의 신뢰성을 지원받아 독특한 브랜드의 비즈니스나 제품을 개발하려 할 때 적합한 옵션이다. 이 옵션은 모 브랜드의 보증 브랜딩에 비해 덜 눈에 띈다.

❺ 공동 브랜딩은 제품이 공동 브랜딩에 참여하는 각 브랜드의 강점을 지니고 있거나, 한 브랜드의 약점을 다른 브랜드가 보완하거나, 두 가지 특성을 모두 갖고 있다는 점을 고객에게 인식시킬 수 있다.

❻ 독자 브랜딩의 주요 이점은 신규 비즈니스가 모 브랜드에 연관되지 않는 자신만의 독특한 아이덴티티를 보유할 수 있다는 것이다.

❼ 변경자는 효율적인 비용으로 비즈니스나 제품을 차별화할 수 있는 방식이다.

❽ 브랜드 구성 디자인은 계속 변화하는 기업의 비즈니스 포트폴리오 구조를 어떤 특정한 시점에서 묘사한 것이다.

❾ 브랜드 구성 디자인은 이 디자인이 기업에 제공하는 (1)재무적 혜택, (2)자산 구축 혜택, (3)조직상의 혜택을 놓고 정기적으로 평가받아야 한다.

⑩ 비즈니스 포트폴리오에서 기업의 성장 또는 위축에 따라 브랜드 구성 디자인도 진화한다.

여러분의 브랜드는 어떤가?

❶ 여러분의 전체 브랜드 포트폴리오를 표 10.3에서 제시하는 방식으로 검토해봤는가? 기존 브랜드 구성에서 어떤 점이 염려스러운가?

❷ 어떤 논리에 따라 지금의 브랜드 구성을 만들었는가? 그 논리는 10장에서 논의한(표 10.5 참조) 재무적 혜택, 자산 구축 혜택, 조직상의 혜택을 최적화하는 방안과 어떤 관련이 있는가?

❸ 기존 브랜드 구성이 기업에 보다 많은 재무적 혜택, 자산 구축 혜택, 조직상의 혜택을 줄 수 있도록 개선할 수 있는 방법은 무엇인가?

Brand
Admiration

고객에게 사랑받는 비즈니스를 구축하는 법

4부

칭송받는 브랜드의 기업과 고객에 대한 가치 평가

제11장

브랜드 에쿼티
측정

. . . .

브랜드의 최종 목적지는 브랜드 에쿼티다.

서론

아마존과 뱅크 오브 차이나^{Bank of China}, 코카콜라, 디즈니, 삼성, IBM 등은
세계에서 가장 가치 있는 기업 브랜드에 속한다. 실제로 수십억 달러에 달
하는 이 브랜드들의 가치 평가액은 많은 국가의 연간 국내 총생산을 넘어
선다. 기업이나 제품의 브랜드에 재무적 가치를 제공한다는 것은 기업의
입장에서 중요하며, 특히 인수합병을 고려하는 기업에는 더욱 그렇다.[1] 하
지만 불행하게도 브랜드의 가치를 평가하는 일은 그렇게 쉽지 않다. 일부
측정 방식은 기업을 구성하는 개별 브랜드가 아니라 기업 자체의 브랜드
에쿼티를 평가한다. 기업마다 가치 평가 방법은 다르다. 예를 들어, 영 앤
루비캠^{Young and Rubicam}의 브랜드 자산 평가 모델은 브랜드의 차별성과 연관
성, 브랜드에 대한 존중과 지식으로 브랜드 에쿼티를 측정한다.[2] 일부 브랜

드 가치 평가 모델은 자본과 제품, 포장 형태 등의 요소들을 근거로 미래의 가치 상승과 하락을 예측한다.[3] 컨조인트 분석conjoint analysis(다양한 속성 수준을 갖춘 대안 제품들에 대한 소비자의 반응을 확인하고, 각 속성 수준의 효용을 통계적으로 분석하는 방법으로 신제품 개발 시 많이 활용한다.-옮긴이)을 활용하는 가치 평가 방법도 있다.[4] 또 다른 방법은 브랜드의 실제 매출과 이 브랜드가 브랜드 이름 없이 제품으로만(제네릭 브랜드) 출시되었을 때 얻을 수 있는 매출을 비교해 그 차이로 브랜드 에쿼티를 측정한다. 측정 방법은 또한 고객 데이터를 포함하는지 여부[5]와 브랜드 에쿼티 평가의 출처가 주식 시장이냐 아니냐에 따라 다르다.[6]

각 측정 방법은 저마다의 장점과 단점이 있다. 하지만 마케팅에 관련된 사람들은 브랜드 가치를 측정하는 좋은 방법이 주관적이 아니라 객관적 기준을 바탕으로 해야 한다는 데 대부분 동의하는 것 같다.[7] 즉, 이론적 근거를 갖추고, 직관적이며, 신뢰할 수 있어야 하고, 쉽게 구할 수 있는 데이터에 바탕을 두어야 하며, 하나의 재무적 수치로 결론지을 수 있어야 한다. 가장 바람직스러운 측정 방법은 브랜드의 가치를 진단하는 데 도움을 주는 정보를 제공하고[8], 브랜드의 건강을 시간의 경과에 따라 추적하고, 경쟁 또는 비경쟁 관계에 놓인 다른 브랜드와 비교할 수 있어야 한다. 게다가 좋은 측정 방법은 브랜드 관리자가 기업 브랜드 이름과 기업을 구성하는 개별 브랜드들의 가치를 따로따로 추적할 수 있게 해야 한다. 또한 브랜드가 있는 제품과 동일한 제품이지만 브랜드 이름이 없는 경우의 매출 비교를 통한 브랜드 에쿼티 방법도 사용할 필요가 없어야 된다.

개요

11장에서는 브랜드 에쿼티의 개념을 논의하고, 이를 평가하기 위해 우리가 개발한 측정 방법을 설명한다. 그림 1.1(그림 11.1로 다시 제시한다)에서 제안하는 것처럼, 브랜드 에쿼티는 브랜드를 소유한 기업에 대한 브랜드의 재무적 가치를 나타내며, 이는 고객들에게 브랜드 애드머레이션을 구축하려는 기업의 노력의 대가다.

우리의 측정 방법은 앞서 설명한 좋은 브랜드 에쿼티 측정 방법의 모든 기준은 아니더라도 일부를 충족한다고 생각한다. 이 방법은 우리가 제시하는 브랜드 애드머레이션에 이론적 근거를 두고 있다. 직관적이며, 브랜드 관리자가 쉽게 구할 수 있는 객관적 데이터를 바탕으로 한다. 하나의 재무적 수치로 결과를 나타내고, 시간 경과에 따른 브랜드의 변화, 동일 카테고리 내의 브랜드, 다른 카테고리에 속한 브랜드 등 어떤 대상과도 비교할 수 있다. 또한 기업 전체를 나타내는 브랜드뿐만 아니라 기업을 구성하는 개별 브랜드의 에쿼티를 측정할 수 있다. 또한 제네릭 브랜드generic brand나 가상의 무명 브랜드가 비교의 기준으로 필요하지도 않다. 그림 11.1에서 보듯이, 우리의 측정 방법은 기업이 브랜드 라이프사이클의 어느 시점에서든 브랜드 에쿼티를 측정할 수 있다고 가정한다. 즉, 기업의 브랜드가 처음 도입된 후(4~6장), 가치 향상을 위해 노력한 후(7장), 제품 및 브랜드 확장 이후(8~9장), 기업 브랜드 구성을 구축하거나 다시 디자인한 이후(10장)에 브랜드 에쿼티를 측정할 수 있다.

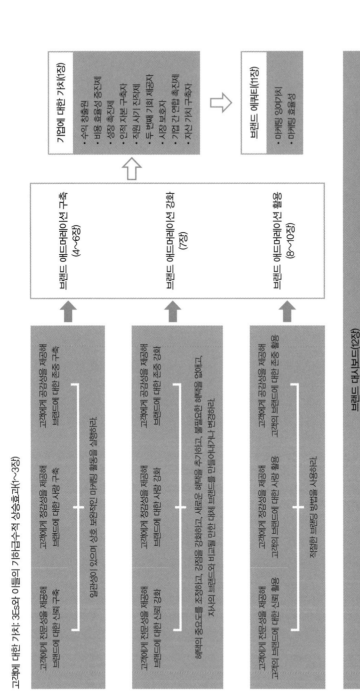

고객에 대한 가치: 3요소와 이들의 기하급수적 상승효과(1~3장)

| 고객에게 전문성을 제공해 브랜드에 대한 신뢰 구축 | 고객에게 적합성을 제공해 브랜드에 대한 사랑 구축 | 고객에게 공감성을 제공해 브랜드에 대한 존중 구축 |
| 일관성이 있으며 상호 보완적인 마케팅 활동을 실행하라. |

| 고객에게 전문성을 제공해 브랜드에 대한 신뢰 강화 | 고객에게 적합성을 제공해 브랜드에 대한 사랑 강화 | 고객에게 공감성을 제공해 브랜드에 대한 존중 강화 |
| 혜택의 중요도를 조정하고, 강점을 강화하라, 새로운 혜택을 추가하고, 불필요한 혜택을 없애고, 자사의 브랜드와 비교될 만한 대체 브랜드를 만들어내거나 변경하라. |

| 고객에게 전문성을 제공해 고객의 브랜드에 대한 신뢰 활용 | 고객에게 적합성을 제공해 고객의 브랜드에 대한 사랑 활용 | 고객에게 공감성을 제공해 고객의 브랜드에 대한 존중 활용 |
| 적절한 브랜딩 방법을 사용하라. |

브랜드 애드머레이션 구축 (4~6장)

브랜드 애드머레이션 강화 (7장)

브랜드 애드머레이션 활용 (8~10장)

기업에 대한 가치(1장)

- 수익 창출원
- 비용 효율성 증진제
- 성장 촉진제
- 인적 자본 구축자
- 직원 사기 진작제
- 두 번째 기회 제공자
- 시장 보호자
- 기업 간 연합 촉진제
- 자산 가치 구축자

브랜드 에쿼티(11장)

- 마케팅 잉여가치
- 마케팅 효율성

브랜드 대시보드(12장)

진단과 처방을 위한 매트릭스

그림 11.1 브랜드 애드머레이션 관리 시스템

브랜드 에쿼티에 관한 관점

우리가 제안하는 측정 방법을 더 깊이 검토하기 전에 브랜드 에쿼티 개념을 그림 11.1의 몇몇 구성 요소에 연계해보자. 그림에 따르면, 브랜드는 기업과 고객에게 가치를 제공할 때 기업에 대한 에쿼티를 보유한다. 고객에게 전하는 가치는 부분적으로 고객이 브랜드에 대해 충성하며 지지하는 정도로 나타난다. 기업에 대한 가치는 고객에게 브랜드 애드머레이션을 구축하여 기업이 받게 되는 결과로 표시된다. 그림 11.1에서 보는 것처럼 브랜드는 수익 창출원, 비용 효율성 증진제, 성장 촉진제, 시장 보호자 등으로 역할을 할 때 기업에 가치를 제공한다.

그림 11.2는 그림 11.1의 우측 부분에 관한 몇몇 아이디어를 대표하는데, 이들은 우리가 제안하는 브랜드 에쿼티 측정 방법과 연결돼 있다. 예를 들어, 그림 11.2에 나타난 것처럼 한 브랜드를 칭송하는 고객이 많을수록 제품 리콜이나 브랜드의 실수 또는 위기 상황 등 브랜드에 일어난 안좋은 사건들을 용서할 가능성이 더 커진다. 브랜드에 일어난 안 좋은 일을 용서하려는 고객들의 의지는 기업에 가치를 제공한다. 브랜드가 이런 상황에서 '두 번째 기회 제공자'로 역할하기 때문이다. 브랜드가 두 번째 기회를 제공하는 만큼 기업은 이런 사고에서 회복하고 기존 고객을 유지하는데 드는 비용을 줄일 수 있다. '브랜드 지지'는 온라인이나 오프라인에서 입으로 전해지는 호평에 설득된 신규 고객들에게서 수익을 창출한다.[9] 한 브랜드를 칭송하는 고객이 많을수록 그 브랜드에 프리미엄 가격 즉, 더 높은 가격을 기꺼이 지불할 가능성도 커진다.[10] 이런 성과를 바탕으로 기업은 더욱 쉽게 자산을 구축하며, 강력한 외부 파트너와 연합하고, 그에 따라 보다 많은 수익을 만들어낸다. 이를테면, 구글은 잘 알려지지 않은 기

업들보다 훨씬 쉽게 외부 파트너와 연합할 수 있다. 또한 브랜드를 칭송하는 고객이 많을수록 대체 제품을 구매할 가능성은 줄어들고, 그런 대체 제품들을 안 좋게 말할 가능성은 커진다. 이런 성과는 신규 시장 진입자로 인해 발생할 수 있는 수익 감소를 최소화하며, 경쟁 기업으로부터 브랜드를 보호하는 데 도움을 준다.

4장에서는 직원들 사이에서 브랜드 애드머레이션을 구축하는 일의 중요성을 논의했다. 직원들이 브랜드를 칭송할 때, 기업은 보다 쉽게 뛰어난 인재를 불러 모으고 직원들의 사기를 높일 수 있다. 직원들의 브랜드 애드머레이션 양성은 고객이 브랜드를 칭송하는 정도에도 영향을 미칠 수 있다(그림 11.2 참조). 고객은 직원들이 자사의 브랜드를 사랑하게 만드는 기업을 칭송하며, 소속 직원들을 잘 대해주는 브랜드를 지지하고 싶어 한다. 소속 직원들이 역량을 갖추고 있을 뿐만 아니라 자신의 브랜드를 존중하는 그런 브랜드를 고객은 분명 지원하고 싶어 한다. 그러므로 그림 11.2에 나타난 브랜드 애드머레이션의 성과들은 직원들이 브랜드를 높이 칭송할 때 분명히 늘어난다.

그림 11.2는 브랜드 에쿼티의 개념과 이전 장들의 내용을 이론적으로 연결해준다는 점에서 중요하다. 또한 앞서 언급한 기업과 고객에 대한 브랜드의 가치가 본질적으로 다음 두 가지 중요한 요소로 브랜드 에쿼티 측정 방법에 반영된다는 사실을 제시한다. 즉, (1)브랜드가 기업에 비용 효율성을 제공하는 정도(그림 11.2에서 mc로 표시된 마케팅 비용marketing cost)와 (2)브랜드가 매출을 창출하는 정도(그림 11.2에서 p로 표시된 판매 단위당 가격price per unit sold과 q로 표시된 판매량quantity sold)다.

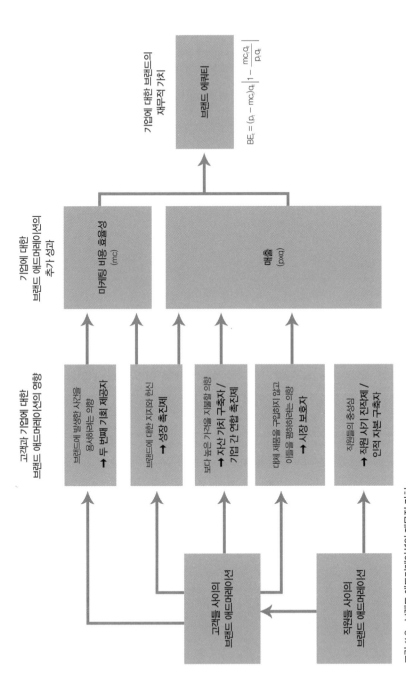

고객과 기업에 대한
브랜드 애드머레이션의 영향

기업에 대한
브랜드 애드머레이션의
추가 성과

기업에 대한 브랜드의
재무적 가치

브랜드에 발생한 사건을
용서하려는 의향
→ 두 번째 기회 제공자

브랜드에 대한 지지와 헌신
→ 성장 촉진제

보다 높은 가격을 지불할 의향
→ 자산 기치 구축자 /
기업 간 연합 촉진제

대체 제품을 구입하려지 않고
이들을 폄하하려는 의향
→ 시장 보호자

직원들의 충성심
→ 직원 시기 진작제 /
인적 자본 구축자

마케팅 비용 효율성
(mc)

매출
(pxq)

브랜드 애쿼티

$$BE_t = (p_t - mc_t)q_t \left| 1 - \frac{mc_t q_t}{p_t q_t} \right|$$

고객들 사이의
브랜드 애드머레이션

직원들 사이의
브랜드 애드머레이션

그림 11.2 브랜드 애드머레이션의 재무적 가치

브랜드 에쿼티 측정

이제 우리가 제안하는 브랜드 에쿼티 측정 방법을 좀 더 자세히 살펴보자. 가장 먼저 주목해야 할 점은 우리의 측정 방법이 고객을 중요시한다는 사실이다. 우리는 기업이 직원들 사이에서 브랜드 애드머레이션을 구축해야 한다고 제안했는데, 그 이유는 훌륭한 직원들이 고객 경험을 향상시키기 때문이다. 이것이 바로 그림 11.2에서 직원들의 브랜드 애드머레이션과 고객들의 브랜드 애드머레이션이 화살표로 연결돼 있는 이유다.

브랜드 에쿼티 정의

우리는 단위당 마케팅 비용, 단가, 판매량을 브랜드 에쿼티의 재무적 측정치를 얻기 위한 입력 요소로 정의한다. 이 정의에 따르면, 브랜드 에쿼티는 고객들 사이에 브랜드 애드머레이션을 구축하려는 기업의 노력에 따라 브랜드 소유주, 즉 기업에 제공되는 재무적 가치를 반영한 수치다. 그림 11.2와 일치하는 개념으로서, 우리는 브랜드 에쿼티를 고객이 한 브랜드에 부여하는 가치(이를테면, 고객이 기꺼이 지불하는 가격과 구매하는 수량)와 이런 가치를 확보하기 위해 브랜드를 소유한 기업이 투입해야 했던 투자(고객에게 브랜드 마케팅을 하며 발생한 비용 등)의 차이라고 생각한다.[11]

　또 하나의 중요한 점은 브랜드 에쿼티에 대한 우리의 정의는 브랜드를 고객에게 마케팅하기 위해 기업이 부담하는 비용을 중시한다는 점이다. 우리는 브랜드 에쿼티를 계산할 때 기업이 브랜드에 사용한 일체의 비용이 아니라 브랜드의 마케팅 비용으로 한정한다. 세 번째이자 마지막으로 중요한 점은 우리의 브랜드 에쿼티 측정 방법이 특정 시점을 중심으로 한다는 사실이다. 즉, 특징 시점 t에서 브랜드 소유자에 대한 브랜드의 가치를 반영한다. 하지만 항상 불확실한 예측이 필요한 미래 가치를 포함하지는 않는다.

브랜드 에쿼티 측정을 위한 입력 요소

그림 11.2의 브랜드 에쿼티 정의를 바탕으로, 우리는 브랜드 측정을 위해 (1)고객이 브랜드에 지불하는 단가(p), (2)기업이 이런 고객을 확보하는 데 지출한 단위당 마케팅 비용(mc), (3)총판매량(q)을 파악할 것을 제안한다.

단가

우리의 브랜드 애드머레이션 모델은 고객이 칭송하는 브랜드를 구매하기 위해 더 높은 가격을 기꺼이 지불한다는 사실을 보여준다. 많은 연구가 이 주장을 지지한다. 그러므로 기업이 수요(q)에 부정적인 영향을 미치지 않고, 동일 기간 내에 추가 마케팅 비용(mc) 없이 이전 기간(t-1)의 단가보다 현재(t) 단가를 더 높게 책정할 수 있으면, 브랜드 에쿼티는 분명히 상승한다. 우리의 측정 방법에서 '단가'는 단위당 '도매가격'을 뜻한다. 단가를 계산할 때 소매가격이 아니라 도매가격을 고려하는 것이 합리적이라 생각한다. 왜냐하면 소매가격은 기업의 노력 이외에 소매상과 그 외의 여러 다른 요소들이 영향을 주기 때문이다. 우리는 총매출을 도매 수준에서의 판매량으로 나눠 도매가격을 산출한다. 중간상인과 최종 소비자를 모두 대상으로 한 단위당 마케팅 비용은 t라는 기간 동안 총매출을 창출하기 위해 기업 단독으로 부담한 비용을 말한다.

판매량

많은 연구가 비슷한 형태로 고객이 브랜드를 칭송하는 정도와 판매량 사이에 연관성이 있다는 사실을 지지한다. 그림 11.2에 나타난 것처럼, 한 브랜드를 더 많은 고객이 칭송할수록 브랜드에 대한 그들의 충성은 더 커진다. 예를 들어, 마이크로소프트의 레어 리플레이Rare Replay는 2015년 당시 사전 주문을 가장 많이 받은 비디오 게임이었다. 고객들은 레어 리플레이가 출시되기 전에 다른 제품을 구매하지 않고 제품 출시를 기꺼이 기다렸다. 브랜드를 향한 헌신과 자발적 노력은 기업이 고객에게 브랜드를 마케팅하는 데 드는 비용을 분명히 줄여준다. 또한 경쟁 브랜드로 바꾸려는 고객의 욕구를 감소시킨다. 브랜드를 칭송하는 고객이 많을수록, 경쟁 브랜드를 안 좋게 말하는 고객의 수는 점점 더 늘어나고, 이는 고객의 친구와 지인들이 경쟁 브랜드를 구입하지 못하게 설득하는 결과를 낳는다. 고객은 자신이 칭송하는 브랜드라는 이유로 다른 사람들에게 이 브랜드에 대한 긍정적인 이미지를 구전으로 퍼뜨리며, 이를 통해 기업은 추가 수익을 확보할 수 있다. 이런 논리를 바탕으로, 이전 기간(t-1)에서 현재 기간(t)에 이르는 동안 (1)단가(p)의 하락이나 (2)단위당 마케팅 비용(mc)의 증가 없이 브랜드에 대한 수요(q)가 늘어나면, 브랜드 에쿼티는 분명히 상승한다.

단위당 마케팅 비용

마지막으로 고객이 브랜드에 가치를 부여하는, 즉 칭송하는 정도는 기업이 브랜드 구매를 촉진하기 위해 투자해야 하는 단위당 마케팅 비용과 분명히 관련이 있다. 브랜드 애드머레이션이 강해지면 고객은 브랜드에 관한 긍정적인 구전을 자발직으로 퍼뜨리며, 이는 기업이 신규 고객을 획보하는 데 필요한 비용을 줄여준다. 더 나아가 브랜드 애드머레이션이 강해지면서 기업은 브랜드 마케팅을 위해 예전만큼 많은 노력을 기울일 필요가 없다. 고객이 이미 브랜드에 애착을 보이고 있으며 브랜드를 얻기 위해 노력할 것이기 때문이다(그림 11.2 참조). 또한 강력한 브랜드 애드머레이션으로 고객 유지 비용도 낮출 수 있다. 그러므로 기업이 이전 기간에서 현재에 이르는 동안 브랜드에 연관된 수익의 감소 없이 단위당 마케팅 비용을 줄일 수 있을 때 브랜드 에쿼티는 반드시 상승한다. 또한 기업이 브랜드에 연관된 단위당 마케팅 비용의 증가 없이 총수익을 늘릴 수 있을 때도 브랜드 에쿼티는 상승한다. 이 장의 후반부에서 마케팅 비용의 의미를 좀 더 상세히 설명한다.

브랜드 에쿼티 측정의 구성 요소

앞에서 설명한 세 가지 변수(단가, 판매량, 단위당 마케팅 비용)는 우리가 제안하는 브랜드 에쿼티 측정 방법의 두 가지 핵심 구성 요소를 계산할 수 있는 기준을 제공한다. 이 구성 요소들은 (1)우리가 마케팅 잉여가치marketing surplus로 부르는 브랜드의 재무적 가치의 규모와 (2)이런 재무적 가치를 달성할 수 있는 효율성(우리는 이를 마케팅 효율성으로 부른다)을 반영한다. 이 두 가지 구성 요소는 아래의 수학적 공식으로 설명될 수 있다. 복잡하게 보일 수도 있지만 쉽게 계산할 수 있는 단순한 수학 공식이다.

$$마케팅 잉여가치: (p_{jt} - mc_{jt})q_{jt}$$
$$마케팅 효율성: \left(1 - \frac{mc_{jt}q_{jt}}{p_{jt}q_{jt}}\right)$$

이 공식의 의미는 다음과 같다.

- p_{jt} = t 시점에서 브랜드 j의 단가
- mc_{jt} = t 시점에서 브랜드 j의 단위당 마케팅 비용
- q_{jt} = t 시점에서 브랜드 j의 판매량
- $mc_{jt}q_{jt}$ = 총 마케팅 비용
- $p_{jt}q_{jt}$ = 총매출

두 가지 구성 요소에 대해 좀 더 상세히 살펴보자.

마케팅 잉여가치

단가와 판매량, 마케팅 비용으로 마케팅 잉여가치를 계산할 수 있다. 앞서 제시한 공식에서 보듯이, 마케팅 잉여가치는 일정 시점에서 브랜드 하나를 구매하기 위해 고객이 지불한 비용과 동일한 시점에서 기업이 지출한 단위당 마케팅 비용 사이의 차이를 나타낸다. 이 공식은 브랜드 에쿼티에 대한 우리의 정의와 일치하지만, 이 잉여가치를 창출하는 비용 효율성을 고려하여 브랜드 에쿼티가 나온 것은 아니다. 그러므로 이는 조정되지 않은 브랜드 에쿼티 측정 방법에 해당한다(뒤에서 설명하는 마케팅 효율성으로 조정함).

가격과 단위당 마케팅 비용의 차이를 판매 수량(q_t)으로 곱한 값이 마케팅 잉여가치다. 지불 의향은 고객의 입장을, 단위당 마케팅 비용은 기업의 입장을 각각 나타내므로 마케팅 잉여가치는 고객과 기업의 관점을 모두 반영한다. 마케팅 잉여가치가 있다는 말은 고객이 브랜드를 얻기 위해 기꺼이 지불하려는 가격보다 낮은 비용으로 기업이 브랜드 혜택을 만들어내

고 소통하며 전달했다는 뜻이다. 마케팅 잉여가치가 클수록 브랜드는 기업에 더 많은 재무적 가치를 제공한다. 그러므로 마케팅 잉여가치를 브랜드 가치의 재무적 규모에 대한 조정되지 않은 측정 수치로 볼 수 있다.

마케팅 효율성

우리의 브랜드 에쿼티 측정 방법의 두 번째 구성 요소인 마케팅 효율성도 단가(p)와 판매량(q), 단위당 마케팅 비용(mc)으로 측정할 수 있다. 하지만 이 구성 요소는 브랜드가 마케팅 잉여가치를 달성하는 과정에서의 비용 효율성을 반영한다. 앞서 설명한 대로, 마케팅 효율성은 1에서 총 마케팅 비용과 총매출의 비율을 뺀 값이다. 매출 대비 마케팅 비용이 낮을수록 기업의 마케팅 효율성은 더 높다. 마케팅 비용 효율성이 높아지면 브랜드 에쿼티는 상승한다. 그러므로 특정 매출 수준을 달성하기 위해 지출하는 기업의 마케팅 비용이 적을수록 브랜드 에쿼티는 더 커진다. 마케팅 효율성 요소는 브랜드의 매출이 항상 0보다 크다고 가정한다. 마케팅 잉여가치와 마찬가지로, 마케팅 효율성에는 고객에 관한 입력 요소(매출 형태로 나타나는 고객의 반응)와 기업에 관한 입력 요소(마케팅 비용)가 모두 필요하다.

마케팅 잉여가치와 마케팅 효율성의 독립성

여기서 중요한 점은 마케팅 효율성과 마케팅 잉여가치가 동일한 변수(단가, 판매량, 단위당 마케팅 비용)를 사용하지만, 브랜드 에쿼티 측정 방법에서 이들은 서로 연관되지 않은 독립적 구성 요소라는 것이다. 마케팅 효율성은 마케팅 잉여가치 산출의 가중치로 역할한다. 즉, 마케팅 잉여가치 획득에 쓰인 비용으로 마케팅 잉여가치를 조정한다. 구체적으로 설명하면, 두 브랜드에 동일한 마케팅 잉여가치($(p_t - mc_t)q_t$)가 생기더라도 한 브랜드가 이 매출을 다른 브랜드에 비해 더 효율적으로 달성할 수 있으면, 각 브랜드의 에쿼티는 달라진다.

표 11.1의 간단한 예는 이 사실을 명확히 보여준다. A 브랜드는 단가 10달러로 10개를 판매해 총매출이 100달러이며, 이를 위한 총 마케팅 비용은 10달러다(단위당 마케팅 비용 1달러 × 판매수량 10개). B 브랜드는 단가 20달러로 10개를 판매해 총매출이 200달러이며, 이를 위한 총 마케팅 비용은 110달러다(단위당 마케팅 비용 11달러 × 판매수량 10개). 두 브랜드의 마케팅 잉여가치는 90달러로 동일하다. 하지만 각 브랜드는 마케팅 효율성에서 큰 차이를 보인다. A 브랜드는 B 브랜드보다 적은 비용으로 동일한 마케팅 잉여가치를 달성했으므로, A 브랜드의 가치가 더 크다. 두 브랜드의 다른 모든 비용이 동일하다고 가정하면, 이들의 차이는 동일한 단위당 수익(p-mc)을 달성하기 위해 B 브랜드가 마케팅 비용을 11배 더 지출했다는 점을 보여준다. 이처럼 마케팅 효율성에 따른 조정으로 산출한 A 브랜드의 가치는 81달러, B 브랜드의 가치는 40.5달러다. 쉽게 설명하면, 브랜드는 한정된(막대한) 마케팅 비용으로 많은(적은) 수익을 올릴 때 가장 높은(가장 낮은) 가치를 달성한다.

마케팅 효율성으로 조정한 마케팅 잉여가치로서 브랜드 에쿼티

마케팅 잉여가치와 마케팅 효율성은 우리가 제시하는 브랜드 에쿼티 측정 방법의 바탕을 이룬다. 다음 내용과 그림 11.2에서 보듯이, 브랜드 에쿼티는 마케팅 효율성$\left(1 - \dfrac{mc_{jt}q_{jt}}{p_{jt}q_{jt}}\right)$으로 조정한 마케팅 잉여가치($p_{jt} - mc_{jt})q_{jt}$를 반영한 값이다. 그러므로 브랜드 에쿼티는 다음과 같은 공식으로 산출

표 11.1　마케팅 효율성으로 조정한 마케팅 잉여가치

	A 브랜드	B 브랜드
단가(p)	10달러	20달러
판매량(q)	10개	10개
단위당 마케팅 비용(mc)	1달러	11달러
마케팅 잉여가치(p − mc) x q	90달러	90달러
마케팅 효율성(1 − mc × q / p × q)	0.9달러	0.45달러
브랜드 에쿼티(마케팅 효율성으로 조정한 마케팅 잉여가치)	81달러	40.5달러

할 수 있다.

$$BE_t = (p_t - mc_t)q_t \left| 1 - \frac{mc_t q_t}{p_t q_t} \right|$$

총매출보다 더 많은 마케팅 비용을 지출하는 브랜드(mc>p)의 에쿼티는 음수로 나타난다. 우리의 측정 방법은 브랜드 에쿼티가 음수가 될 수 없고, 총매출을 넘어서지 않는다고 가정한다.

마케팅 비용의 범위

앞서 언급했듯이, 우리는 모든 비용이 아니라 마케팅 비용에만 집중한다. 마케팅 비용은 시간의 흐름과 거래 과정의 모든 단계(구매 이전, 구매, 사용, 처분)에 걸쳐 고객에게 브랜드 가치를 만들어내고 소통하고 전달하기 위해 발생한 비용을 뜻한다. 우리는 다음 비용들도 마케팅 비용에 포함할 것을 추천한다.

- 원재료 비용, 제품 기능 개발비(R&D 비용의 일부분), 제품 디자인 개발비 (R&D 비용의 일부분). 제품 비용에 관련된 사항들은 고객의 가치 판단에 영향을 주며 브랜드 선택의 주요 동인으로 역할을 한다. 예를 들어, 철과 플라스틱, 유기농과 비유기농, 실크와 인조섬유 등 제품에 사용하는 원재료는 고객에게 아주 중요한 가치 판단의 기준이 된다.

- 커뮤니케이션과 마케팅 조사. 마케팅 비용은 광고와 상품 전시회, 홍보, 샘플 제공, 포장과 제품 디자인 등의 가치 창출 및 커뮤니케이션 활동에 관한 비용과 마케팅 연구비처럼 고객의 브랜드 경험을 개선하는 활동에 투입한 비용도 포함해야 한다.

- 거래 장벽을 제거하는 비용. 마케팅 비용은 구매 장벽 제거에 투입하는 비용도 포함해야 한다. 따라서 물류와 유통 비용, 주력 매장 디자인 비용처럼 브랜드를 적절한 시간과 장소에서 고객에게 제공하는 활동에 관련된 비용은 마케팅 비용에 포함해야 한다.

- 구매와 소유, 사용, 처분을 용이하게 만드는 비용. 마케팅 비용에는 브랜드의 구매와 소유, 사용, 처분(기업이 처분 비용을 부담하는 경우)을 용이하게 만드는 비용을 포함해야 한다. 이런 비용으로는 개인별 직접 판매비, 판촉활동비, 디스플레이 비용, 제품 보증 비용, 고객 서비스 비용 등이 있다. 구매 단계에서 주문을 접수하고 처리하는 비용, 구매 이전 단계에 관련된 콜센터 운영 비용, 구매 이후 단계와 관련된 고객 지원 및 애프터서비스 비용들도 마케팅 비용에 포함해야 한다.

예를 들어, 수제품처럼 제조 방식에 따른 비용이 브랜드에 대한 고객의 가치 판단에 영향을 준다면 이 비용도 포함해야 한다. 이처럼 기업은 여러 비용을 포함할 수 있다. 브랜드 관리자는 무엇보다도 측정 방법이 논리적으로 타당한 비교를 할 수 있게 기간별로 동일한 형태의 마케팅 비용을 사용해야 한다. 마케팅 비용에 포함하는 항목들을 여러 기간에 걸쳐 동일하게 유지한다는 말은 이 측정 방법으로 이전 기간 대비 성과, 경쟁 브랜드 또는 제네릭 브랜드를 포함한 다른 브랜드 대비 성과 등 브랜드의 상대적 가치를 파악할 수 있다는 뜻이다. 보다 중요한 점은 모든 비용이 아니라 오직 마케팅 비용만 포함하여 브랜드 가치에 마케팅이 기여하는 정도를 더 정확히 평가할 수 있다는 점이다.

브랜드 에쿼티 측정 방법의 특성

11장의 서론에서 우리는 이상적인 브랜드 에쿼티 측정 방법이 갖춰야 할 특성을 다음과 같이 설명했다.

- 이론적 근거를 바탕으로 한다.
- 하나의 재무적 수치로 결론을 내린다.
- 신뢰할 수 있다.
- 직관적이다.
- 주관적이 아니라 객관적 기준에 바탕을 둔다.
- 쉽게 구할 수 있는 데이터에 바탕을 둔다.
- 브랜드의 건강을 시간 경과에 따라 추적하고 다른 경쟁 브랜드와 비

교할 수 있다.

- 기업 자체의 브랜드 이름과 이를 구성하는 개별 브랜드를 모두 추적할 수 있다.
- 브랜드 에쿼티를 산출할 때 이 브랜드에 견줄 만한 제네릭 브랜드나 무명 브랜드가 필요하지 않다.

우리가 제안하는 측정 방법은 실제로 이런 기준에 일부 부합한다.

이론적 근거

먼저, 우리의 측정 방법은 브랜드 애드머레이션 시스템에 바탕을 두며, 브랜드가 기업에 가치를 제공하는 방식과 고객의 관점에서 본 가치에 근거한다. 이 방법의 구성 요소인 가격, 마케팅 비용, 판매량은 브랜드 애드머레이션으로 나타나는 고객의 행동들을 내포하고 있다(이를테면, 용서하고 노력을 기울이고 더 높은 가격을 지불하려는 고객의 의향 등). 이 방법은 또한 강력한 이론적 전제를 바탕으로 한다. 구체적으로 설명하면, 브랜드 에쿼티는 고객이 한 브랜드에 부여하는 가치(이를테면, 고객이 기꺼이 지불하는 가격과 구매하는 수량)와 이런 가치를 확보하기 위해 브랜드를 소유한 기업이 투입해야 했던 투자(고객에게 브랜드를 마케팅하며 발생한 비용 등)의 차이라는 전제다.

신뢰할 수 있고, 직관적이며, 쉽게 구할 수 있는
객관적 데이터에 바탕을 둔 하나의 수치

우리가 제안하는 측정 방법은 객관적이며 쉽게 구할 수 있는 데이터(가격, 마케팅 비용, 판매량)를 전제로 하고 있다. 이런 재무적 변수들을 브랜드 에쿼티 측정에 포함해야 한다는 주장은 당연하다. 측정 방법의 구성 요소들을 객관적으로 선택하므로, 여러 사람이 브랜드 에쿼티를 측정하더라도 동일한 재무적 측정치에 이른다. 미래의 기대 수익을 포함시키는 브랜드 에쿼티 측정 방법들도 있지만 우리의 방법은 그렇지 않다. 이를 포함하는 측정 방법들은 객관성과 신뢰성이 떨어진다. 이런 주장에 동의하지 않는 사람들도 있을지 모른다. 이런 사람들은 우리가 제안한 방법으로 브랜드 에쿼티를 평가하고 난 후에 미래 가치를 포함시킬 수도 있다. 이런 미래 가치에는 특정 시점의 브랜드 에쿼티에 대한 미래 예상치가 포함된다. 하지만 잠재적 미래 가치 예측은 브랜드 에쿼티 측정의 본질은 아니다.

시간 경과에 따라 여러 브랜드와 비교하거나,

브랜드 자체만 놓고 비교할 수 있는 특성

이 측정 방법은 한 브랜드의 에쿼티를 시간 경과에 따라 다른 브랜드의 에쿼티와 비교하거나, 브랜드 자체만 놓고 비교할 수 있다. 브랜드들 간의 비교와 시간상의 비교는 매우 유용한 정보를 제공할 수 있다. 이에 대한 예로, 크루즈Cruise와 붐Boom 두 브랜드의 내부 재무 데이터를 보여주는 표 11.2A, 11.2B, 11.2C를 비교해보라.

　표 11.2A에는 크루즈 브랜드의 재무 데이터가 나와 있다. 이 자료만 놓고 보면 브랜드의 운영과 가치 측면에서 문제 또는 기회가 있는지 알기 어렵다. 브랜드의 수익과 마진이 시간이 흐르면서 증가했다는 사실은 좋은 신호다. 이 브랜드의 이익, 즉 투자 수익률ROI, return on investment과 마케팅 비용 대비 판매 비율은 지난 5년 동안 안정적이었다. 하지만 판매 수익률ROS, return on sales의 지속적인 감소는 불안한 요소이며 문제의 원인이 될 가능성

이 있다. 이런 형태의 분석은 크루즈를 다른 브랜드인 붐과 비교할 때 더욱 복잡해진다. 붐 브랜드의 재무 자료는 표 11.2B에 나와 있다. 붐의 수익은 상당히 많이 늘어났고, 이익은 안정적인 동시에 크루즈의 이익과 동일하다. 하지만 붐의 판매 수익률과 투자 수익률은 시간이 흐르면서 하락했다. 브랜드 에쿼티 관리와 마케팅 성과 측면에서 어느 브랜드가 더 나은지 평가하기 어렵다.

그런데 표 11.2C에 나와 있는 마케팅 잉여가치와 마케팅 효율성, 브랜드 에쿼티 지표를 보면 어느 브랜드가 더 나은지 쉽게 알 수 있다. 즉, 이 표에서는 명확한 판정을 내릴 수 있다. 두 브랜드의 마케팅 효율성은 비슷

표 11.2A   크루즈의 브랜드 에쿼티와 마케팅 성과 평가

단위(천 달러, %)	크루즈				
	1년차	2년차	3년차	4년차	5년차
수익	1,320달러	1,385달러	1,463달러	1,557달러	1,670달러
마케팅 비용 이전 마진	198달러	208달러	219달러	234달러	251달러
마케팅 비용	173달러	183달러	194달러	209달러	226달러
이익	25달러	25달러	25달러	25달러	25달러
마진율	15%	15%	15%	15%	15%
판매 수익률	1.9%	1.8%	1.7%	1.6%	1.5%
연도별 수익 성장률	–	5%	6%	6%	7%
투자 자본	500달러	501달러	503달러	505달러	507달러
투자 수익률	5%	5%	5%	5%	4.9%

표 11.2B 붐의 브랜드 에쿼티와 마케팅 성과 평가

단위(천 달러, %)	붐				
	1년차	2년차	3년차	4년차	5년차
수익	833달러	1,167달러	1,700달러	2,553달러	3,919달러
마케팅 비용 이전 마진	125달러	175달러	255달러	383달러	588달러
마케팅 비용	100달러	150달러	230달러	358달러	563달러
이익	25달러	25달러	25달러	25달러	25달러
마진율	15%	15%	15%	15%	15%
판매 수익률	3%	2.1%	1.5%	1%	0.6%
연도별 수익 성장률	–	40%	46%	50%	53%
투자 자본	500달러	520달러	552달러	603달러	685달러
투자 수익률	5%	4.8%	4.8%	4.1%	3.6%

주: 크루즈와 붐에 관한 자료는 2008년 폴 페리스 등이 쓴 책 324쪽에서 인용했다.[12]

하다. 하지만 붐 브랜드의 마케팅 잉여가치가 훨씬 더 크며, 이에 따라 브랜드 에쿼티도 더 높다. 5년차 말에는 크루즈의 브랜드 에쿼티보다 두 배이상 높다. 더 나아가 시간이 지나면서 브랜드 에쿼티가 변화하는 형태로 볼 때 붐 브랜드 관리자가 크루즈의 관리자보다 업무 성과가 더 좋다. 5년 동안의 브랜드 에쿼티 상승을 보면 붐 브랜드가 크루즈 브랜드보다 잠재적 가능성이 훨씬 더 크다는 사실을 알 수 있다.

일정 기간 동안의 동일한 객관적 입력 요소를 활용해 브랜드 에쿼티를 추적할 수 있는 방법에는 또 다른 이점들이 있다.

표 11.2C 크루즈와 봄의 브랜드 에쿼티와 마케팅 성과 평가

단위(천 달러, %)	크루즈					봄				
	1년차	2년차	3년차	4년차	5년차	1년차	2년차	3년차	4년차	5년차
총수익	1,320달러	1,385달러	1,463달러	1,557달러	1,670달러	183달러	1,167달러	1,700달러	2,553달러	3,919달러
총 마케팅 비용	173달러	183달러	194달러	209달러	226달러	100달러	150달러	230달러	358달러	563달러
마케팅 잉여가치	1,147달러	1,202달러	1,269달러	1,348달러	1,444달러	83달러	1,017달러	1,470달러	2,195달러	3,356달러
마케팅 효율성	86.9%	86.8%	86.7%	86.6%	86.5%	46%	87.1%	86.5%	86%	85.6%
브랜드 에쿼티	997달러	1,043달러	1,101달러	1,167달러	1,249달러	38.18달러	886달러	1,271달러	1,887달러	2,874달러

결과 조작 가능성 감소

우리가 제안한 방법을 포함한 어떤 측정 방법도 의도적으로 브랜드 에쿼티를 조작하려는 시도에서 안전하지는 않다. 예를 들면, 브랜드 관리자는 단기간에 브랜드 에쿼티를 끌어올리는 방식으로 마케팅 비용을 축소하는 유혹에 빠질 수 있다. 또는 짧은 기간 동안 공격적인 판매 프로모션을 실시해 단기 수익을 급격히 상승시킬 수도 있다. 하지만 이런 전술들은 장기적 브랜드 에쿼티를 훼손한다. 단기적 효과를 벗어나 장기적인 기준으로 브랜드 에쿼티를 평가하면 이런 유혹을 최소화할 수 있다. 여러 해에 걸친 비교는 측정 방법을 조작하려는 유혹도 분명히 최소화한다. 단기 실적에 집착하려는 경향을 막으려고 브랜드 에쿼티를 매년 평가할 수도 있지만, 브랜드 관리자의 성과는 장기간(이를테면, 3년 이상)에 걸쳐 평가해야 한다.

지연 효과

우리가 제안하는 측정 방법은 마케팅 투자(비용)와 이를 통해 얻는 매출 사이에서 발생하는 시간 지연 효과lag effect를 포함하지 않는다. 이렇게 하는 이유가 몇 가지 있다. 첫째, 특정 시간 지연 효과는 광고와 포장 디자인, 판매 프로모션 등 마케팅 투자 형태에 따라 다르다. 마케팅 투자 형태별로 회수 기간이 서로 다르므로, 각 투자 형태에 따른 시간 지연 효과도 서로 달라진다. 시간이 흐르면서 일어나는 지연 효과의 정도를 측정하는 것은 쉽지 않다. 지연 효과는 어떤 형태의 마케팅 투자를 하고 이 투자가 얼마나 효과적이었나에 따라 달라질 수도 있기 때문이다. 또한 시간이 흐르면서 변하는 시장과 경쟁 요소에도 영향을 받는다. 1년과 3년의 기간으로 브랜드 에쿼티를 측정하면 단기 지연 효과와 중기 지연 효과를 해결할 수 있으리라고 생각한다.

추가 조정

우리의 측정 방법이 중요한 기준들을 충족시키지만, 기업이 특정 시장의
변화에 따라 측정 방법을 조정하고 싶은 상황이 있을 수도 있다. 예를 들
어, 산업 전반에서 수요가 증가할 때 브랜드 관리자는 이 상황을 고려해
브랜드 에퀴티 측정 방법을 조정할 수도 있다.

기업 내 브랜드 전체에 대한 통합 측정 가능성

우리가 제안하는 측정 방법의 또 다른 이점은 브랜드 관리자가 브랜드 에
퀴티를 제품 라인과 개별 제품, 확장 브랜드를 포함한 브랜드 제품, 사업
단위, 또는 기업 전체 등 기업 내 다양한 수준에서 평가할 수 있다는 데
있다. 예를 들면, BMW 모터사이클과 BMW M 시리즈는 시장과 기업 내
자원 투자의 상대적 중요성 등이 다르므로 이들의 브랜드 에퀴티는 각각
별도로 측정할 수 있다. 하지만 BMW 상표가 붙은 브랜드 전체를 통합해
BMW 브랜드 자체의 에퀴티를 산출할 수도 있다.

  보다 높은 통합 수준에서 브랜드 에퀴티를 측정할 수 있는 두 가지 방
법이 있다. 하나는 골드만삭스 같은 기업 브랜드의 에퀴티를 기업의 총수
익과 총 마케팅 비용을 바탕으로 측정하는 방법이다. 이 방법으로 산출
한 브랜드 에퀴티는 개별 제품 브랜드의 에퀴티를 합한 수치가 아니라 기
업 전체의 에퀴티를 뜻한다. 이 방법은 우리의 브랜드 에퀴티 측정 방법을
구성하는 마케팅 잉여가치는 개별 브랜드부터 전체 제품 라인까지 통틀어
합산할 수 있지만(이를테면, 각 제품별 마케팅 잉여가치의 합이 제품 라인의 마케팅 잉여가

치다), 마케팅 효율성 비율은 쉽게 합산할 수 없다는 점에서 적절하다.

다른 하나는 기업 내 각 제품 브랜드의 마케팅 잉여가치를 각 제품별 마케팅 효율성의 가중 평균으로 곱하는 방법이다. 기업 브랜드의 마케팅 효율성은 개별 제품 수준의 마케팅 효율성 전체에 대한 가중 평균이며, 여기서 각 제품별 가중치는 기업 전체 수익에서 각 제품이 차지하는 금액상 비중으로 결정한다.

기업 전체 수준에서 브랜드 에쿼티를 측정하면, 대기업 본사가 계열사의 본사 브랜드 사용에 따른 로열티를 산출하는 데 도움이 된다. 예를 들어, GE와 소니, 유니레버, 네슬레, 히타치 등의 대기업은 이들의 브랜드를 사용하는 계열사를 두고 있다. 각 계열사의 에쿼티는 대기업의 브랜드 에쿼티에 직간접적으로 영향을 미치므로, 대기업은 각 계열사가 자체 브랜드 에쿼티를 개선하는 데 최선을 다하도록 만들어야 한다. 브랜드 에쿼티를 크게 향상시키는 계열사의 CEO에게 로열티를 조정해주는 방법 등으로 보상 시스템을 만드는 것도 생각해볼 수 있다.

준거 브랜드의 불필요성

브랜드 에쿼티를 무명 브랜드나 제네릭 브랜드와 같은 준거 브랜드와 비교한 브랜드 이름의 가치로 정의하는 사람들도 있다. 예를 들면, 브랜드 이름을 제외한 다른 모든 특성에서 고객이 생각하는 브랜드 선호도와 브랜드 이름을 포함한 모든 특성에서 고객이 생각하는 브랜드 선호도를 물어서 두 가지 경우의 차이를 브랜드 에쿼티로 규정할 수도 있다. 그러나 우리의 측정 방법은 이러한 준거 브랜드를 포함하지 않는데, 여기에는 다음과 같은 몇 가지 중요한 이점들이 있다.

첫째, 일부 브랜드 경우에는 가상 또는 제네릭 브랜드 이름을 가진 준거 브랜드를 만들기가 매우 어렵다. 예를 들어 뉴욕시, 실리콘밸리, 세계보건기구, 유엔 또는 일본처럼 서비스와 지역, 국가, 기관, 스포츠에 관한 브랜드들이 그렇다. 이들 브랜드에는 이름과 구분해 생각할 수 있는 준거 브랜드를 만들기 어렵다. 오렌지 제품에는 브랜드 이름 없이 제품만 보여주면서 준거 브랜드로 사용할 수 있다. 그러나 뉴욕시를 이름을 사용하지 않고 준거 브랜드로 만들기는 어렵다. 둘째, 준거 브랜드에 관한 데이터 수집은 매우 힘든 과제이며, 여러 기간에 걸쳐서 준거 브랜드와 비교하여 브랜드 에쿼티를 측정할 때는 특히 더 그렇다. 셋째, 한 브랜드의 에쿼티를 준거 브랜드와 비교해서 측정하는 방법은 브랜드의 가치가 단지 이름에만 있다고 가정하고 있다. 하지만 고객에게 제공하는 브랜드 가치에 브랜드 이름만 있는 것은 아니다. 제품 자체도 포함된다. 예를 들어, 여배우 안젤리나 졸리의 브랜드 에쿼티는 그녀의 이름뿐만 아니라 그녀의 신체적 아름다움에도 존재하므로, 이런 아름다움도 그녀의 브랜드 에쿼티의 일부로 간주해야 한다. 마지막으로 준거 브랜드에 바탕을 둔 측정 방법은 신뢰성 측면에서 문제가 있다. 이런 측정 방법의 설문 조사에 응답하는 표본들의 성격, 즉 청소년 대 20대 이상, 또는 시골 대 도시 등에 따라 이들이 인식하는 에쿼티가 다르기 때문이다.

우리의 브랜드 에쿼티 측정 방법은 제네릭 또는 무명의 준거 브랜드를 요구하지 않으며, 데이터 수집이 용이하고, 객관적이며, 하나의 재무적 수치로 결과를 나타낸다. 기업은 이 측정 방법으로 특정 시점이나 여러 기간에 걸쳐, 또는 경쟁 브랜드와 비교해 기업 브랜드와 개별 제품 브랜드의 가치를 평가할 수 있다.

❶ 브랜드 에쿼티의 재무적 측정 방법은 브랜드가 기업과 고객에게 제공하는 가치를 고려할 수 있어야 한다.

❷ 브랜드 에쿼티는 고객이 한 브랜드에 부여하는 가치(이를테면, 고객이 기꺼이 지불하는 가격과 구매하는 수량)와 이런 가치를 확보하기 위해 브랜드를 소유한 기업이 투입해야 했던 투자(고객에게 브랜드 마케팅을 하며 발생한 비용 등)의 차이다.

❸ 그러므로 단가, 단위당 마케팅 비용, 판매량 등 세 가지 변수가 브랜드 에쿼티를 산출하는 중요한 입력 요소다.

❹ 세 가지 변수는 브랜드 에쿼티의 중요한 구성 요소 두 가지, 즉 마케팅 잉여가치와 마케팅 효율성을 만들어낸다.

❺ 마케팅 잉여가치는 브랜드 가치의 재무적 규모를 나타내는 조정되지 않은 측정 수치로 $(p_{it} - mc_{it})q_{it}$ 공식으로 산출할 수 있다. 고객이 브랜드에 지불하는 가격이 브랜드를 마케팅하는 비용보다 높을 때 마케팅 잉여가치는 양수다. 또한 판매량이 많을수록 마케팅 잉여가치는 높아진다.

❻ 마케팅 효율성은 기업이 이런 잉여가치를 효율적으로 확보하는 정도를 나타내며, 산출 공식은 $\left(1 - \dfrac{mc_{it}q_{it}}{p_{it}q_{it}}\right)$ 이다.

❼ 브랜드 에쿼티는 마케팅 효율성으로 조정된 마케팅 잉여가치로 평가할 수 있다.

❽ 이 장에서 제시한 측정 방법에는 독특한 이점들이 있다. 이 측정 방법은 기업이 쉽게 구할 수 있는 정보를 활용하며, 준거 브랜드를 사용할 필요가 없고, 시간의 경과에 따라 다른 브랜드와 비교하거나 브랜드 자체만 놓고 비교할 수 있다.

❾ 이 방법으로 개별 브랜드 수준이나 기업 전체 수준 등 기업의 다양한 수준에서 브랜드 에쿼티를 측정할 수 있다.

⑩ 우리의 측정 방법은 브랜드 에쿼티 관리 성과를 바탕으로 브랜드 관리자에게 보상을 제공하는 데 활용할 수 있다.

⑪ 필요하다면 산업 전반의 수요와 지연 효과, 미래 수익 예상 등의 추가 정보를 포함할 수도 있지만, 이렇게 추가된 정보는 브랜드 에쿼티를 측정하는 방법에서 추가적인 고려 대상일 뿐 측정 방법 그 자체를 바꾸지는 않는다.

여러분의 브랜드는 어떤가?

❶ 마케팅 잉여가치와 마케팅 효율성을 바탕으로 한 여러분의 브랜드 에쿼티는 얼마인가? 시간의 경과에 따라 여러분의 브랜드 에쿼티는 어떻게 변했는가?

❷ 여러분의 브랜드 에쿼티를 경쟁 브랜드의 에쿼티와 비교하면 어떤가? 시간의 경과에 따라 여러분의 브랜드와 경쟁 브랜드의 성과에 차이가 발생하는 이유는 무엇인가?

❸ 브랜드 에쿼티의 관점에서 볼 때, 여러분의 브랜드 포트폴리오에 속한 모든 브랜드 중에서 어느 브랜드가 가장 성공적인가? 이 분석을 바탕으로 여러분의 브랜드 구성을 어떻게 달리 할 수 있는가?

제12장

브랜드
대시보드

.
.
.
.

브랜드의 건강은 사람의 건강과 비슷하다. 당연한 것으로 생각하지 말아야 한다.
우리가 보유한 가장 귀중한 보물이기 때문이다.

서론

오늘날 애플은 가장 유명하고 높이 평가받는 글로벌 브랜드다. 하지만 이
미 정점을 넘어섰을 수도 있다. 이보다 더 심각한 문제는 브랜드의 건강이
위험에 처해 있는데도 브랜드 관리자가 이 사실을 인지조차 못하고 있다
는 데 있다. 애플이 정점을 넘어섰다면, 이런 상황은 데이터가 부족해서 발
생했을 가능성은 낮다. 애플의 브랜드 관리자는 애플 제품의 판매량과 수
익, 비용, 이익 등의 수치를 정확히 알고 있다. 아마 이 수치를 매일은 아니
더라도 최소한 주 단위로 검토할 것이다. 하지만 애플 관리자가 이 수치를
이끌어낸 원인들이 무엇이며, 앞으로 할 일이 무엇인지 명확히 이해하고
있을까? 애플의 재무적 성과가 하락할 수도 있는 이유와 실제로 그렇게 됐
을 경우에 이를 막을 수 있는 방법을 알려줄 입력 요소들을 수집하고 있

을까? 하락을 막으려는 노력은 충분할까? 또는 고객들이 이런 노력을 보잘것없고 너무 늦었다고 생각하지 않을까?

마케팅 분야에서 측정 방법이 부족한 것은 아니다. 수백 가지의 방법이 존재한다. 실제로 관리자들은 수많은 데이터가 넘쳐나는데도 정작 이들로 무엇을 해야 할지 몰라 분석 불능 상태에 빠지기 쉽다. 많은 측정 방법이 브랜드의 성공을 불러올 요소를 담은 총체적이고 중요한 프레임워크와 동떨어져 있다는 사실도 상황을 더욱 복잡하게 만든다. 이를테면, 순 추천고객 지수net promoter score나 소셜미디어의 "좋아요likes"와 같은 특정 측정 방법들만 본다고 해서 브랜드가 현재 위치에 오게 된 과정과 브랜드 개선을 위해 해야 할 일을 충분히 이해할 수는 없다. 문제는 측정 방법이 부족하다는 것이 아니라 (1)어떤 측정 방식을 사용할지, (2)어떻게 이들을 종합적으로 활용해 시간의 경과에 따른 브랜드의 건강 상태를 분명히 예측할지, (3)하락의 조짐이 보이면 앞으로 무엇을 해야 할지 통찰하지 못한다는 데 있다. 12장에서는 이 문제들을 다룬다.

개요

머리말에서 우리는 고객과 기업에 가치를 제공할 수 있는 브랜드 애드머레이션을 구축하고 강화하며 활용하는 방안의 통합적 관점을 제공하는 것이 이 책의 차별성이라고 말했다. 우리가 제시하는 프레임워크를 보면 브랜드의 최종 목적지는 브랜드 에쿼티다(11장 참조). 브랜드 건강에 대한 재무적 측정 수치는 CMO와 CEO, CFO에게 매우 중요하다. 실제로 최고 경영진은 이 수치를 활용해 브랜드가 기업에 제공하는 재무적 가치를 이해한다. 그런데 브랜드 에쿼티는 지금까지 행한 브랜드 운영 결정과 집행의 결과를 나타내는 수치다. 즉, 브랜드 에쿼티는 브랜드가 재무적 측면에서 얼마나 성과가 좋은지 설명하는 것이다. 하지만 브랜드 에쿼티가 기대보다 더 높거나 낮은 이유와 브랜드 에쿼티를 향상시키기 위해 브랜드 관리자가 무엇을 해야 할지에 대한 정보를 제공하지는 않는다.

이 정도까지 이해하려면 브랜드 에쿼티의 동인, 특히 그림 12.1에 나온 비재무적 요인들을 평가해야 한다. 즉 3Es와 브랜드에 대한 신뢰, 사랑, 존중(생각, 정서, 정신의 지분), 브랜드 애드머레이션, 브랜드 충성도, 브랜드 지지도에 관한 측정을 해야 한다. 물론 브랜드 관리자는 이외에 다른 측정 기준을 포함할 수도 있다. 하지만 우리는 이들이 브랜드 애드머레이션 대시보드의 핵심 구성 요소라고 확신한다. 이들은 조직 내 브랜드 관리자와 다른 직원들이 (1)브랜드의 현재 성과를 평가하고, (2)이 성과를 끌어내는 요인을 파악하며, (3)다음 행동을 결정하는 데 도움을 준다.

우리는 그림 12.1에 나와 있는 측정 기준의 조합을 '브랜드 애드머레이션 대시보드'로 부른다. 브랜드 애드머레이션 대시보드로 혜택을 입는 사람들이 브랜드 관리자들만은 아니다. 이 대시보드에 포함된 매트릭스가 브랜드의 나아갈 방향에 영향을 미친다는 점을 고려할 때, 최고 경영진을 포함한 조직 전반에서 대시보드를 활용할 수 있다. 특히, 조직 내 모든 수준, 즉 제품과 사업부서, 지원부서 단위 등 10장에서 논의한 수직적 비즈니스 계층의 어느 수준에서도 이를 활용할 수 있다.

브랜드 애드머레이션 대시보드와 이 대시보드의 진단과 처방 능력을 자세히 설명하기 위해 우리는 직접 수집한 주요 슈퍼마켓 고객들의 데이터에 바탕을 둔 사례를 제시한다. 이 사례는 브랜드 관리자가 브랜드 애드머

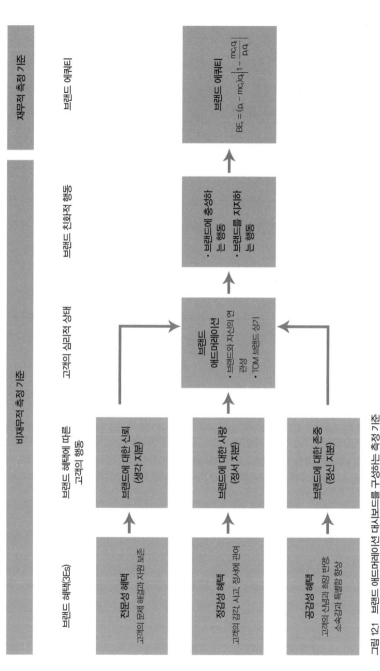

그림 12.1 브랜드 애드머레이션 대시보드를 구성하는 측정 기준

레이션 대시보드를 활용해 브랜드의 현재 성과를 통찰하고, 브랜드의 성공을 유지하거나 개선하기 위해 브랜드가 해야 할 일을 진단하는 방법을 보여준다. 그에 앞서 대시보드 활용으로 얻을 수 있는 혜택을 살펴보자.

브랜드 애드머레이션 대시보드의 혜택

쉽게 설명해서, 브랜드 애드머레이션 대시보드는 다섯 가지 주요 혜택을 제공한다(표 12.1 참조).

브랜드의 현재 상태 평가

먼저, 자동차에 장착된 대시보드처럼 브랜드 애드머레이션 대시보드는 특정 시점에서의 브랜드 상태를 나타낸다. 즉, 브랜드의 현재 위치를 알려주는 것이다. 이는 브랜드 관리자에게 현재 시점에서 브랜드에 일어나는 일들을 알려준다.

목표 달성을 위한 실행 계획 수립의 용이성

브랜드 애드머레이션 대시보드는 브랜드 애드머레이션 강화를 위해 앞으로 해야 할 일을 통찰할 수 있게 해준다. 브랜드에 관한 데이터이기는 하지만, 앞으로 어떤 단계를 밟아야 할지 전혀 알려주지 않는 데이터를 받은 적이 얼마나 많았는지 생각해보라. 계획이나 단순한 지침조차 없이 브랜드 건강을 개선할 수는 없다. 브랜드 가치를 향상할 수 있는 방법을 알려주는 측정 기준들은 금에 비교될 만큼 소중하다.

목표를 향한 과정 추적

브랜드 애드머레이션 대시보드는 브랜드 관리자가 목표 달성을 위한 과정을 실시간으로 추적할 수 있게 한다. 한 브랜드 관리자가 자신의 브랜드가 지닌 전문성을 고객에게 보다 잘 알리고 싶어 하는 경우를 상상해보라. 브랜드 관리자는 제품을 개선하고, 이 새로운 전문성을 잘 설명할 수 있도록 영업 직원들을 훈련시키며, 이 아이디어를 전파하기 위해 엄청난 금액을 커뮤니케이션 비용으로 지출한다. 1년 뒤, 브랜드 관리자는 고객들이 브랜드의 개선된 방식을 잘 인식하지 못하고 있다는 사실을 발견한다. 마케팅 노력이 효과적이지 못했다는 사실을 브랜드 관리자가 좀 더 빨리 알았더라면 좋지 않았을까? 실시간 데이터를 지속적으로 수집함으로써, 목표를 향해 나아가고 있으며, 마케팅에 투자한 비용이 효과를 발휘하고 있다는 사실을 확신할 수 있다.

실행과 성과에 대한 책임 강화

실행에 대한 책임은 기업 내에서 마케팅의 영향력을 좌우하는 중요한 요소다.[1] 유용한 브랜드 애드머레이션 대시보드는 전략적 목표에 기여하고 이를 달성하는 책임을 강조한다. 브랜드 애드머레이션을 구축하고 강화하며 활용할 책임이 있는 사람들의 성과 목표는 브랜드 대시보드에 연계될 수 있다. 이는 직원들에게 무엇을 향해 노력해야 할지 명확히 알려준다. 또한 직원들이 목표 달성에 대한 개인적인 책임감을 느끼게 해주므로 직원들에게 동기를 부여할 수도 있다. 대시보드상의 정보는 브랜딩에 관여하는 모든 직원의 공동 목표를 제공한다. 이는 또한 모든 직원이 한 배에 타고 있으며, 조직 구성원이 모두 한 방향으로 노를 저어나갈 가능성을 높여준다. 브랜드 애드머레이션 대시보드는 부서 단위의 책임을 부여할 수도 있다. 이를테면, 브랜드 애드머레이션 대시보드의 결과를 지역별 부서 전체에 걸쳐 비교하면, 어느 지역의 투자가 성과를 발휘하고 앞으로 어디에 투자를 해야 할지 통찰할 수 있다.

정보 공유 강화

브랜드 애드머레이션 대시보드를 최대한 활용하려면 여기서 얻은 결과를 전 조직이 공유해야 한다. 모든 직원에게 관련 정보를 충분히 제공하고, 이들이 브랜드의 전략적 목표를 향해 나아갈 수 있도록 권한을 부여해야 한다. 직원들은 고객에게 브랜드를 대표하는 존재이며, 대중을 향한 브랜드의 약속을 이행하는 경우가 많으므로 특히 더 중요하다(4장 참조). 직원들을 참여시키고, 이들에게 브랜드 대시보드에서 얻은 정보를 제공하는 것은 직원들이 브랜드 성공을 향한 주인 의식과 브랜드를 대표해서 행동해야 한다는 긴박감을 느낄 수 있게 한다.

표 12.1에서 묘사되고 있는 효과를 달성하는 브랜드 애드머레이션 대시보드는 시장에서 브랜드의 성공을 불러오고, 기업 내 마케팅 부서에 대한 신뢰성을 구축하며, 주식 시장에서 브랜드의 성공 가능성을 높인다.[2] 또한 브랜드 관리자들이 브랜드의 진행 과정을 수시로 볼 수 있게 만들며, 이들에게 브랜드를 올바른 방향으로 이끌거나 재무적으로 손실을 보기 전에 상황을 바꿀 수 있는 소중한 시간을 제공한다. 직원들에게는 자신이 나아가야 할 최상의 방향에 관한 유용한 정보를 알려준다. 마지막으로, 최고경영진들이 브랜드 투자를 어느 부분에 해야 하고, 이런 투자가 재무적, 비재무적 관점에서 효과를 발휘할 수 있는지 평가하는 데 도움을 준다. 브

표 12.1 훌륭한 브랜드 애드머레이션 대시보드를 위한 준수 사항

브랜드 애드머레이션 대시보드의 혜택	훌륭한 브랜드 애드머레이션의 장점	브랜드 관리자가 해야 할 일	브랜드 관리자가 하지 말아야 할 일
현재 상태 평가	브랜드의 현재 상태를 평가한다.	브랜드의 전략적 목표와 일치하는 브랜드 애드머레이션 대시보드 개발	브랜드 전략과 브랜드 애드머레이션 강화와 상관없는 측정
실행 계획 수립의 용이성	브랜드 관리자가 앞으로 해야 할 일을 결정하는 데 도움을 준다.	미래의 실행 계획을 수립하기 위해 대시보드 결과 검토	브랜드 목표를 무시하거나, 목표에 관련된 데이터를 분석하지 않거나, 미래의 실행 계획 수립에 대시보드를 활용하지 않는 행동
목표를 향한 과정 추적	특정 목표를 향한 진행 과정을 추적한다.	데이터를 가능한 한 실시간으로 수집	브랜드 대시보드 데이터를 비정기적, 비지속적으로 수집하는 행동
실행과 성과에 대한 책임 강화	직원들이 목표를 향한 과정에 책임감을 느끼게 만든다.	전략적 목표에 대한 기여와 책임을 추적할 수 있는 방식으로 데이터 분석	비재무적 측정이 보다 더 진단적인 정보를 제공할 수 있는데도, 오직 재무적 측정에만 의존하는 행동
정보 공유 강화	조직 내 정보 공유와 커뮤니케이션을 용이하게 한다.	브랜드의 재무적, 비재무적 성과에 관여	브랜드를 책임지는 직원들이 데이터에 접근할 수 없는 환경 조성

랜드 애드머레이션 대시보드의 비재무적 측정 기준들 중 많은 부분이 브랜드 가치 평가에 포함되지 않는 브랜드의 무형 가치를 반영한다.

브랜드 애드머레이션 대시보드의 구체적 사례

브랜드 대시보드를 보다 명확히 논의하기 위해, 우리는 영국의 주요 슈퍼마켓 브랜드의 고객들에게서 수집한 데이터를 활용한 구체적 사례를 제시

한다. 우리의 목적은 소규모 조사로도 브랜드가 앞으로 해야 할 일을 파악할 수 있는 적절한 진단을 할 수 있다는 사실을 보여주는 데 있다. 소규모 데이터를 수집하는 노력은 온라인과 오프라인, 표본 집단, 고객과 직원 모두에게서 데이터를 수집하는 대규모 형태로 언제든 확장될 수 있다.

표본과 측정

먼저 우리는 이 슈퍼마켓에서 최소한 한 번 이상 물건을 구매한 적이 있는 고객들로 표본 집단을 구성했다. 여기에 포함된 고객들은 이 슈퍼마켓에서 쇼핑을 한 일반 대중을 대표한다. 우리는 이들에게 그림 12.1에 나온 브랜드 애드머레이션 프레임워크의 각 구성 요소에 관해 질문했다(이 구성 요소들의 정의와 예는 3장을 참조하기 바란다). 이 장의 부록에 수록된 표 12.5에 우리가 한 질문들이 나와 있다. 우리가 실행한 측정 중 일부는 9단계의 척도를 사용하고 나머지는 백분율을 사용한다. 모든 측정 결과를 비교하기 위해서 우리는 9단계의 리커트 척도Likert-scale 항목(1=전혀 그렇지 않다, 9=매우 그렇다)을 100점 만점의 척도로 환산했다. 예를 들어, 9단계의 리커트 척도에서 기록한 9는 100점으로 환산했다. 이런 방식으로 모든 측정 결과를 동일한 척도(100점 기준)로 비교할 수 있다. 브랜드에 대한 신뢰, 사랑, 존중을 놓고 우리는 두 가지 형태로 측정했다. 하나는 이 개념들의 절대 수준을 측정한 것이고, 다른 하나는 고객이 경쟁 브랜드에 비해 이 브랜드를 얼마나 신뢰하고 사랑하며 존중하는지 측정한 것이다. 이 측정 방법은 경쟁 브랜드와 비교한 상대적 평가이므로 우리는 이를 지분share 측정이라고 부른다(부록 참조).

  브랜드 애드머레이션 대시보드를 구성하는 측정 기준들은 모두 신뢰할 수 있고, 표면적 타당성을 지니고 있다. 또한 브랜드 애드머레이션 모델의 구성 요소를 반영하고 있는데, 이에 대해서는 앞으로 논의할 것이다. 브랜드 관리자는 언제든지 새로운 측정 항목을 추가할 수도 있고 브랜드에 따라 특정 항목의 문구를 바꿀 수도 있다. 그러므로 우리가 사용한 측정 기준은 확정적인 최종안이 아니라 하나의 사례로 봐야 한다. 그렇더라도 우리는 과거의 연구에서 이 측정 기준을 활용해 우리의 브랜드 애드머레이션 모델에 실증적 실험을 수행했고, 여러 브랜드와 산업, 국가가 다양한 고객을 대상으로 이 기준을 활용했다.[3] 이로써 우리는 소규모의 조사로도 브랜드가 직면한 관련 쟁점들을 해결하는 중요한 정보를 찾을 수 있다는 사실을 증명한다.

대시보드의 측정 결과 분석

우리는 수집한 데이터에 구조 방정식 모델링SEM, structural equation modeling을 적용했다. SEM은 그림 12.1에 나와 있는 것과 같은 측정 기준들의 연관성 강도를 볼 수 있게 해주는 통계적 절차다. 이는 회귀 분석(어떤 변수를 다른 변수로 설명할 수 있다고 보고 그 함수관계를 조사하는 통계적 분석 기법-옮긴이)과 비슷하지만, 모델 내의 모든 변수는 동시에 분석되는 것으로 간주한다. 브랜드 관리자는 브랜드 애드머레이션 대시보드의 측정 기준을 이해하기 전에 대시보드 측정 기준을 포함하고 있는 모델의 '적합도'를 점검해야 한다.[4] 모델과 데이터의 적합도가 좋을수록 결과를 더 많이 신뢰할 수 있다.[5] 그림 12.1의 브랜드 대시보드 데이터 모델은 적합성이 좋았으며[6], 3Es가 브랜드에 충성하고 이를 지지하는 행동으로 이어지는 근본적 절차를 적절히 나타내고 있다.[7] 이에 따라 우리는 그림 12.1에 있는 모델의 적합성을 신뢰하며, 이를 활용해 슈퍼마켓 브랜드의 분석을 진행하고 그 결과를 진단할 수 있다.

브랜드의 현재 상태 평가: 브랜드의 현재 위치는 어디인가?

먼저, 브랜드 대시보드 데이터가 표 12.1에 나와 있는 첫 번째 목표인 브랜드의 현재 상태 평가에 어떻게 도움을 주는지 집중적으로 살펴보자.

브랜드에 대한 충성과 지지 행동

표 12.2의 첫 번째 열을 보면, 브랜드에 충성하는 행동을 하려는 고객의 의향을 측정하는 항목에서 조사 대상 슈퍼마켓 브랜드가 100점 만점에 41.44를 기록한 것을 알 수 있다. 점수의 범위가 0에서 100이므로, 이 점수는 브랜드 충성도 구축 면에서 개선의 여지가 상당히 많다는 뜻이다. 이 브랜드는 브랜드 지지 행동 항목에서 100점 만점에 29.33을 기록하고 있다. 브랜드 지지 행동에 관여하려는 고객의 의향을 향상시키는 부분에서 이 브랜드가 정말 어려움을 겪고 있다는 사실을 알 수 있다. 표 12.2는 또 이 브랜드가 대시보드의 다른 측정 기준에서도 그저 평범한 성과를 내고 있다는 점을 보여준다. 이런 점수를 기록한 배경은 무엇일까? 브랜드는 이 점수를 끌어올리기 위해 무엇을 할 수 있을까?

브랜드 애드머레이션: 브랜드와 자신의 관계, TOM 브랜드 상기

표 12.2의 두 번째 열을 보면, 브랜드 애드머레이션과 이를 구성하는 두 요소(브랜드와 자신의 관계, TOM 브랜드 상기)가 브랜드에 대한 충성과 지지 행동을 어떻게 '예상'하는지 알 수 있다. 예상 점수의 범위는 이론적으로 두 요소와 결과 사이에 아무런 연관성이 없음을 뜻하는 0.00에서 두 요소가 연관된 고객 행동을 완벽히 예상한다는 1.00에 이른다. 점수가 클수록, 즉 1.00에 가까울수록 이 요소들이 이런 행동을 보다 더 강력히 예상한다는

뜻이다. 이 표에서 우리는 브랜드 애드머레이션이 브랜드에 충성하는 행동(이 항목의 점수 0.90은 1.00에 매우 가깝다)과 브랜드를 지지하는 행동(이 항목의 점수 0.91도 1.00에 매우 근접해 있다)에 모두 강력히 연관돼 있음을 알 수 있다.[8] 이 정보로 우리의 브랜드 애드머레이션 모델의 정당성을 입증할 수 있으며, 이는 브랜드를 칭송하는 사람이 많을수록 브랜드에 더 많이 충성하고, 이를 더 활발히 지지한다는 사실을 증명한다.

조금 더 깊이 들어가서, 100점 만점에 브랜드 애드머레이션은 45.72, 브랜드와 자신의 연관성은 43.33, TOM 브랜드 상기는 46.89를 기록한 점수를 보면, 이 브랜드는 브랜드 애드머레이션과 이를 구성하는 두 요소에서 그저 그런 성과를 내고 있다는 것을 알 수 있다. 더 나아가 브랜드와 자신의 연관성은 브랜드에 충성하는 행동(1.00 만점에 0.84)과 브랜드를 지지하는 행동(1.00 만점에 0.85)에 관여하려는 고객의 의향에 강력한 영향력을 발휘한다는 사실을 알 수 있다. 이 영향력은 TOM 브랜드 상기가 브랜드에 대한 충성(0.59)과 지지(0.57) 행동에 미치는 영향력보다 강하다. 브랜드 애드머레이션뿐만 아니라 이를 구성하는 브랜드와 자신의 연관성, TOM 브랜드 상기도가 브랜드에 충성하는 행동과 브랜드를 지지하는 행동에 영향을 준다는 사실은 우리가 지금까지 전개한 생각이 옳다는 점을 입증한다. TOM 브랜드 상기보다 브랜드와 자신의 연관성이 고객의 충성하고 지지하는 행동에 더 많은 영향을 준다는 측정 결과는 이 슈퍼마켓 브랜드가 TOM 브랜드 상기보다 브랜드와 자신의 연관성을 끌어올리는 방안에 더 많은 노력을 투자함으로써 더 크게 성공할 수 있다는 뜻이다.

우리가 조사한 슈퍼마켓 브랜드가 브랜드 애드머레이션과 그 구성 요소(브랜드와 자신의 연관성, TOM 브랜드 상기)에서 높은 점수를 기록하지 못한 이

표 12.2 슈퍼마켓 브랜드에 대한 브랜드 애드머레이션, 브랜드에 충성하는 행동, 브랜드를 지지하는 행동의
점수

슈퍼마켓 브랜드 데이터	절대 점수[9]	브랜드에 충성하는 행동에 대한 기여도 B*; (p†)	브랜드를 지지하는 행동에 대한 기여도 B; (p)
브랜드 애드머레이션	45.72	0.90;(0.001)	0.91;(0.001)
브랜드와 자신의 연관성	43.33	0.84;(0.001)	0.85;(0.001)
TOM 브랜드 상기	46.89	0.59;(0.001)	0.57;(0.001)
브랜드에 충성하는 행동	41.44		
브랜드를 지지하는 행동	29.33		

*B = 연관성의 강도: −1.00은 변수들의 완전히 부정적인 상관관계(즉, X변수가 커질수록 Y변수는 작아진다)를 뜻하며, 0은 변수들 사이에 상관관계가 없다는 뜻이다. 1.00은 변수들의 완전히 정적인 상관관계를 말한다(즉, X변수가 커질수록 Y변수도 커진다).

†p = 연관성의 중요도: p값이 0.05보다 작으면 변수들의 연관성이 통계적으로 중요하다는 뜻이다.

유는 무엇일까? 이 브랜드가 이런 주요 측정 기준들의 점수를 높이려면 어떻게 해야 할까? 이 부분에서 우리는 고객의 신뢰, 사랑, 존중을 확보할 수 있는 브랜드의 능력을 검토해야 한다. 이 세 가지 변수가 브랜드 애드머레이션의 구성 요소와 그 강도를 결정하기 때문이다.

브랜드 애드머레이션: 브랜드에 대한 신뢰, 사랑, 존중

표 12.3은 슈퍼마켓 브랜드가 브랜드 애드머레이션과 그 구성 요소의 핵심 동인인 브랜드에 대한 신뢰, 사랑, 존중에서 기록한 점수를 보여준다. 첫 번째 열의 아랫부분을 보면, 브랜드에 대한 사랑의 점수(65.44)는 상대적으로 높은 반면 신뢰(42.56)와 존중(41.66)의 점수는 그리 높지 않다. 그런데 두 번째 열을 보면, 브랜드 애드머레이션에 기여하는 정도는 브랜드에 대한 존중(0.86)이 가장 강하며, 그 다음이 브랜드에 대한 신뢰(0.25)다. 브랜드

에 대한 사랑이 브랜드 애드머레이션에 미치는 영향력은 상대적으로 약하다(0.15). 이 말은 이 기업이 브랜드 애드머레이션과 그에 따른 브랜드와 자신의 연관성을 향상시키는 데 가장 중요한 요소, 즉 브랜드에 대한 존중을 제공하는 부분에서 가장 약하다는 뜻이다. 그 이유는 무엇일까?

3Es

3Es 부분을 보면, 이 브랜드는 전문성 혜택(56.26)이나 공감성 혜택(48.11)보다 정감성 혜택(63.67)을 더 많이 제공한다. 하지만 공감성 혜택이 브랜드 애드머레이션과 브랜드와 자신의 연관성, TOM 브랜드 상기에 기여하는 정도는 각각 0.72, 0.82, 0.70으로, 정감성 혜택의 기여도(0.27, 0.41, 0.62)나 전문성 혜택의 기여도(0.26, 0.36, 0.67)보다 높다.

이런 결과에 담긴 뜻은 분명하다. 이 기업은 공감성 혜택을 더 많이 제공하는 일에 집중하면 브랜드 애드머레이션과 브랜드에 충성하고 이를 지지하는 고객들의 행동에 큰 변화를 일으킬 수 있다.

표 12.3에 나와 있는 3Es의 하위 혜택들을 보다 자세히 살펴보자. 브랜드 애드머레이션, 브랜드와 자신의 연관성, TOM 브랜드 상기에 대한 기여도는 개인적 신념과 희망을 반영하는 혜택이 각각 0.72, 0.84, 0.70, 소속감과 특별함을 향상시키는 혜택이 0.68, 0.78, 0.69를 기록하며 높다. 그런데 이런 혜택들을 제공하는 이 브랜드의 평가는 그저 그럴 뿐만 아니라, 정감성과 전문성에 관련된 하위 혜택들을 제공하는 평가보다 못하다. 이를 보면, 공감성 혜택을 강화하는 일에 우선순위를 두어야 한다는 사실을 명확히 알 수 있다.

표 12.3 슈퍼마켓 브랜드에 대한 3Es, 사랑, 신뢰, 존중의 점수

슈퍼마켓 브랜드 데이터	절대 점수	브랜드 애드머레이션에 대한 기여도 B; (p)	브랜드와 자신의 연관성에 대한 기여도 B; (p)	TOM 브랜드 상기에 대한 기여도 B; (p)
정감성 혜택	63.67	0.27(0.01)	0.41(0.001)	0.62(0.001)
감각적 경험을 만족시키는 혜택	68.33	0.24(0.01)	0.38(0.001)	0.57(0.001)
마음을 따뜻하게 하는 혜택	59.00	0.28(0.001)	0.41(0.001)	0.60(0.001)
전문성 혜택	56.26	0.26(0.01)	0.36(0.001)	0.67(0.001)
고객의 문제를 해결하고 안전함을 제공하는 혜택	53.11	0.26(0.01)	0.35(0.001)	0.68(0.001)
고객의 자원을 절약하는 혜택	58.56	0.24(0.01)	0.32(0.001)	0.62(0.001)
공감성 혜택	48.11	0.72(0.001)	0.82(0.001)	0.70(0.001)
개인적 신념과 희망을 반영하는 혜택	46.66	0.72(0.001)	0.84(0.001)	0.70(0.001)
소속감과 특별함을 향상시키는 혜택	49.56	0.68(0.001)	0.78(0.001)	0.69(0.001)
브랜드에 대한 사랑	65.44	0.15(0.05)	0.23(0.01)	0.56(0.001)
브랜드에 대한 신뢰	42.56	0.25(0.001)	0.34(0.001)	0.74(0.001)
브랜드에 대한 존중	41.66	0.86(0.001)	0.93(0.001)	0.71(0.001)

브랜드의 정서 지분, 생각 지분, 정신 지분

우리는 고객들이 다른 경쟁 브랜드에 비해 이 슈퍼마켓 브랜드를 얼마나 사랑하고, 신뢰하며, 존중하는지 살펴볼 수 있다. 이는 표 12.4에 나와 있는 사랑, 신뢰, 존중의 지분을 측정한 수치로 알 수 있다. 이 표를 보면, 이 브랜드의 정서 지분(상대적 사랑) 점수는 55.84에 불과하고, 이는 고객의 거의 절반이 경쟁 브랜드를 사랑한다는 뜻이다. 이 브랜드의 생각 지분(상대적 신뢰)과 정신 지분(상대적 존중) 점수는 더 낮다. 표 12.4의 점수에 따르면, 동일한 카테고리에 있는 브랜드들을 향한 고객들의 신뢰와 존중 중 약 3분의 1만 우리가 측정한 슈퍼마켓 브랜드에 해당하고 나머지는 전부 경쟁 브랜드들의 몫이다. 상대적 존중을 나타내는 정신 지분 점수가 낮다는 사실이 특히 더 문제다. 표 12.4를 보면, 정신 지분이 브랜드 애드머레이션에 기여하는 정도는 0.90이고, 브랜드와 자신의 연관성에 대한 기여도는 0.96으로 매우 높기 때문이다.

실행 계획 수립의 용이성:
브랜드는 목표 달성을 위해 앞으로 무엇에 집중해야 하는가?

브랜드의 현재 상태를 파악했으므로, 이제 브랜드 관리자를 비롯한 조직 구성원들이 신통치 않은 성과의 근본 원인을 찾아내고 앞으로 해야 할 일을 결정하기 위해 이 측정 수치들을 어떻게 활용할 수 있는지 살펴보자(표 12.1 참조).

간단히 설명하면, 이 브랜드는 브랜드 애드머레이션의 구성 요소 중 하나인 TOM 브랜드 상기에서 상대적으로 좋은 성과를 내고 있다. 이 브랜드가 TOM 브랜드 상기를 강력한 상태로 유지하려고 광고와 프로모션에

표 12.4 슈퍼마켓 브랜드의 정서 지분, 생각 지분, 정신 지분 점수

슈퍼마켓 브랜드 데이터	절대 점수	브랜드 애드머레이션에 대한 기여도	브랜드와 자신의 연관성에 대한 기여도	TOM 브랜드 상기에 대한 기여도
정서 지분	55.84	0.16(0.05)	0.19(0.05)	0.55(0.001)
생각 지분	32.58	0.26(0.01)	0.35(0.001)	0.77(0.001)
정신 지분	36.37	0.90(0.001)	0.96(0.001)	0.72(0.001)

투자하고 있는 막대한 자금을 생각하면 이런 결과가 그리 놀랍지는 않다. 하지만 브랜드 애드머레이션의 다른 한 요소인 브랜드와 자신의 연관성을 향상하는 일에 더 많은 노력을 기울여야 할 것이다. 이렇게 하기 위한 이 브랜드의 가장 전략적인 방안은 먼저 (1)브랜드에 대한 존중을 구축하는 공감성 혜택 향상에 집중하고, 뒤를 이어 (2)브랜드에 대한 신뢰를 구축하는 전문성 혜택, (3)브랜드에 대한 사랑을 구축하는 정감성 혜택을 향상시키는 것이다. 각각의 혜택을 향상시키기 위해 실행할 수 있는 몇 가지 방안을 다음과 같이 추천한다.

공감성 혜택 향상을 위한 아이디어

먼저, 브랜드 관리자와 브랜드에 관련된 직원들은 공감성 혜택을 향상시킬 수 있는 방안을 고려해야 한다. 이 브랜드는 그동안 단골 고객을 대상으로 한 멤버십 카드 제도를 성공적으로 운영해왔으므로, 이 카드로 고객에게 더 이상 특별한 혜택을 제공하는 데는 한계가 있을지도 모른다. 이럴 경우, 고객이 음식을 기부하거나 지역 농민들을 지원하는 프로그램에 참여하도록 권유함으로써 고객이 더 나은 시민 의식을 느낄 수 있게 하는 방안도

생각해볼 수 있다. 또는 빈곤에 맞서 싸우고, 지역을 더욱 안전하게 만드는 지역 공동체 행사에 참여할 기회를 고객에게 제공할 수도 있다. 슈퍼마켓은 아시아 음식이나 글루텐을 포함하지 않는 식단, 체중 감량 식단 등 비슷한 음식들을 선호하거나 제한하는 사람들의 모임을 결성해 이들이 레시피 개발에 기여하거나, 특정 제품의 사용 후기를 작성하거나, 여러 형태의 지원 활동에 나서게 할 수도 있다. 또한 이 브랜드가 자선 단체에 얼마나 많이 기여하고, 어려움을 겪는 사람들의 삶을 어떻게 개선하는지 알려주는 마케팅 커뮤니케이션 활동을 집중 조명할 수도 있다. 건강한 식습관과 생활방식에 영감을 주는 문구들을 쇼핑 카트와 벽면, 출입구 등 매장 곳곳에 써 놓을 수도 있다.

전문성 혜택 향상을 위한 아이디어

가격 경쟁이 고객의 자원을 절약하는 데 도움을 주었지만, 전문성 혜택을 향상시키는 진정한 동력은 고객의 문제를 해결하고 고객에게 안전함을 제공하는 브랜드의 능력이다. 이런 의미에서 생각할 수 있는 한 가지 옵션은 다양한 유기농 제품을 제공하고, 이 제품을 생산한 농민을 간략히 소개하는 문구와 함께 이 제품의 품질과 안전성을 보증한다는 표시를 잘 보이는 곳에 붙여놓는 방법이다. 주차장 조명을 더 밝게 하고, 계산대를 보다 효율적으로 운영하며, 온라인으로 주문하는 고객의 신용카드 정보를 더욱 안전하게 처리하는 방안도 생각해볼 수 있다.

정감성 혜택 향상을 위한 아이디어

마음을 따뜻하게 하는 혜택을 향상시키기 위해 브랜드 관리자는 매장 직원들을 대상으로 고객을 보다 즐거운 마음으로 대할 수 있는 교육을 실시할 수도 있다. 친절하고 안락한 이미지를 연출하는 매장 디자인과 벽면 장식, 고객을 맞이하는 직원들의 미소도 모두 고객의 마음을 따뜻하게 하는 혜택을 향상할 수 있다. 계산대 직원들은 멤버십 카드에 나온 정보를 활용해 고객의 이름을 부르며, 고객에게 보다 친밀한 쇼핑 경험을 선사할 수도 있다. 제과 매장과 같은 슈퍼마켓의 특정 구역을 할머니가 만들어주던 과자를 먹는 듯한 향수를 자아내도록 디자인하는 것도 좋은 방안이다. 빵을 굽거나 과자를 만들면서 나오는 향도 이 구역의 감각적 매력을 한층 더 끌어올릴 수 있다.

일관성과 상호 보완성의 원칙을 감안할 때, 슈퍼마켓 브랜드는 여기에 설명한 것과 같은 수많은 작은 일의 축적을 통해 시간이 지나면서 브랜드 애드머레이션을 강화할 수 있는 큰 차이를 만들어낼 수 있다.

브랜드 애드머레이션 대시보드의 다른 혜택

브랜드 애드머레이션 대시보드 데이터는 표 12.1에 나와 있는 여러 다른 목적에도 사용될 수 있다.

과정 추적, 성과에 대한 책임 강화, 조직 내 정보 공유

목표에 이르는 과정을 추적하려면 시간의 경과에 따라 브랜드 애드머레이션을 평가해야 한다. 특정 측정 기준의 브랜드 성과가 목표에서 벗어날 때 온라인 대시보드가 경고 신호를 보내도록 설정할 수 있다. 이런 데이터들은 브랜드 관리자가 어느 부분에 더 많은 노력을 기울여야 하고, 브랜드가 3Es 중 어디에 집중해야 할지 파악하는 데 도움을 준다. 과정 추적은 또한 브랜드 관리자에게 지금까지의 투자가 성과를 발휘하고 있는지 알려줄 수 있다. 긴박감과 주인 의식을 조성하기 위해 대시보드 데이터는 정기적으로 공유돼야 한다. 일정 단계에 도달하면 기업은 관련된 직원들과 팀의 성취감과 동료애를 강화하기 위해 이를 축하하는 자리를 마련해야 한다.

과거 및 경쟁 브랜드의 성과와 현재 성과 비교

기업이 대시보드 데이터를 정기적으로 수집하면 브랜드의 현재 상태를 과거의 어느 시점과도 비교할 수 있다. 기간별로 비교하면 상황이 개선되는지 아니면 악화되는지 알 수 있고, 그 결과에 따라 우선순위를 변경할 필요가 있는지, 어느 부분을 조정해야 하는지 파악할 수 있다. 기업은 대시보드 측정에 다른 슈퍼마켓 브랜드들처럼 직접적인 경쟁 관계에 있는 기업뿐만 아니라 아마존, 패스트푸드 배달 업체, 레스토랑 체인 등의 다른 경쟁 브랜드를 포함할 수 있다. 이런 잠재적 경쟁 브랜드를 포함하는 데이터는 표 12.2에서 12.4에 나와 있는 데이터를 보완하는 자료로 사용할 수 있다.

❶ 효과적인 브랜드 대시보드는 브랜드 관리자와 직원, CEO가 브랜드의 현재 상태와 성과를 평가하고, 전략적 목표에 이르는 실행 계획 수립을 용이하게 하며, 목표를 향한 과정을 추적하는 데 도움을 준다.

❷ 브랜드 대시보드 데이터는 브랜드의 전략적 목표 달성을 위해 노력하는 해당 브랜드 직원들의 책임감을 높이기 위해 정기적으로 수집해야 한다.

❸ 브랜드 대시보드는 조직 내 모든 부문에서 접근 가능하고 공유돼야 한다. 또한 환경이 변하더라도 브랜드가 고객과 연관성을 유지할 수 있도록 시간의 경과에 따라 측정돼야 한다.

❹ 브랜드 애드머레이션과 이를 구성하는 브랜드와 자신의 연관성, TOM 브랜드 상기는 브랜드에 충성하고 이를 지지하는 행동을 불러온다. 브랜드 애드머레이션을 뒷받침하는 주요 동인은 브랜드에 대한 사랑, 신뢰, 존중이며, 이들을 불러일으키는 동력은 3Es다. 브랜드 애드머레이션 대시보드는 이 요소들을 모두 파악해야 한다.

❺ 정감성 혜택은 (1)고객의 생각과 감각을 기쁘게 하며, (2)마음을 따뜻하게 한다.

❻ 전문성 혜택은 (1)고객의 문제를 해결하고 고객에게 안전함을 제공하며, (2)고객의 제한된 자원을 절약해준다.

❼ 공감성 혜택은 (1)고객의 신념과 희망을 반영하고, (2)소속감과 특별함을 향상시킨다.

❽ 브랜드에 대한 사랑과 신뢰, 존중은 고객이 절대적 의미에서 브랜드를 사랑하고 신뢰하며 존중하는 정도를 나타내지만, 한 브랜드의 정서 지분, 생각 지분, 정신 지분 데이터는 이런 사랑과 신뢰, 존중이 한 브랜드에 집중돼 있거나 여러 경쟁 브랜드에 분산돼 있는 정도에 관한 중요한 정보를 제공한다.

여러분의 브랜드는 어떤가?

❶ 브랜드의 건강을 측정하기 위해 비재무적 지표를 얼마나 활용했는 가? 이 비재무적 지표들은 브랜드 애드머레이션 프레임워크처럼 중 요한 통합 모델에 연계돼 있는가? 브랜드의 현재 상태를 평가하고 원하는 목표에 효율적으로 이르는 실행 계획을 쉽게 수립하기 위해 대시보드 데이터를 어떻게 활용할지 고려하기 시작했는가?

❷ 브랜드 대시보드 데이터를 조직 내 직원들과 팀들과 얼마나 공유하 는가? 직원들과 팀들이 브랜드 대시보드가 제공하는 정보에 따라 행동하고 싶게 만드는 주인 의식과 절실함을 만들어내기 위해 대시 보드에서 측정한 결과를 어떻게 활용할 수 있는가?

❸ 브랜드에 충성하고 이를 지지하는 고객들의 행동을 측정하기 시작 했는가?

❹ 여러분의 브랜드 애드머레이션은 어느 정도인가?

❺ 여러분의 브랜드는 브랜드와 자신의 연관성과 TOM 브랜드 상기를 얼마나 강력히 구축하고 있는가?

❻ 여러분의 브랜드를 개선하기 위해 3Es와 브랜드에 대한 사랑(정서 지분), 신뢰(생각 지분), 존중(정신 지분)에서 어떤 평가를 받고 있는 지 검토해봤는가? 어떤 방식으로 이를 검토할 수 있는가?

❼ 3Es 중 여러분의 브랜드가 특히 잘하는 혜택은 무엇인가? 이를 더 강화하려면 어떻게 해야 하는가? 가장 많이 개선해야 할 혜택은 무 엇인가?

부록

표 12.5   측정의 예시

• 브랜드 X를 가정하고, 이 브랜드가 여러분에게 아래의 혜택들을 제공하는 정도를 표시하라.

정감성 혜택

감각적 경험을 만족시키는 혜택을 제공한다
(1)기분 좋은 시각적, 청각적, 미각적, 촉각적, 후각적 감각이나 경험을 불러일으킨다. (2)시각, 청각, 미각, 촉각, 후각을 만족시킨다. (3)보고, 맛보고, 만지고, 냄새를 맡고, 경험하고, 소비하는 것이 즐겁다.

전혀 그렇지 않다   매우 그렇다
1 2 3 4 5 6 7 8 9

마음을 따뜻하게 하는 혜택을 제공한다
(1)마음을 따뜻하게 하고, 감사하는 마음이 들게 한다. (2)감성을 자극한다.

1 2 3 4 5 6 7 8 9

전문성 혜택

고객의 문제를 해결하고 안전함을 제공한다
(1)안전하고 보호받는다는 느낌이 들게 한다.

1 2 3 4 5 6 7 8 9

고객의 자원을 절약한다
(1)일상생활을 편리하게 해준다. (2)시간의 낭비 없이 욕구를 충족시켜준다. (3)삶을 큰 어려움 없이 이끌어갈 수 있게 한다. (4)돈을 모으거나 덜 쓰게 해준다.

1 2 3 4 5 6 7 8 9

공감성 혜택

개인적 신념과 희망을 반영한다
(1)나에게 주어진 유산과 나의 정체성에 진심으로 감사하게 만든다. (2)내가 누구인지, 어디에서 왔는지 이해할 수 있게 해준다. (3)나의 정체성을 대변해준다.

1 2 3 4 5 6 7 8 9

소속감과 특별함을 향상시킨다
(1)다른 사람들과 연결돼 있다는 느낌이 들게 한다. (2)유대감으로 뭉친 하나의 그룹에 소속돼 있다는 느낌이 들게 한다. (3)친밀한 사람들과 맺은 관계를 강화한다.

1 2 3 4 5 6 7 8 9

• 브랜드 X를 생각할 때, 아래 내용에 얼마나 동의하는가?

브랜드에 대한 사랑

(1)이 브랜드를 향한 애정이 무척 크다. (2)이 브랜드를 정말 사랑한다. (3)이 브랜드를 생각하면 따뜻한 느낌이 든다.

전혀 그렇지 않다							매우 그렇다	
1	2	3	4	5	6	7	8	9

브랜드에 대한 신뢰

(1)이 브랜드를 완전히 신뢰한다. (2)이 브랜드에 대한 신뢰도가 매우 강하다. (3)믿을 수 있는 브랜드다. (4)이 브랜드는 고객의 웰빙에 관심을 보인다. (5)고품질의 제품과 서비스를 지속적으로 제공하는 브랜드로 신뢰할 수 있다.

1	2	3	4	5	6	7	8	9

브랜드에 대한 존중

(1)이 브랜드를 매우 존중한다. (2)이 브랜드를 존중하는 마음이 강하다.

1	2	3	4	5	6	7	8	9

정서 지분 / 생각 지분 / 정신 지분

브랜드 X와 이 브랜드의 경쟁 브랜드들에 100점을 배분할 수 있다고 가정하고, 이 점수를 각 브랜드에 대한 사랑(신뢰/존중)의 점수라고 생각하라. 이제, 브랜드 X 또는 경쟁 브랜드들에 이 점수를 배분할 수 있다. 예를 들어, 브랜드 X가 다른 브랜드 4개와 경쟁하고 있고, 여러분이 이 브랜드들을 동일하게 사랑(신뢰/존중)하면, 브랜드 X에 20점, 다른 브랜드들에 80점을 배분한다. 만약 브랜드 X만 사랑(신뢰/존중)하면, 브랜드 X에 100점을 배분하고 나머지 브랜드들에 0점을 배분한다.
여러분은 브랜드 X에 100점 중 몇 점을 배분하겠는가?(나머지 점수는 경쟁 브랜드들에 배분된다)

브랜드에 대한 사랑(신뢰/존중) 점수
브랜드 X   (   )
다른 모든 브랜드   (   )
총점   100

브랜드와 자신의 연관성

(1)나는 이 브랜드와 개인적으로 연관성이 없다고 느낀다.　　　　　나는 이 브랜드와 개인적으로 연관성이 있다고 느낀다.

-4	-3	-2	-1	0	1	2	3	4

(2)이 브랜드는 나의 일부가 아니며　　　　　　　　이 브랜드는 나의 일부이며
　　내 정체성과 연관이 없다.　　　　　　　　　　내 정체성과 연관이 있다.

　　　　　　　　　　-4　　-3　　-2　　-1　　0　　1　　2　　3　　4

TOM 브랜드 상기

(1)이 브랜드에 대한 생각이 나도 모르게 저절로 떠오르는 경우가 얼마나 자주 있는가?	전혀 그렇지 않다　　　　　　매우 그렇다 1　2　3　4　5　6　7　8　9
(2)이 브랜드에 대한 생각을 얼마나 자연스럽게 곧바로 떠올릴 수 있는가?	1　2　3　4　5　6　7　8　9

맺는말

우리는 기업의 최종 목표인 브랜드 에쿼티 구축을 주제로 이 책을 시작했다. 우리의 브랜드 애드머레이션 프레임워크는 브랜드의 위치가 기업 내 수직적 비즈니스 계층 어디에 있든, 이를테면 기업 브랜드이든 또는 제품 브랜드이든 간에 브랜드 관리자가 브랜드 에쿼티를 강화할 수 있는 방법을 통찰할 수 있는 독특한 방식을 제공한다. 우리는 칭송받는 브랜드가 브랜드에 충성하고 이를 지지하는 행동을 불러일으키며, 수익과 성장을 효율적으로 달성할 수 있는 기회를 제공한다는 사실을 증명한다. 우리는 독자들에게 다음 핵심 요점을 상기시키며 이 책을 마무리하려 한다.

1. 브랜드 관리자는 브랜드 애드머레이션을 구축하고, 강화하고, 활용하는 데 집중해야 한다. 브랜드 애드머레이션이 (1)브랜드와 고객의 관계 설정에 있어서 가장 바람직한 상태이며, (2)고객과 기업에 엄청난 이득을 가져다주기 때문이다(1장).

2. 브랜드 애드머레이션의 구축, 강화, 활용은 B2B 또는 B2C 시장의 브랜드, 제품 브랜드나 서비스 브랜드, 유명인이나 지역 또는 엔터테인

먼트 브랜드 등 형태에 상관없이 모든 브랜드가 해야 할 일이다(2장).
B2B 시장과 같은 일부 시장은 3Es에 대한 생각과 브랜드 애드머레
이션을 추구할 수 있는 기회를 활용한다면 가장 많은 이득을 올릴
수 있는 곳이다. 이러한 시장들은 브랜드 애드머레이션을 구축하고
유지하는 데 필요한 정감성 혜택과 공감성 혜택의 중요한 역할을 충
분히 이해하거나 활용하지 못하기 때문이다.

3. 기업은 자사의 브랜드가 인간의 행복을 조성하는 데 중요한 역할을
   하는 혜택들, 즉 고객에게 전문성, 정감성, 공감성 혜택을 제공하는
   정도에 따라 브랜드 애드머레이션을 구축하고 강화하며 활용하는
   정도를 통제할 수 있다(3장).

4. 브랜드 애드머레이션 구축은 외부 고객들에게만 해당되는 것은 아
   니다. 기업 내부에서 브랜드 애드머레이션을 구축하는 일을 먼저 해
   야 한다. 인재를 불러오고 유지하려는 기업의 지속적인 노력을 감안
   할 때, 기업 내부에서 브랜드 애드머레이션을 구축하는 것은 매우
   중요하다(4장).

5. 브랜드 관리자는 고객의 욕구 프로필을 면밀히 검토하고, 이에 맞춰
   전문성, 정감성, 공감성 혜택을 일관성과 상호 보완성을 갖는 방식
   으로 어떻게 제공할지 생각해야 한다(5장). 이런 활동은 브랜드 애드
   머레이션의 근본적인 두 가지 구성 요소, 즉 브랜드와 자신의 연관
   성 및 TOM 브랜드 상기를 구축한다(6장).

6. 브랜드 애드머레이션의 범위는 높이 칭송받는 브랜드에서 낮은 칭송
   을 받는 브랜드까지 모든 브랜드에 이른다. 일부 브랜드는 다른 브랜
   드에 비해 더 많은 칭송을 받기도 하지만, 이렇게 높이 칭송받는 브

랜드도 일련의 가치 향상 전략들을 사용해 브랜드 애드머레이션을 지속적으로 강화할 수 있다(7장).

7. 일단 브랜드가 칭송받으면, 기업에는 효율적 성장을 위한 제품 및 브랜드 확장으로 브랜드 애드머레이션을 활용할 기회가 생긴다. 적절한 확장은 브랜드의 핵심 아이덴티티를 강화하고 이를 확대시키며, 미래의 성장을 용이하게 만든다(8~9장).

8. 브랜드 관리자는 브랜드를 확장할 때 다양한 브랜드 네이밍 옵션을 고려해야 한다. 가장 이상적인 방법은 브랜드 이름에 대한 의사 결정이 기업 전체의 브랜드 구성 맥락 내에서 이루어지는 형태다(10장).

9. 브랜드 에쿼티는 측정이 가능하다. 우리가 제시하는 새로운 브랜드 에쿼티 측정 방식은 다른 재무적 브랜드 에쿼티 측정 방식보다 훨씬 더 설득력 있는 개념과 측정상의 이점을 보유하고 있다(11장).

10. 마지막으로 기업은 시간의 경과에 따라 브랜드의 건강 상태를 추적하고, 지속적으로 개선해야 할 부분을 인식하고 실행에 옮기기 위해 브랜드 애드머레이션 대시보드를 구축할 수 있으며, 또 그렇게 해야 한다(12장).

우리는 독자들이 브랜드 애드머레이션을 구축하고 강화하며 활용해, 브랜드에 충성하고 브랜드를 지지하는 고객들의 행동을 양성하고 싶어 하며, 기업에 대한 브랜드의 재무적 가치를 강화하기 원한다는 점을 잘 알고 있다. 이 책이 독자들의 이러한 소망을 달성하는 데 필요한 지침과 용기를 제공하는 훌륭한 동반자 역할을 할 수 있기를 바란다.

1장

1) Sarah Buhr, "48 Million in iPhone Sales Leads Apple's Q4 2015 Earnings," TechCrunch, October 27, 2015, www.techcrunch.com/2015/10/27/48-million-in-iphone-sales-leads-apples-q4-2015-earnings.

2) James B. Stewart, "How, and Why, Apple Overtook Microsoft," New York Times, January 29, 2015, www.nytimes.com/2015/01/30/business/howand-why-apple-overtook-microsoft.html?_r=0.

3) American Marketing Association dictionary, accessed April 9, 2016, www.ama.org/resources/Pages/Dictionary.aspx?dLetter=B.

4) "Apple Reports Record Fourth Quarter Results," Apple Press Info, accessed April 9, 2016, www.apple.com/pr/library/2015/10/27Apple-Reports-Record-Fourth-Quarter-Results.html.

5) Douglas E. Hughes and Michael Ahearne, "Energizing the Reseller's Sales Force: The Power of Brand Identification," Journal of Marketing 74, no. 4 (2010): 81-96; Fortune.com, "100 Best Companies to Work For," Fortune, http://fortune.com/best-companies.

6) Nader T. Tavassoli, Alina Sorescu, and Rajesh Chandy, "Employee-Based Brand Equity: Why Firms with Strong Brands Pay Their Executives Less," Journal of Marketing Research 51, no. 6 (2014): 676-690.

7) Jenny Van Doorn and Peter C. Verhoef, "Critical Incidents and the Impact of Satisfaction on Customer Share," Journal of Marketing 72, no. 4 (2008): 123-142; Leigh Anne Novak Donovan, Joseph Priester, Deborah J. MacInnis, and C. Whan Park, "Brand Forgiveness: How Close Brand Relationships Influence Forgiveness," in Customer-Brand Relationships: Theories and Applications, eds. Susan Fournier, Michael Braezeale, and Marc Fetscherin (New York: Routledge, 2012), 184-203; Rohini Ahluwalia, Robert E. Burnkrant, and H. Rao Unnava, "Consumer Response to Negative Publicity: The Moderating Role of Commitment," Journal of Marketing Research 37, no. 2 (2000): 203-214.

8) Michelle Greenwald, "11 of the Best Strategic Brand Partnerships in 2014," Forbes, December 11, 2014, www.forbes.com/sites/michellegreenwald/2014/12/11/11-of-the-bestsmartestmost-interestingstrategic-brand-partnerships-of-2014/#5c8d73041d52.

9) Sundar G. Bharadwaj, Kapil R. Tuli, and Andre Bonfrer, "The Impact of Brand Quality on Shareholder Wealth," Journal of Marketing 75, no. 5 (2011): 88-104; Christian Schulze, Bernd Skiera, and Thorsten Wiesel, "Linking Customer and Financial Metrics to Shareholder Value: The Leverage Effect in Customer-Based Evaluation," Journal of Marketing 76, no. 2 (2004): 7-32.

10) Chan W. Kim and Renee Mauborgne, Blue Ocean Strategy: How to Create

Uncontested Market Space and Make Competition Irrelevant (Boston: HBS Publishing, 2005).

11) C. Whan Park, Bernard J. Jaworski, and Deborah J. MacInnis, "Strategic Brand Concept-Image Management," Journal of Marketing 50, no. 4 (1986): 135-145.

12) Morris B. Holbrook and Elizabeth C. Hirschman, "The Experiential Aspects of Consumption: Consumer Fantasies, Feelings, and Fun," Journal of Consumer Research 9, no. 2 (1982): 132-140.

13) Viktor Frankl, Man's Search for Meaning (Boston: Beacon Press, 1959).

14) Marc Benioff and Carlye Adler, Behind the Cloud: The Untold Story of How Salesforce.com Went from Idea to Billion-Dollar Company and Revolutionized an Industry (San Francisco: Jossey-Bass, 2009).

2장

1) "Nike Market Capitalization," YCharts, accessed April 15, 2016, https://ycharts.com/companies/NKE/market_cap.

2) "Nike Mission Statement," Nike, accessed April 20, 2016, http://help-enus.nike.com/app/answers/detail/a_id/113/~/nike-mission-statement.

3) Susan Fournier, Michael R. Solomon, and Basil G. Englis, "When Brands Resonate," in Handbook of Brand and Experience Management, eds. Bernd H. Schmitt and David L. Rogers (Cheltenham, UK: Edward Elgar, 2008), 35-57.

4) 브랜드 애드머레이션을 만들어내는 일은 세 가지 혜택(3Es)으로 브랜드 인지도를 높이고 고객들과 개인적 연관성을 갖도록 하는 과제를 포함한다. 그림 2.2에 있는 브랜드 유형 외에도 숨겨져 있는 브랜드, 관심 밖으로 사라진 브랜드, 없어진 브랜드, 즉 고객이 인지하지 못하거나 전혀 상관하지 않는 브랜드들도 있다.

3장

1) C. Whan Park, Deborah J. MacInnis, Joseph Priester, Andreas B. Eisingerich, and Dawn Iacobucci, "Brand Attachment and Brand Attitude Strength: Conceptual and Empirical Differentiation of Two Critical Brand Equity Drivers," Journal of Marketing 74, no. 6 (2010): 1-17; C. Whan Park, Andreas B. Eisingerich, and Jason Whan Park, "Attachment-version (AA) Model of Customer-Brand Relationships," Journal of Consumer Psychology 23, no. 2 (2013): 229-248; Leigh Anne Novak, Joseph Priester, Deborah J. MacInnis, and C. Whan Park, "Brand Forgiveness: How Close Brand Relationships Influence Forgiveness," in Customer-Brand Relationships: Theories and Applications, eds. Susan Fournier, Michael Braezeale, and Marc Fetscherin (New York: Routledge, 2012), 184-203; Matthew Thomson, Deborah J. MacInnis, and C. Whan Park, "The Ties That Bind: Measuring the Strength of Consumers' Emotional

Attachments to Brands," Journal of Consumer Psychology 15, no. 1 (2005): 77–91; Alexander Fedorikhin, C. Whan Park, and Matthew Thomson, "Beyond Fit and Attitude: The Effect of Emotional Attachment on Consumer Responses to Brand Extensions," Journal of Consumer Psychology 18, no. 4 (2008): 281–291.

2) Others whose work has inspired our thinking include (but is not limited to) Joseph W. Alba and Elanor F. Williams, "Pleasure Principles: A Review of Research on Hedonic Consumption," Journal of Consumer Psychology 23, no. 1 (2013): 2–18; Rajeev Batra, Aaron Ahuvia, and Richard P. Bagozzi, "Brand Love," Journal of Marketing 76, no. 2 (2012): 1–16; Russell W. Belk, "Possessions and the Extended Self," Journal of Consumer Research 15, no. 2 (1988): 139–168; RussellW. Belk, "Extended Self in a Digital World," Journal of Consumer Research 40, no. 3 (2013): 477–500; Lan Nguyen Chaplin and Deborah Roedder John, "The Development of Self-Brand Connections in Children and Adolescents," Journal of Consumer Research 32, no. 1 (2005): 119–129; Arjun Chaudhuri and Morris B. Holbrook, "The Chain of Effects from Brand Trust and Brand Affect to Brand Performance: The Role of Brand Loyalty," Journal of Marketing 65, no. 2 (2001): 81–93; Jennifer Edson Escalas and James R. Bettman, "Self-Construal, Reference Groups, and Brand Meaning," Journal of Consumer Research 32, no. 3 (2005): 378–389; Jennifer Edson Escalas and James R. Bettman, "You Are What They Eat: The Influence of Reference Groups on Consumers' Connections to Brands," Journal of Consumer Psychology 13, no. 3 (2003): 339–348; Susan Fournier, Michael Solomon, and Basil Englis, "When Brands Resonate," in Handbook of Brand and Experience Management, eds. Bernd H. Schmitt and David Rogers (Northampton, MA: Edward Elgar, 2008), 35–57; Morris B. Holbrook and Elizabeth C. Hirschman, "The Experiential Aspects of Consumption: Consumer Fantasies, Feelings, and Fun," Journal of Consumer Research 9, no. 2 (1982): 132–140; Kevin L. Keller, "Understanding the Richness of Brand Relationships: Research Dialogue on Brands as Intentional Agents," Journal of Consumer Psychology 22, no. 2 (2012): 186–190; Aradhna Krishna, "An Integrative Review of Sensory Marketing: Engaging the Senses to Affect Perception, Judgment and Behavior," Journal of Consumer Psychology 22, no. 3 (2012): 332–351; James H. McAlexander, John W. Schouten, and Harold F. Koenig, "Building Brand Community," Journal of Marketing 66, no. 1 (2002): 38–54; Joann Peck and Terry L. Childers, "Sensory Factors and Consumer Behavior," in Handbook of Consumer Psychology, eds. Curtis P. Haugtvedt, Paul M. Herr, and Frank R. Kardes (New York: Taylor and Francis, 2008), 193–219; Martin Reimann and Arthur Aron, "Self-Expansion Motivation and Inclusion of Brands in Self," in Handbook of Brand Relationships, eds. Deborah J. MacInnis, C. Whan Park, and Joseph R. Priester (New York: M.E. Sharpe, 2009), 65–81; Julie A. Ruth, "Promoting a Brand's Emotion Benefits: The Influence of Emotion Categorization Processes on Consumer Evaluations," Journal of Consumer Psychology 11, no. 2 (2001): 99–113; Bernd H. Schmitt, Experiential Marketing: How to Get Customers to Sense, Feel, Think, Act, Relate (New York: Simon and Schuster, 2000); Matthew Thomson, "Human Brands: Investigating Antecedents to Consumers' Strong Attachments to Celebrities," Journal of Marketing 70, no. 3

(2006): 104-119.

3) 우리는 과거에 수행한 연구에서 브랜드 애드머레이션 대신 브랜드 애착brand attachment이라는 용어를 사용했다. 하지만 최근 연구를 통해 우리는 브랜드 애드머레이션이 이 책에서 설명하는 내용을 가장 잘 묘사하는 용어라는 결론에 이르렀다. 브랜드 애드머레이션이라는 용어는 B2B 고객들의 브랜드 경험을 설명하는 부분에서도 브랜드 애착보다 더욱 적합하다.

4) Abraham H. Maslow, "A Theory of Human Motivation," Psychological Review 50, no. 4 (1943): 370; Louis Tay and Ed Diener, "Needs and Subjective Well-Being Around the World," Journal of Personality and Social Psychology 101, no. 2 (2011): 354-365; Ada S. Chulef, Stephen J. Read, and David A. Walsh, "A Hierarchical Taxonomy of Human Goals," Motivation and Emotion 25, no. 3 (2001): 191-232; Martin E. Ford, and C. W. Nichols, "A Taxonomy of Human Goals and Some Possible Applications," in Humans as Self-Constructing Living Systems: Putting the Framework to Work, eds. Martin E. Ford and Donald H. Ford (Mahwah, NJ: Lawrence Erlbaum Associates, 1987), 289-311; Valerie A. Braithwaite and H. G. Law, "Structure of Human Values: Testing the Adequacy of the Rokeach Value Survey," Journal of Personality and Social Psychology 49, no. 1 (1985): 250-263; Edward Deci and Richard M. Ryan, "Self-Determination Research: Reflections and Future Directions," Handbook of Self-Determination Research (NY: University of Rochester Press, 2002), 431-441; Lynn Kahle, Sharon E. Beatty, and Pamela M. Homer, "Alternative Measurement Approaches to Consumer Values: The List of Values (LOV) and Values and Life Style (VALS)," Journal of Consumer Research 13, no. 3 (1986): 405-409; Bernd Schmitt, "The Consumer Psychology of Brands," Journal of Consumer Psychology 22, no. 1 (2012): 7-17; Michel Tuan Pham, "On Consumption of Happiness: A Research Dialogue," Journal of Consumer Psychology 25, no. 1 (2015): 150-151. Murray, H. A. (1938), Explorations in Personality, NY: Oxford University Press.

5) 우리는 일부 다른 연구자들보다 더 좁은 의미로 사랑을 정의한다.

6) Jennifer Edson Escalas and Barbara B. Stern, "Sympathy and Empathy: Emotional Responses to Advertising Dramas," Journal of Consumer Research 29, no. 4 (2003): 566-578.

7) Morris B. Holbrook, "Nostalgia and Consumption Preferences: Some Emerging Patterns of Consumer Tastes," Journal of Consumer Research 20, no. 2 (1993): 245-256; Robert M. Schindler and Morris B. Holbrook, "Nostalgia for Early Experience as a Determinant of Consumer Preferences," Psychology & Marketing 20, no. 4 (2003): 275-302.

8) "Hallmark Hall of Fame," Hallmark, accessed April 22, 2016, http://corporate.hallmark.com/OurBrand/Hallmark-Hall-of-Fame.

9) Sidney J. Levy, "Symbols for Sale," Harvard Business Review 37, no. 4 (1959): 117-124; Joseph M. Sirgy, "Self-Concept in Consumer Behavior: A Critical Review," Journal of Consumer Research 9, no. 3 (1982): 287-300; Hazel Markus and Paula Nurius, "Possible Selves," American Psychologist 41, no. 9 (1986): 954-969; Americus Reed, "Activating the Self-Importance of Consumer Selves: Exploring Identity Salience Effects on Judgments," Journal of Consumer Research 31, no. 2

(2004): 286-295; Nicole Verrochi Coleman and Patti Williams, "Looking for My Self: Identity-Driven Attention Allocation," Journal of Consumer Psychology 25, no. 3 (2015): 504-511; Sharon Shavitt, Carlos J. Torelli, and Jimmy Wong, "Identity-Based Motivation: Constraints and Opportunities in Consumer Research," Journal of Consumer Psychology 19, no. 3 (2009): 261-266; Daphna Oyserman, "Identity-Based Motivation: Implications for Action-Readiness, Procedural-Readiness, and Consumer Behavior," Journal of Consumer Psychology 19, no. 3 (2009): 250-260.

10) Jonah Berger and Chip Heath, "Where Consumers Diverge from Others: Identity Signaling and Product Domains," Journal of Consumer Research 34, no. 2 (2007): 121-134.

11) Levy, "Symbols for Sale."

12) Joseph C. Nunes, Xavier Dreze, and Young Jee Han, "Conspicuous Consumption in a Recession: Toning It Down or Turning It Up?," Journal of Consumer Psychology 21, no. 2 (2011): 199-205; Silvia Bellezza and Anat Keinan, "Brand Tourists: How Non-Core Users Enhance the Brand Image by Eliciting Pride," Journal of Consumer Research 41, no. 2 (2014): 397-417.

13) Berger and Heath, "Where Consumers Diverge"; Cindy Chan, Jonah Berger, and Leif van Boven, "Identifiable but Not Identical: Combining Social Identity and Uniqueness Motives in Choice," Journal of Consumer Research 39, no. 3 (2012): 561-573.

14) Park, Eisingerich, and Park, "Attachment-Aversion."

15) Katherine White and Jennifer J. Argo, "Social Identity Threat and Consumer Preferences," Journal of Consumer Psychology 19, no. 3 (2009): 313-325; Katherine White, Jennifer J. Argo, and Jaideep Sengupta, "Dissociative versus Associative Responses to Social Identity Threat: The Role of Consumer Self-Construal," Journal of Consumer Research 39, no. 4 (2012): 704-719; Leilei Gao, Christian Wheeler, and Baba Shiv, "The 'Shaken Self': Product Choices as a Means of Restoring Self-View Confidence," Journal of Consumer Research 36, no. 1 (2009): 29-38.

4장

1) "About Mayo Clinic," Mayo Clinic, accessed April 12, 2016, www.mayoclinic.org/about-mayo-clinic.

2) Valerie S. Folkes and Vanessa M. Patrick, "The Positivity Effect in Perceptions of Services: Seen One, Seen them All?," Journal of Consumer Research 30, no. 1 (2003): 125-137; Christopher Groening, Vikas Mittal, and Yan Anthea Zhang, "Cross-Validation of Customer and Employee Signals and Firm Valuation," Journal of Marketing Research 53, no. 1 (2016): 61-76; Douglas E. Hughes and Michael Ahearne, "Energizing the Reseller's Sales Force: The Power of Brand Identification," Journal of Marketing 74, no. 4 (2010): 81-96; Christine Porath, Deborah J. MacInnis, and Valerie Folkes, "Witnessing Incivility Among Employees: Effects on Consumer

Anger and Negative Inferences about Companies," Journal of Consumer Research 37, no. 2 (2010): 292-303.

3) Tom Peters, "Leadership: American vs. Southwest," www.Youtube.com/watch?v=PpVpRLrq8Jg

4) Joseph A. Michelli, The Starbucks Experience (New York: McGraw Hill, 2007), 38. This excellent book also serves as the source of many additional Starbucks examples provided in this chapter.

5) "Company Overview," Google Company, accessed April 10, 2016, https://www.google.com/about/company/; "Our Mission and Values," McKinsey&Company, www.mckinsey.com/about-us/what-we-do/our-missionand-values.

6) John F. Marshall, "How Starbucks, Walmart and IBM Launch Brands Internally and What You can Learn From Them," Forbes, April 9, 2013, www.forbes.com/sites/onmarketing/2013/04/09/how-starbuckswalmart-and-ibm-launch-brands-internally-and-what-you-can-learnfrom-them/#365b587d1355.

7) "Business Principles and Standards," Goldman Sachs, Who We Are, accessed March 10, 2016, www.goldmansachs.com/who-we-are/business-standards/business-principles.

8) "Our Mission and Values," McKinsey & Company, About Us, accessed April 12, 2016, www.mckinsey.com/about-us/what-we-do/our-missionand-values.

9) "Gold Standards," Ritz Carlton, accessed March 18, 2016, www.ritzcarlton.com/en/about/gold-standards.

10) Felicitas M. Morhart, Walter Herzog, and Torsten Tomczak, "Brand-Specific Leadership: Turning Employees into Brand Champions," Journal of Marketing 73, no. 5 (2009): 122-142.

11) Christopher K. Bart, Nick Bontis, and Simon Taggar, "A Model of the Impact of Mission Statements on Firm Performance," Management Decision 39, no. 1 (2001): 19-35.

12) "Mission and Brand," Porsche Consulting, accessed April 7, 2016, www.porsche-consulting.com/en/company/mission-and-brand.

13) Arch G. Woodside, Suresh Sood, and Kenneth E. Miller, "When Consumers and Brands Talk: Storytelling Theory and Research in Psychology and Marketing," Psychology & Marketing 25, no. 2 (2008): 97-145.

14) Neeru Paharia, Anat Keinan, Jill Avery, and Juliet B. Schor, "The Underdog Effect: The Marketing of Disadvantage and Determination through Brand Biography," Journal of Consumer Research 37, no. 5 (2011): 775-790.

15) "Our Mission," Starbucks, accessed March 8, 2016, www.starbucks.com/about-us/company-information/mission-statement.

16) Jim Stengel, Grow: How Ideals Power Growth and Profit at theWorld's Greatest Companies (New York: Random House, 2011).

17) Martin Roll, Asian Brand Strategy (New York: Palgrave Macmillan, 2015).

18) Eugene Kim, "Salesforce Put a Meditation Room on Every Floor of Its New Tower Because of Buddhist Monks," Business Insider, March 7, 2016, www.businessinsider.com/salesforce-put-a-meditation-room-onevery-floor-of-its-

new-tower-2016-3.

19) James B. Stewart, "Looking for a Lesson in Google's Perks," New York Times, March 15, 2013, www.nytimes.com/2013/03/16/business/atgoogle-a-place-to-work-and-play.html.

20) Kimmy Wa Chan and Echo Wen Wan, "How Can Stressed Employees Deliver Better Customer Service? The Underlying Self-Regulation Depletion Mechanism," Journal of Marketing 76, no. 1 (2012): 119-137; Christine Pearson and Christine Porath, The Cost of Bad Behavior: How Incivility Is Damaging Your Business and What to Do About It (New York: Penguin, 2009).

21) Fortune Editors, "Human Capital 30: Companies That Put Employees Front and Center," Fortune,March 8, 2016, http://fortune.com/2016/03/08/human-capital-30.

22) Todd Donavan, Tom J. Brown, and John C. Mowen, "Internal Benefits of Service-Worker Customer Orientation: Job Satisfaction, Commitment, and Organizational Citizenship Behaviors," Journal of Marketing 68, no. 1 (2004): 128-146.

23) Christine M. Riordan, "We All Need Friends at Work," Harvard Business Review, July 3, 2013, https://hbr.org/2013/07/we-all-need-friendsat-work.

24) "Our Mission and Values," McKinsey&Company, accessed April 12, 2016, www.mckinsey.com/about-us/what-we-do/our-mission-and-values.

1) 이 정보의 대부분은 다음 출처를 바탕으로 한다. Francis J. Kelly and Barry Silverstein, 〈The Breakaway Brand〉 (New York: McGraw-Hill, 2005).

2) Martin Roll, Asian Brand Strategy: Building and Sustaining Strong Global Brands in Asia (New York: Palgrave, 2015).

3) Woojung Chang and Steven A. Taylor, "The Effectiveness of Customer Participation in New Product Development: A Meta-Analysis," Journal of Marketing 80, no. 1 (2016): 47-64.

6장

1) Wayne D. Hoyer, Deborah J. MacInnis, and Rik Pieters, Consumer Behavior (New York: Cengage Learning, 2013).

2) Deborah J. MacInnis and Linda L. Price, "The Role of Imagery in Information Processing," Journal of Consumer Research 13, no. 4 (1987): 473-491.

3) Michael J. Houston, Terry L. Childers, and Susan E. Heckler, "Picture-Word Consistency and the Elaborative Processing of Advertisements," Journal of Marketing Research 24, no. 4 (1987): 359-369.

4) C. Whan Park, Andreas B. Eisingerich, Gratiana Pol, and Jason Whan Park, "The

Role of Brand Logos in Firm Performance," Journal of Business Research 66, no. 2 (2013): 180-187; C. Whan Park, Andreas B. Eisingerich, and Gratiana Pol, "The Power of a Good Logo," MIT Sloan Management Review 55, no. 2 (2014): 10-12.

5) Young Jee Han, Joseph C. Nunes, and Xavier Dreze, "Signaling Status with Luxury Goods: The Role of Brand Prominence," Journal of Marketing 74, no. 4 (2010): 15-30.

6) Daniel M. Jackson, Richard Jankovich, and Eric Sheinkop, Hit Brands: How Music Builds Value for the World's Smartest Brands (New York: Palgrave, 2013).

7) Terry L. Childers and Jeffrey Jass, "All Dressed Up with Something to Say: Effects of Typeface Semantic Associations on Brand Perceptions and Consumer Memory," Journal of Consumer Psychology 12, no. 2 (2002):93-106.

8) Jennifer J. Argo, Monica Popa, and Malcolm C. Smith, "The Sound of Brands," Journal of Marketing 74, no. 4 (2010): 97-109.

9) Eric Yorkston and Geeta Menon, "A Sound Idea: Phonetic Effects of Brand Names on Consumer Judgments," Journal of Consumer Research 31, no. 1 (2004): 43-51.

10) He Jia, Gratiana Pol, and C. Whan Park, "I'll Keep the Cuddly One: Effects of Visual Cuteness versus Elegance on Product Retention," research in process.

11) Aradhna Krishna, Customer Sense: How the 5 Senses Influence Buying Behavior (New York: Palgrave, 2013).

12) Rajeev Batra and Colleen Seifert, The Psychology of Design: Creating Consumer Appeal (London: Routledge, 2015).

13) Colleen Clark, "Why Do Fancy Hotels Pipe in Such Powerful Fragrances?," Bloomberg, September 18, 2015, www.bloomberg.com/news/articles/2015-09-18/scent-branding-101-why-do-fancy-hotels-usesuch-powerful-fragances-.

7장

1) 애플이 경쟁 기업들과 벌인 소송들로 혼란을 겪은 탓에 브랜드 애드머레이션 구축과 강화에 대한 집중력을 잃었을지도 모른다는 경고의 신호들도 있다. 어떤 브랜드든 브랜드 애드머레이션 구축과 강화에 지속적으로 집중해야 한다.

2) HirokoTabuchi, "It's Amazon and Also-Rans in Retailer's Race for Online Sales," New York Times, December 31, 2015, www.nytimes.com/2015/12/31/technology/in-online-race-its-amazon-and-also-rans.html?_r=0.

3) Christopher Mims, "The Customer-Service Quandary: Touchy Feely or Do It Yourself," Wall Street Journal, November 2, 2015, accessed April 20, 2016, www.wsj.com/articles/the-customer-service-quandarytouchy-feely-or-do-it-yourself-1446440460.

4) "The History of CAPiTA Snowboards," Whitelines, accessed April 20, 2016, http://whitelines.com/videos/history-capita-snowboards.html.

5) "The Mothership," CAPiTA, accessed April 20, 2016, https://www.capitasnowboarding.com/mothership

6) Phil Wahba, "Macy's, Best Buy to Test Consumer Electronics Shops," Fortune, September 8, 2015, http://fortune.com/2015/09/08/macys-bestbuy-electronics.

7) 판매량 정보는 애경 그룹 에이지 20's의 브랜드 관리자, 류근석 씨와 이주현 씨에게서 수집했다.

8) Julie Jargon, "Starbucks Leads Multi-Company Initiative to Hire 100,000 Young, Minority Workers," Wall Street Journal, July 13, 2015, www.wsj.com/articles/starbucks-leads-multi-company-initiative-to-hire-100-000-young-minority-workers-1436770801.

9) Walter Isaacson, Steve Jobs (New York: Simon & Schuster, 2011).

10) Manjoo, Farhad, "Two Retail Veterans Take Aim at Amazon's E-Commerce Reign," New York Times, May 6, 2015, www.nytimes.com/2015/05/07/technology/personaltech/two-retail-veterans-take-aim-atamazons-e-commerce-reign.html?_r=0.

11) Rebecca Mead, "Sole Cycle," New Yorker, March 23, 2015, www.newyorker.com/magazine/2015/03/23/sole-cycle-rebecca-mead.

12) John Standish, "Speed to Detection: A Progressive and Strategic Concept Using Advanced Anti-Fraud Analytics," Insurance Though Leadership, August 13, 2013, http://insurancethoughtleadership.com/speed-todetection-a-progressive-and-strategic-concept-using-advanced-anti/#sthash.GjaMlOvT.dpbs.

8장

1) David A. Aaker, Brand Portfolio Strategy (New York: The Free Press, 2004).

2) Subramanian Balachander and Sanjoy Ghose, "Reciprocal Spillover Effects: A Strategic Benefit of Brand Extensions," Journal of Marketing 67, no. 1 (2003): 4-13에서 언급된 것처럼 이를 '파급 효과'로 부르는 사람들도 있었다.

3) Chris Pullig, Carolyn J. Simmons, and Richard G. Netemeyer, "Brand Dilution: When Do New Brands Hurt Existing Brands?" Journal of Marketing 70, no. 2 (2006): 52-66; Deborah Roedder John, Barbara Loken, and Christopher Joiner, "The Negative Impact of Extensions: Can Flagship Products Be Diluted?," Journal of Marketing 62, no. 1 (1998): 19-32; Sandra J. Milberg, C. Whan Park, and Michael S. McCarthy, "Managing Negative Feedback Effects Associated with Brand Extensions: The Impact of Alternative Branding Strategies," Journal of Consumer Psychology 6, no. 2 (1997): 119-140; Sanjay Sood and Kevin Lane Keller, "The Effects of Brand Name Structure on Brand Extension Evaluations and Parent Brand Dilution," Journal of Marketing Research 49, no. 3 (2012): 373-382.

4) 우리는 '라인 확장line extension' 대신 '제품 확장'이라는 용어를 사용한다. 라인 확장은 고가와 저가의 제품 라인처럼 가격에 관련된 확장을 언급할 때 자주 사용하는 용어다. 8장에서 논의한 것처럼 제품 확장은 이런 좁은 의미의 정의를 넘어선다.

5) Ryan Rahinel and Joseph P. Redden, "Brands as Product Coordinators: Matching Brands Make Joint Consumption ExperiencesMore Enjoyable," Journal of Consumer

Research 39, no. 6 (2013): 1290-1299.

6) 추구하는 브랜드 확장 전략들이 고객에게 의도한 방식대로 인지되지 못할 수도 있다. 예를 들면, 브랜드 관리자는 고객이 레드불 초콜릿과 레드불 음료를 번갈아 사용하는 경우를 의도했지만, 한 제품을 다른 제품으로 대체하는 결과로 이어질 수도 있다.

7) Larry Downes and Paul F. Nunes, "Big-Bang Disruption," Harvard Business Review 91, no. 3 (2013): 44-56. 브랜드는 브랜드 확장 대신, 독립적인 신규 브랜드를 사용해 대체 제품을 개발할 수 있다는 사실에 주목하라. 하지만 이런 경우에는 긍정적인 피드백과 확장의 효과에서 오는 혜택들을 기대할 수 없다.

8) C. Whan Park, SandraMilberg, and Robert Lawson, "Evaluation of Brand Extensions: The Role of Product Feature Similarity and Brand Concept Consistency," Journal of Consumer Research 18, no. 2 (1991): 185-193.

9) Paul M. Herr, Peter H. Farquhar, and Russell H. Fazio, "Impact of Dominance and Relatedness on Brand Extensions," Journal of Consumer Psychology 5, no. 2 (1996): 135-159.

9장

1) Lan Luo, "Product Line Design for Consumer Durables: An Integrated Marketing and Engineering Approach," Journal of Marketing Research 48, no. 1 (2011): 128-139.

2) See David A. Aaker and Kevin L. Keller, "Consumer Evaluations of Brand Extensions," Journal of Marketing 54, no. 1 (1990): 27-41; C. Whan Park, Sandra Milberg, and Robert Lawson, "Evaluation of Brand Extensions: The Role of Product Feature Similarity and Brand Concept Consistency," Journal of Consumer Research 18, no. 2 (1991): 185-193.

3) C. Whan Park, Bernard J. Jaworski, and Deborah J. MacInnis, "Strategic Brand Concept-Image Management," Journal of Marketing 50, no. 4 (1986): 135-145.

4) Susan Spiggle, Hang T. Nguyen, and Mary Caravella, "More Than Fit: Brand Extension Authenticity," Journal of Marketing Research 49, no. 6 (2012): 967-983.

5) Michael J. Barone and Robert D. Jewell, "The Innovator's License: A Latitude to Deviate from Category Norms," Journal of Marketing 77, no. 1 (2013): 120-134; Mita Sujan and James R. Bettman, "The Effects of Brand Positioning Strategies on Consumers' Brand and Category Perceptions: Some Insights From Schema Research," Journal of Marketing Research 26, no. 4 (1989): 454-467; HaeEun H. Chun, C. Whan Park, Andreas B. Eisingerich, and Deborah J. MacInnis, "Strategic Benefits of Low Fit Brand Extensions: When and Why?" Journal of Consumer Psychology 25, no. 4 (2015): 577-595.

6) See Kevin L. Keller and David A. Aaker, "The Effects of Sequential Introduction of Brand Extensions," Journal of Marketing Research 29, no. 1 (1992): 35-50.

7) 탈취와 클리닝은 밀접히 연관된 특성이므로, 우리는 암 앤 해머의 이런 확장을 특성에 바탕을 둔 확장으로 부른다.

8) Catherine Yeung and Robert S. Wyer Jr., "Does Loving a Brand Mean Loving Its Products? TheRole of Brand-Elicited Affect in Brand Extension Evaluations," Journal of Marketing Research 42, no. 4 (2005): 495-506.

10장

1) RichardWaters, "Alphabet Reveals Scale of Google's Ambition," Financial Times, August 12, 2015, 17.
2) 이런 형태에는 다른 학자들이 확인한 형태들도 포함된다(예를 들어, Liwu Hsu, Susan Fournier, and Shuba Srinivasan, "Brand Architecture Strategy and Firm Values: How Leveraging, Separating, and Distancing the Corporate Brands Affects Risk and Returns," Journal of the Academy of Marketing Science 44, no. 2 (2016): 1-20에서 확인한 형태들).
3) C. Whan Park, Sung Y. Jun, and Allan D. Shocker, "Composite Branding Alliances: An Investigation of Extension and Feedback Effects," Journal of Marketing Research 33, no. 3 (1996): 453-466.
4) Irwin P. Levin and Aron M. Levin, "Modeling the Role of Brand Alliances in the Assimilation of Product Evaluations," Journal of Consumer Psychology 9, no. 1 (2000): 43-52.
5) Bernard L. Simonin and Julie A. Ruth, "Is a Company Known by the Company It Keeps? Assessing the Spillover Effects of Brand Alliances on Consumer Brand Attitudes," Journal of Marketing Research 35, no. 1 (1998): 30-42.
6) Liwu, Fournier, and Srinivasan, "Brand Architecture Strategy."
7) David A. Aaker and Erich Joachimsthaler, "The Brand Relationship Spectrum: The Key to the Brand Architecture Challenge," California Management Review 42, no. 4 (2000): 8-23.
8) 극단적인 경우이지만, 기업은 하나의 브랜드 이름을 기업 브랜드 포트폴리오에 있는 모든 브랜드에 사용할 수 있다. 일부 사람들은 이를 '영향력 있는 하나의 브랜드를 소유한 기업'을 뜻하는 브랜디드 하우스branded house의 접근 방식으로 부른다. 또 다른 극단적인 경우로, 기업은 제품 포트폴리오에 있는 모든 브랜드에 독자 브랜딩 옵션을 활용할 수도 있다. 이는 종종 '브랜드들로 가득한 기업'을 의미하는 하우스 오브 브랜드house of brands로 불리기도 한다. 우리는 이 용어들을 사용하지 않는다. 대부분의 기업은 확장과 제휴, 독자 브랜딩 옵션을 혼합한 방식을 사용하기 때문이다.

11장

1) S. Cem Bahadir, Sundar G. Bharadwaj, and Rajendra K. Srivastava, "Financial Value of Brands in Mergers and Acquisitions: Is Value in the Eye of the Beholder?" Journal of Marketing 72, no. 6 (2008): 49-64.

2) Florian Stahl,MarkHeitmann, Donald R. Lehmann, and Scott A.Neslin, "The Impact of Brand Equity on Customer Acquisition, Retention, and Profit Margin," Journal of Marketing 76, no. 4 (2012): 44-63.

3) Interbrand, accessed April 22, 2016, http://interbrand.com.

4) Madiha Ferjani, Kamel Jedidi, and Sharan Jagpal, "A Conjoint Approach for Consumer- and Firm-Level Brand Valuation," Journal of Marketing Research 46, no. 6 (2009): 846-862.

5) Kevin L. Keller, "Conceptualizing, Measuring, and Managing Customer-Based Brand Equity," Journal of Marketing 5, no. 1 (1993): 1-22; Chan Su Park and Veena Srinivasan, "A Survey-Based Method for Measuring and Understanding Brand Equity and Its Extendibility," Journal of Marketing Research 31, no. 2 (1994): 271-288.

6) Natalie Mizik and Robert Jacobson, "The Financial Value Impact of Perceptual Brand Attributes," Journal of Marketing Research 45, no. 1 (2008): 15-32; Natalie Mizik, "Assessing the Total Financial Performance Impact of Brand Equity with Limited Time-Series Data," Journal of Marketing Research 51, no. 6 (2014): 691-706; Roland T. Rust, TimAmbler, Gregory S. Carpenter, V. Kumar, and Rajendra K. Srivastava, "Measuring Marketing Productivity: Current Knowledge and Future Directions," Journal of Marketing 68, no. 4 (2004): 76-89.

7) See Kusum L. Ailawadi, Donald R. Lehmann, and Scott A. Neslin, "Revenue Premium as an Outcome Measure of Brand Equity," Journal of Marketing 67, no. 4 (2003): 1-7.

8) Stahl et al., "The Impact of Brand Equity."

9) Andreas B. Eisingerich, Hae Eun Chun, Yeyi Liu, Michael Jia, and Simon J. Bell, "Why Recommend a Brand Face-to-Face but Not on Facebook? How Word-of-Mouth on Online Social Sites Differs from Traditional Word-of-Mouth," Journal of Consumer Psychology 25, no. 1 (2015): 120-128.

10) Jan-Benedict E. M. Steenkamp, Harald J. Van Heerde, and Inge Geyskens, "What Makes ConsumersWilling to Pay a Price Premium for National Brands over Private Labels?" Journal of Marketing Research 47, no. 6 (2010): 1011-1024.

11) The material in this chapter was adapted from C. Whan Park, Deborah J. MacInnis, Xavier Dreze, and Jonathan Lee, "Measuring Brand Equity: TheMarketing Surplus & Efficiency (MARKSURE) Based Brand Equity Measure," in Brands and Brand Management: Contemporary Research Perspectives, eds. Barbara Loken, Rohini Ahluwalia, and Michael J. Houston (New York: Taylor and Francis, 2010), 159-188.

12) See Paul W. Farris, Neil T. Bendle, Phillip E. Pfeifer, and David J. Reibstein, Marketing Metrics: Fifty + Metrics Every Executive Should Master (Philadelphia: Wharton School Publishing, 2008).

12장

1) Peter C. Verhoef and Peter Leeflang, "Understanding the Marketing Department's Influence within the Firm," Journal of Marketing 73, no. 2 (2009): 14-37.

2) Don O'Sullivan and Andrew V. Abela, "Marketing Performance Measurement Ability and Firm Performance," Journal of Marketing 71, no. 2 (2007): 79-93.

3) Park et al. "Brand Attachment and Strong Positive Brand Attitude"; Park et al. "Attachment-Aversion (AA) Model of Customer-Brand Relationships".

4) For an overview and discussion, see Dawn Iacobucci, "Structural Equations Modeling: Fit Indices, Sample Size, and Advanced Topics," Journal of Consumer Psychology 20, no. 1 (2010): 90-98.

5) 모델 내의 각 변수에 대한 고객들의 실제 반응을 반영하지 못해 모델의 적합성이 좋지 않을 때, 브랜드 관리자는 낮은 적합성을 유발할 수 있는 다수의 원인을 고려해야 한다. 예를 들면, 고객들이 응답에 시간을 많이 쓰지 않을 때 발생할 수 있는 낮은 품질의 고객 응답, 또는 해석상의 문제로 수집한 데이터의 질이 손상될 때 발생할 수 있는 모델 내 변수들에 대한 잘못된 측정 등이 원인일 수 있다.

6) For example, CFI (comparative fit index) = .99 (see Li-Tze Hu and Peter M. Bentler, "Cutoff Criteria for Fit Indexes in Covariance Structure Analysis: Conventional Criteria Versus New Alternatives," Structural Equation Modeling 6, no. 1 (1999): 1-55); TLI (Tucker-Lewis index) = .99; RMSEA (root mean square error of approximation) = .042.

7) 우리가 예상한 대로, 개별 측정 기준이 관련된 측정 기준들의 네트워크에 연결돼 있다는 뜻이다. 예를 들면, 한 브랜드가 전문성 혜택에서 높은 점수를 기록하지만 고객들의 신뢰를 전혀 받지 못하고 있다면, 이 측정 기준들은 우리의 주장과 달리 서로 연계돼 있지 않다.

8) 상관관계 점수는 브랜드에 충성하고 이를 지지하는 행동에 기여하는 정도를 나타낸다. 이 점수는 두 변수가 얼마나 강하게 연관돼 있는지 보여준다. 상관관계 점수가 1에 가까울수록 두 변수의 연관성은 강하고 통계적으로 중요한 의미를 지닌다.

9) 100점 기준의 점수는 9단계 척도를 사용한 점수를 환산한 것이다. 브랜드 애드머레이션 점수는 브랜드와 자신의 연관성 점수와 TOM 브랜드 상기 점수를 곱해서 구한다는 사실을 기억하라. 즉, 브랜드 애드머레이션 = 브랜드와 자신의 연관성 × TOM 브랜드 상기다.